# 세계전쟁사
# 다이제스트100

# 5 세계전쟁사 다이제스트100

**초판 1쇄 펴낸 날** | 2023년 8월 11일

**지은이** | 정토웅
**펴낸이** | 홍정우
**펴낸곳** | 도서출판 가람기획

**책임편집** | 김다니엘
**편집진행** | 홍주미, 박혜림
**디자인** | 이예슬
**마케팅** | 방경희

**주소** | (04035) 서울시 마포구 양화로7안길 31(서교동, 1층)
**전화** | (02)3275-2915~7
**팩스** | (02)3275-2918
**이메일** | garam815@chol.com

**등록** | 2007년 3월 17일(제17-241호)


ISBN 978-89-8435-583-5 (03900)

# 5

# 세계전쟁사 다이제스트100

WORLD WAR

정토웅 지음

가람기획

# 머리말

전쟁을 이야기하면 전쟁을 좋아하는 사람으로 여겨질까 두려워 일부러 전쟁 이야기를 꺼리는 이들이 있다고 한다. 이는 지극히 위선적인 모습이 아닐까? 전쟁을 싫어하고 평화를 숭상하기 때문에 전쟁 이야기를 피한다, 그래서 우리가 평화를 누릴 수만 있다면 당연히 목숨 걸고라도 전쟁 이야기를 말려야 할 것이다. 그러나 아무리 생각해보아도 그것은 온당치 않은 말인 것 같다. 겨울 이야기를 일부러 피한다고 하여 추운 겨울이 오지 않을 것이며, 동화에서 나오는 천사 이야기만 하고 지낸다고 하여 천국이 펼쳐질 것인가?

인류 역사는 수많은 전쟁으로 점철되어왔다. 그래서 인류 역사는 아예 전쟁사라고까지 말하는 사람들도 있다.

역사를 전반적으로 이해하고자 할 때 부인할 수 없는 점은 지금까지 수많은 사람들이 전쟁을 겪었고, 또 그보다 훨씬 더 많은 사람들이 전쟁의 영향을 받으며 지내왔다는 엄연한 사실이다. 전쟁으로 인하여 많은 사람들이 희생되고 고통받는가 하면, 전쟁은 정치 · 경제 · 사회 · 문화 각 분야의 인간생활에 큰 변화를 불러오기도 했다.

이 책은 사람들이 인류 역사를 보다 폭넓게 그리고 깊이 있게 이해하고, 전쟁과 관련지어 인간 행동과 사고의 광범위한 면을 이해하는 데 도움이 되었으면 하는 생각으로 쓴 것이다. 인류가 평화를 지키기 위한 온갖 노력을 기울여왔음에도 불구하고 전쟁은 왜 일어났으며, 그리고 사람들은 어떻게 싸웠으며, 어떤 역사적 결과를 가져왔던가? 이 책에서는 전쟁사상 100개의 주요 사건을 시대적으로 뽑아내어 그러한 근원적 문제를 여러 가지 차원에서 살펴보았으며 가능한 한 성공과 실패에 대하여 평가해보려고 노력했다.

전쟁에서의 승패는 인류 역사에 매우 중요한 영향을 끼쳐왔으며, 대부분의 경우 국가와 민족의 흥망성쇠로 이어졌다. 나라마다 전쟁을 방지하거나 결행하기 위해 특별한 노력을 기울여왔다.

전쟁에서의 승패 요인은 결코 단순하지가 않다. 시대와 장소에 따라 그리고 정치 · 경제 · 사회 · 기술 · 문화적 상황에 따라 모든 전쟁과 전투의 승패 요인은 각각 달랐다. 일반적으로 전략, 전술, 무기, 군의 기강과 사기, 리더십, 훈련, 정부와 국민의 지지도, 국가경제 등으로 설명하지만, 전쟁을 분석하는 사람들은 흔히 복합적인 모든 요인을 다 늘어놓는 대신에 특별한 요인을 강조하여 승패를 평가하는 경우가 많다. 이 책도 마찬가지일 것이다. 독자들은 필자가 강조하는 것을 바탕으로 더 발전된 여러 가지를 생각했으면 한다.

이 책은 기본적으로 상당한 호기심을 갖고 있으면서도 적절한 책을 찾지 못한 일반 독자들이 쉽고 흥미 있게 전쟁사에 접근하는 데 도움이 되었으면 하는 바람으로 기획된 것이다. 각 장면에 대한 이야기는 그 자체로 끝나는 것이 아니고 독자들로 하여금 장면과 장면을 연결하고 전쟁사의 전반적인 흐름을 이해하는 데 도움이 되도록 설명했다. 그리고 쉽게 읽을 수 있는 책을 내놓기 위해 가능한 한 쉬운 문장과 단문을 사용했고, 또한 학자들이나 이해할 수 있는 전문용어와 군사용어를 너무 많이 늘어놓지 않으려고 나름대로 노력했다.

이 책은 본래 1997년에 출간된 것이다. 시간이 많이 흘러 이번에 리커버 에디션으로 개정판을 작업하게 되었다. 전쟁사 입문서, 기초서로서 기존의 내용을 크게 바꾸지는 않았으나 더 명확한 설명을 위해 약간의 문장과 표현을 손보았다. 개정판 작업에 심혈을 기울인 출판사 편집부에 감사드린다.

정토웅

# 차례

DIGEST
1
WORLD WAR

# 아마존 전설: 선사시대 모계중심 사회의 여전사들 (BC16 ~ 12세기)

인류의 오랜 역사를 통해 전쟁은 예나 지금이나 변함없이 꾸준히 지속되어온 사람들의 습성 가운데 대표적인 것으로 간주될 수 있을 것 같다. 고대 그리스와 중국처럼 문화수준이 높았던 지역에서 살았던 사람들도 전쟁을 늘 있는 당연한 일로 받아들였다. 플라톤이나 아리스토텔레스 같은 현인들도 전쟁 자체는 싫어했지만, 그 불가피성이나 중요성에 대해서는 결코 의문을 품지 않았다.

전쟁은 사람들이 농업을 발견하고 집단으로 거주하기 시작한 신석기시대부터 시작되었다고 하는 것이 통설이다. 더 거슬러 올라가 구석기시대에도 사람들끼리 싸움이 없었던 것은 아니었으나, 조직화된 군대로 전략과 전술의 기술을 이용하는 방식으로 싸우게 된 것은 신석기시대부터였다. 신석기시대 집단 주거지의 출현은 농업의 발견 못지않게 전쟁에 의해 영향을 받았다. 전략과 전술은 구석기시대의 습관화된 사냥 방식을 인간집단에 적용하면서 등장한 것이다. 즉 창 · 활 · 단검 · 손도끼 · 돌팔매 등을 이용하고 지휘관의 통제 하에 병사들이 대형을 갖추어 움직이게 된 것이다.

군사사학자軍事史學者들은 전쟁사를 연구할 때 기본적으로 문서상의 기록에 의존하며, 대부분은 역사학의 아버지 헤로도토스Herodotos가 최초로 기록을 남긴 페르시아 전쟁으로부터 출발점을 잡는다.

기원전 540년경 그리스 도자기에 나타난 그림으로서, 전설 속의 인물인 아킬레우스가 아마존 족 여왕 펜테실레이아를 살해하는 모습.

페르시아 전쟁 이전에도 전쟁이 있었다는 사실에 대하여는 고고학적 발굴물들을 통해 충분히 알 수 있다. 다만 기록이 없어 구체적으로 어떻게 싸웠는지는 잘 알 수 없다. 선사시대의 전쟁과 전략전술을 정확히 아는 일은 불가능하다. 사람들은 역사적 사실과 거리가 먼 신화 또는 전설을 통해 선사시대 이야기를 들어왔는데, 그 가운데는 전쟁사를 이해하는 데 약간 도움이 될 만한 것들이 있다.

그리스 신화와 전설 가운데는 아마조노마키Amazonomachy에 관한 이야기가 자주 등장한다. 이 그리스어는 여전사들로 구성된 아마존Amazons 족에서 유래한 말로서, 그리스 남자들로 구성된 전사들과 침략한 아마존 족 간에 벌어진 전투를 의미한다. 대부분의 이야기는 싸움 잘하는 아마존 족의 침략을 남자전사들이 나서서 격퇴시킴으로써 그리스를 지켰다는 내용을 주제로 삼고 있다. 말하자면 성 대결적인 전투에서 남자들이 승리하고 남자의 자존심을 지켰으며, 그 후 그리스 역사는 남자들이 주역을 담당하여 문화의 꽃을 피우게 되었다는 것이다.

그런데 과연 아마존 족의 존재와, 아마조노마키는 역사적 사실이었을까? 오늘날도 정신적으로나 육체적으로 매우 힘이 센 여자를 말할 때 '아마존'이란 단어를 사용한다. 아마존 족에 관한 전설은 남자의 무용武勇을 대단히 자랑스럽게 여기는 그리스 문화에서 정반대의 세계를 상상하는 가운데 지어낸 이야기들이지, 그것이 실제로 있었다고 믿는 사람들은 매우 드물다. 그것은 상상의 세계를 다루는 문학이나 그림에서나 다루는 이야기일 뿐, 결코 사실은 아니라는 것이다.

그러나 1950년대에 우크라이나 남부지방에서는 사르마트 족 전사들의 무덤이 발견되었고, 기원전 4세기로 추정되는 그 무덤들의 약 20%가 여전사들 것이라는 사실이 밝혀졌다. 젊은 여자 두개골과 그들이 사용한 것으로 추정되는 활과 화살 · 화살통 · 단검 · 갑옷 등이 나오고, 두개골이 크게 상처받은 형태나 뼛속에 박혀 있는 청동제 화살촉 등이 발견된 것은 사르마트 족 가운데 여자전사들이 존재했음을 입증하는 것이다. 그리고 그곳은 아마존 전설에서 여전사들이 활동한 지역 중 하나로 이미 알려진 곳이었다. 헤로도토스에 의하면 사르마트 족은 그리스의 젊은 청년들과 아마존 족의 일시적 결혼에 의해 생긴 후손들이었다.

여하튼 그 발굴은 아마존 족에 대한 전설이 어느 정도 사실에 기초한 것이라는 주장을 뒷받침했다. 그 후 사람들은 아마존 전설을 완전히 가공된 이야기로만 보기보다는, 적어도 여전사들이 전장에서 활개를 치던 한 시절이 있었고, 거기에서부터 크게 과장된 각종 이야기들이 전래되고 있다고 믿는 편이다. 전설을 통해 알려지고 있는 아마존 족의 생활과 전투방식을 요약하면 대략 다음과 같다.

그리스 문학에서 아마존에 대한 최초 언급은 기원전 8세기 호메로스의 서사시 〈일리아드〉에 나타난다. 그러나 아마존 전설은 청동기시대였던 기원전 16~12세기까지 거슬러 올라간다.

기원전 5세기에 헤로도토스는 전설을 모아 아마존 족의 생활방식을 설명했다. 그 후 다른 역사가들도 이를 점차 발전시키고 전투에 관한 전설을 기록으로 남기기 시작했다. 그들에 의하면 아마존 족은 기존세계에서 멀리 떨어진 미개지에서 살았다. 그곳은 그리스로부터 당시에는 먼 세계였던 북아프리카와 러시아 남부지역이었다. 그러나 문명세계가 점차 확장되면서 아마존 세계는 축소되고 사라지게 되었다.

아마존 족은 지방에 따라 희한한 무기와 무장을 갖추었다. 어떤 이들은 큰 뱀가죽으로 무장하고 활 · 도끼 · 투창 등 무기를 능수능란하게 사용했다. 아마존 족은 모두 집안에서만 활동하는 그리스 여자들과 같은 역할을 경멸했다. 그들은 사냥과 전쟁을 일삼았으며, 점령지에서 젊은 남자들을 골라 섹스를 즐기고, 철저히 여아들만 양육하고 남아들은 처치해버렸다.

아마존 족의 전술은 그리스 남자전사들의 보병 위주 밀집대형과는 달리 주로 말을 타고 활을 사용하며 습격하는 식으로 전투를 벌였다. 그리스인들은 활을 비겁한 사람들이나 사용하는 무기로 간주했지만, 그들은 아마존 족 활 공격에 혼비백산하곤 했다.

그리스인들이 볼 때 아마존족은 완전히 야만족이었고 그들과는 전혀 다른 별종이었다. 그리스 여자들과는 정반대로 그들은 전쟁을 좋아했고, 전쟁을 할 때도 그리스 남자들과는 정반대의 기술을 사용했다.

아마존 족의 최초 고향은 리비아였다. 이 지역에서 그들은 과일과 사냥감이 많아서 농경 대신 유목생활로 만족해하고 전쟁을 좋아하게 되었다. 전사들의 여왕 미리나Myrina는 제국 건설의 야심을 품었다. 그녀는 3만 명의 기병과 3천 명의 보병으로 구성된 군대를 이끌고 원정에 나섰다. 기병들은 질주하는 말을 타고 그 위에서 마음대로 방향을 바꾸어 활을 쏠 수 있을 만큼 기량을 갖추고 있었다.

미리나는 나일 강 서쪽에 문명이 고도로 발달된 아틀란티스를 침입했다. 그곳은 플라톤과 그리스 철학자들이 이상향으로 생각한 전설의 땅이었다. 여전사들은 남자전사들을 모두 살육하고 여자들과 어린이들을 포로로 획득하면서 쉽게 그곳을 점령했다. 미리나는 그곳에 새로운 도시를 세우고 정복자로 군림했다.

그러나 인접지역의 다른 종족들로부터 수차례 공격을 받고 미리나는 추종자들과 함께 동쪽으로 탈출했다. 북아프리카에서 가장 강국이었던 이집트 국경에 이르렀을 때 이집트 왕은 아마존 족이 이집트를 지나 아라비아 지방으로 달아나도록 허용했다. 그 뒤 여전사들은 시리아를 거쳐 소아시아 지방으로 가서 그곳에 여러 도시를 세우고 정착했다. 그들은 그곳에서부터 서쪽에게 해로 진출하려는 시도를 벌이면서 그리스와 잦은 충돌을 벌이고, 일부는 동북쪽 흑해를 건너 우크라이나 지역까지 진출했다.

아마존 이야기는 여자가 주로 아이를 기르고 음식을 만드는, 즉 가사를 돌보는 역이 아니고, 거꾸로 집 밖에서 사냥과 전쟁의 역을 맡고 용감하게 싸웠지만, 결국 남자전사들로만 구성된 그리스 군대의 영웅적인 행동에 패배하고 사라졌다는 식으로 결론을 내린다. 즉, 아마조노마키에서 그리스인은 승리하고, 그 승리로 그리스의 미래가 밝게 펼쳐졌다는 것이다.

그러나 아마존 족의 용맹은 역사시대에도 높이 평가되어 알려지고 그 정신을 이으려는 노력이 다소 있었다. 로마의 네로 황제(AD54~68)는 아마존 방패를 든 여경호원을 두었고, 코모두스 황제(AD180~192)의 왕비는 아마존 복장을 했으며, 매년 12월을 아마존의 달로 정하고 검투사 시합을 벌였다.

신대륙 발견 시대에 아마존은 정복의 상징이 되었다. 콜럼버스와 코르테스를 위시한 탐험가들은 아마존에 대한 소문을 찾아 나서기도 했다. 전설과 소문에 따라 미국 캘리포니아 주는 여왕 '칼리파Califa'의 이름을 딴 것이며, 남미의 아마존 강이란 이름은 그 주위에서 얼룩덜룩한 옷을 입고 잽싸게 움직였던 여자 궁수들을 발견한 뒤에 생긴 것이다.

아마존 전설은 문자기록이 없던 선사시대에 사람들은 모계중심 사회를 구성하고 여존남비의 사상이 지배적이었을 가능성이 높았으며, 또 그 당시 전쟁에서는 여자들이 두드러진 활약을 했을 가능성이 있었음을 암시하고 있다.

DIGEST

2

WORLD WAR

# 트로이 전쟁:
## 목마의 계략에 트로이 성 함락되다 (BC13세기)

서양세계에서 일찍이 인간의 갈등을 다룬 가장 유명한 이야기 가운데 하나로 트로이 전쟁과 관련된 전설이 있다. 인간의 갈등뿐만 아니라 신들의 불화와 싸움을 뒤섞어 이야기하는 이 전설 속에 과연 역사적 사실성이 어느 정도 담겨 있을까에 대해서 설들이 분분하다.

오랫동안 많은 역사가들은 트로이 전쟁에 대해 그것을 기원전 850~800년경 호메로스가 서사시 〈일리아드〉와 〈오디세이〉에서 당시 내려오던 전설과 그의 상상력을 동원하여 정리한 문학작품 속의 한 사건으로 간주해 왔다.

그러나 근래에 고고학자들은 오늘날 튀르키예 서쪽 다르다넬스 해안에서 9층으로 쌓인 트로이 유적지를 발견하고, 그 가운데 여섯 번째 층이 그리스군에게 기원전 약 1200년경에 파괴된 도시의 유적이라는 사실을 밝혀냈다. 에게 해와 흑해를 잇는 다르다넬스 해안의 관문을 점령하고 있는 트로이 성은 여러 차례 이민족의 침략을 받는 가운데 파괴되고 재건축되는 과정을 거듭했다. 유적지에서 마지막으로 형성된 층은 로마인들이 점령하여 세운 도시 일리온으로 밝혀졌다.

투구를 쓰고 트로이에서 싸우는 전사들. 호메로스는 그 모습을 다음과 같이 표현했다. "큰 돌이 소나기처럼 전사들의 방패를 거세게 두들긴다."

트로이 성을 공격하기 전 그리스는 수많은 도시국가로 분열되어 있었다. 트로이 전쟁의 원인에 대해 호메로스는 신과 영웅들의 경쟁 및 불화로 돌리고 있다. 즉, 스파르타의 메넬라오스 왕의 아름다운 아내 헬레네를 트로이의 프리아모스 왕의 아들 파리스가 유혹함으로써 전쟁이 일어나게 되었다고 말하고 있다. 그러나 전쟁이 일어났다면 그 실제 원인은 신들이 작용했다기보다는 다르다넬스 관문을 통과하여 흑해에서 교역을 시도하던 그리스인들이 그곳을 지키며 일종의 통과세를 요구하는 트로이인들과의 사이에서 충돌이 발생하면서 비롯되었을 것으로 보여진다.

여하튼 그리스인들은 2년간 전쟁준비를 마치고 대함대로 군대를 트로이 해안에 상륙시켰다. 약 25,000명으로 추산되는 그리스 군은 상륙하자마자 진지를 보호하는 데 힘을 기울였다.

트로이는 주위를 잘 통제할 수 있는 요새로서 성내에는 왕궁이 있고, 약 3천 명 가량으로 추산되는 수비대가 있었다. 사방에 탑이 있어 접근하는 적을 한눈에 바라볼 수 있고, 높이 6m, 두께 4.5m의 성벽으로 보호되었다. 이 정도의 성벽만으로도 트로이 군은 그리스 군의 엉성한 공성작전을 충분히 막아냈다.

그리스 군은 각 부족별로 조직을 가졌는데, 그것은 각 부족의 병력과 지휘관의 덕망에 따라 우열의 차가 심했다. 개개 병사들은 대부분 창으로 무장하고 지휘관은 전차(전투용 마차)를 보유했다.

전쟁은 결정적인 승패 없이 9년이나 지속되었다. 그 무렵 그리스 군은 두 유명한 지휘관, 즉 아킬레우스와 아가멤논 간의 불화로 말미암아 단합을 이루지 못하고 있었다. 지휘관들 중에서도 가장 용감한 지휘관이었던 아킬레우스가 가만있는 동안 그리스 군은 승리할 수 없었다. 그러나 아킬레우스가 아가멤논에 대한 감정을 풀고 싸움터에 나섰을 때 그리스 군은 아킬레우스의 갑옷만 보고도 사기충천했다. 아킬레우스는 트로이의 지휘관 헥토르와 싸워 그를 쓰러뜨렸다.

그러나 트로이는 바로 함락되지 않고 새로운 동맹자들의 지원을 받아 저항을 계속했다. 이때 동맹자 가운데는 아마존 여왕 펜테실레이아도 끼어 있었다. 여하튼 트로이가 버티는 한 그리스 군은 구태의연한 방법만으로는 트로이를 정복할 수 없음을 깨닫고, 마지막으로 오디세우스의 충고를 받아들여 특별한 방법으로서 목마의 계략을 사용하기로 했다. 그들은 공성을 포기하고 퇴각하는 것처럼 가장, 일부가 인접한 섬 뒤에 숨어서 거대한 목마를 제작했다. 그들은 그것을 불화의 여신 엘리스에게 선물로 제공할 것이라고 선전했으나, 사실은 그 속에 무장한 병사들을 숨겨놓았다. 목마는 20~50명의 병사를 채울 만큼 거대했다.

그리스 함대 대부분이 떠날 채비를 하는 가운데 몇 사람이 목마를 끌고 오자 트로이 군 내에서는 그 목마를 어떻게 처리할까의 문제를 놓고 논쟁이 벌어졌다. 호기심의 대상이 된 목마에 대해 어떤 사람들은 그것을 전리품으로 빨리 성 안으로 갖고 갈 것을 제의했고, 또 다른 사람들은 그것을 두려워하며 경계했다. 라오콘이라는 신관이 나타나더니, 그리스 군은 간계에 능하니 목마 속에 있는 것을 조사해야 한다고 주장했다.

그 순간 시논이란 이름의 그리스 군 포로가 끼어들었다. 그는 오디세우스가 자기를 미워해 떨어뜨려 남게 된 자라고 신분을 밝히면서 살려달라고 애원했다. 그리고 목마에 대해 말하기를, 그것은 여신의 비위를 맞추고 그리스 군의 무사귀환을 기원하는 것으로서, 거대하게 만든 것은 성내로 운반되는 것을 방지하기 위해서라는 것이다. 왜냐하면 트로이 성내로 들어가면 트로이 군이 틀림없이 승리할 것이기 때문이라는 것이다.

결국 트로이 군은 목마를 성내로 끌어들이기로 결정하고 일정한 의식을 밟았다. 온종일 잔치가 계속되고 노래와 환호 속에 의식이 치러졌다. 이윽고 밤이 되자 목마 속의 그리스 병사들은 간첩 시논의 도움을 받아 밖으로 나오고, 대기하던 우군에게 성문을 열어줌으로써 그리스 군은 성내로 일제히 쳐들어갔다. 그들은 성내에 불을 지르고, 잔치 끝에 쓰러진 트로이 군을 모두 죽이고 트로이를 완전히 정복했다.

트로이 전쟁 전설을 보면 의문 나는 점이 많다. 그러나 트로이가 존재했다가 망했다는 사실만은 확실하다. 망하게 된 데는 전설처럼 목마의 함정과 같은 일은 없었을지 몰라도, 최소한 그와 같은 종류의 특별한 계략이 있었고, 트로이 군은 거기에 쉽게 넘어갔을 가능성이 있었다고 생각해볼 수 있다. 그런데 트로이 군은 왜 라오콘의 제의대로 목마를 뜯어보지 않았을까? 왜 그렇게 우둔했을까? 이럴 때 우리는 정상적으로 생각하면 잘 이해할 수 없는 행동들을 사람은 곧잘 저지르곤 한다는 점을 이해해야 한다. 즉, 인간은 언제나 현명하지 않고, 때때로 우둔하고 방심하고 실수를 저지른다.

당시 성을 공격하는 기술상 획기적 변화, 즉 공성장비를 개발하고 목마와 같은 거대한 충차를 제작하여 그것을 이용, 트로이 성문을 부수고 점령했을 가능성을 말하는 자도 있다. 그러나 일찍이 그리스인들이 그러한 공성장비를 사용했다는 역사적 근거는 호메로스가 살았던 시대에도 전혀 찾지 못하고 있다. 호메로스 자신이 살았던 철기시대의 전쟁술에 대하여도 확실하지 않은 상태에서 그보다 훨씬 전이었던 청동기시대의 트로이 전쟁에 대하여는 분명하지 않은 부분이 너무 많고, 그래서 트로이 전쟁은 다만 전설로 남아 있는 것이다.

DIGEST

# 3

WORLD WAR

# 페르시아 제국과 페르시아 군대: 활과 말의 사용 (BC6세기)

고대국가는 전쟁에 의해 세워지고 전쟁으로 패망했다. 일찍이 지중해 동쪽 나일 강 유역에서 터를 잡고 출현한 국가 이집트는 주위의 모든 나라 위에 군림했던 고대의 최강국이었다. 이집트는 인접한 약소국들을 하나하나 점령하고 동으로 진출하여 유프라테스 강 유역까지 세력을 뻗쳐나갔다. 그러나 우리는 세계사에서 어떠한 강국도 천년만년 세력을 누린 나라가 없음을 잘 알고 있다.

이집트는 아시리아인들(오늘날 북부 시리아에서 흥기한 민족들)로부터 도전을 받고 그들과의 전쟁에서 패망했다. 아시리아도 이집트와 같은 전철을 밟으며 영토를 최대로 넓혀나갔다. 그들은 이집트를 정복하고 동으로는 소아시아 및 카프카스 산맥 지역까지 판도를 넓히고 대제국을 건설했다. 그러나 똑같은 방식으로 아시리아는 새로운 강자 바빌로니아(오늘날 이라크)에게 망했고, 바빌로니아는 다시 페르시아(오늘날 이란)에게 몰락했다.

기원전 6세기 무렵 페르시아 왕 키로스Cyros(BC600경~530)는 위대한 세계 정복자로서, 바빌로니아를 정복하고 동쪽으로 방향을 돌려 인도의 인더스 강까지 진출했다. 그와 그의 아들이 영토를 확장시키는 동안 페르시아 제국

벽화에 나타난 페르시아 궁병들의 모습. 수사의 다리우스 궁전 대계단 벽면에 있는 벽돌 부조.

은 고대 아시아 세계에서 가장 넓은 영토를 가진 나라가 되었으며, 다리우스 1세(BC521~486) 당시는 서쪽의 지중해 지역으로부터 동쪽의 인더스 강 유역까지 모두 22개 속주를 지배했다.

페르시아 왕은 대제국을 통치함에 있어서 먼저 정복지역의 군주들을 친절하게 대우해주었다. 그러나 그들에게 실권을 주지는 않았다. 그 대신 총독을 두고 행정과 정치를 관장하도록 했다. 아시리아가 철권정책으로 정복지역을 다스린 데 비해, 페르시아는 관용정책을 펴서 페르시아 지배에 대한 지지를 받아내려 했다. 그렇다고 지배당한 민족들이 지배하는 페르시아인들을 환영하고 좋아했던 것은 아니다. 다만 일시적으로 크게 저항하지 않았을 뿐이었다.

페르시아가 대외적으로 대제국을 지키고 대내적 반란을 효과적으로 방지할 수 있었던 것은 무엇보다도 강력한 군대 덕분이었다. 페르시아 군은 막강한 군사력을 유지했다. 규모 면에서 나폴레옹의 군대와 버금갔고, 조직 및 전술 차원에서도 상당한 수준이었다. 페르시아는 정복지역의 사람들로 군대를 충원시켰다. 그렇게 하여 본국 부대를 절약할 수 있다는 것을 아시리아의 과오로부터 배운 것이다.

페르시아는 이집트와 몇몇 주요 지역에 상비군을 운영하고, 유사시는 각 지방에서 징집하여 제국군대를 30만 명까지 확보했다. 군 조직은 10진법 편제로 각각 10명, 100명, 1,000명, 10,000명 단위의 부대와 부대장으로 편성했다. 부대장은 페르시아인들로 구성했다. 항상 최소 10,000명 이상을 유지했던 상비군은 모두 페르시아인들로 구성했다.

페르시아 군은 각 민족별로 다양하게 무장했다. 바빌로니아인 부대는 철제 헬멧을 착용하고 장창과 곤봉으로 무장했다. 박트리아인들은 활과 도끼를, 파플라고니아인들은 투창을 사용했다. 사르가트 유목민들은 주로 기병들로서 올가미 밧줄을 사용했다. 한편 순수 페르시아인들로 편성된 부대의 경우, 보병은 가끔 단검과 단창을 휴대하기도 했으나 주무기는 활이었다. 방패와 갑옷은 각각 나뭇가지와 천으로 만든 것을 사용함으로써 가볍게 했다. 그런데 페르시아 군에 있어서 주축을 이룬 것은 기병대였고, 그들은 활과 투창으로 무장했다. 페르시아 군은 활을 잘 사용하기로 유명했고, 활의 최대 유효사거리는 162m 정도 되었다.

페르시아 전술은 일반적으로 기병공격을 펼친 다음 보병이 활로 집중사격하는 것을 특징으로 했다. 비록 전쟁에서 보병과 기병을 협동하여 사용하기는 했지만 페르시아 군의 가장 큰 약점은 인종적 · 지역적으로 서로 다른 병력을 징집하여 통합 군대를 이루지 못한 점이라 할 수 있다. 그럼에도 불구하고 페르시아 군은 기병전술을 마스터한 세계 최초의 군대였다는 사실을 과소평가해서는 안 될 것이다.

키로스는 본래 기병을 사용할 줄 몰랐다. 그러나 그는 리디아의 크로에소스 왕과의 전쟁에서 낙타부대를 사용하여 적 기병대를 격파한 바 있었다. 그때 그는 기병의 잠재적 중요성을 인식하게 되었다. 그 후 기병을 핵심으로 이용하면서 페르시아 군 전술을 발전시켰다. 이와 같이 적으로부터 전법을 터득하게 되는 것은 전쟁사에서 흔한 일로서, 이후에도 우리는 그러한 예를 자주 보게 된다. 키로스가 낙타부대를 동원하여 일시적으로 성공을 거둔 것은 말들이 낙타를 무서워하여 가능했으나, 대규모의 전쟁이나 정복전쟁에서 낙타부대의 이용에는 한계가 있었다.

페르시아 군은 기본공격대형을 취할 때 가운데에 보병을 배치하고 좌우 양쪽에 기병을 배치했다. 그리고 기병으로 하여금 적군의 측면과 후면을 공격하도록 하는 방법을 사용했는데, 이 방법은 그 후 오랫동안 기병전술의 표준이 되었다. 페르시아 군은 최소 2만 명 이상의 기병을 갖춘 것으로 알려지고 있다.

페르시아 이후 기병은 전쟁에서 오랫동안 광범하게 사용되었다. 심지어 기관총이 판을 친 제1차대전 때도 독일과 프랑스는 각각 십만 명에 이르는 기병을 보유했었다.

인간과 비교할 때 말은 크고 빠르며 상대를 놀라게 하는 짐승이다. 말을 탄 기병이 공격해올 때 보병이 도망가지 않고 버티는 데는 엄청난 용기가 필요하다. 그리하여 무서움을 타고 쉽게 무너지는 보병 전열에 대해 기병은 매우 성공적인 공격을 할 수 있었다. 기병공격은 또한 도주하는 적을 추격할 때 가장 효과적이고, 가장 많은 인명피해를 입혔다.

반면에 말들은 상대가 당당히 버티고 있을 때, 특히 창을 휴대하고 있는 전열에 대해서는 쉽게 공격하지 못하고 접근하기 전에 먼저 피했다. 이것은 동물들의 본능이다. 기병공격을 할 때 지휘관이 내려야 할 가장 어려운 결정 중의 하나는 적절한 시간을 언제로 잡느냐 하는 것이었다. 너무 빨리 공격하면 말들이 놀라고 역습당할 우려가 있었다. 일반적으로 적 보병에 대한 기병공격은 적 전열에 빈틈이 발생할 때로 한정했다. 기병은 주로 정찰활동을 하고, 일단 공격을 개시할 때는 먼저 적 기병을 노렸다. 이때도 측후방을 기습적으로 공격했다. 그리하여 적 기병이 무너지고 동시에 보병이 당황하는 순간에 공격을 개시했다.

이처럼 페르시아 군은 전장에서 활과 말을 잘 사용하고 고대 서아시아 세계에서 최강의 군대를 자랑했다.

DIGEST
4
WORLD WAR

# 그리스 중보병과 방진:
## 밀집대형의 충격력 이용 (BC7세기)

아시리아 군대나 페르시아 군대가 정교한 전법을 사용하고 지중해 동쪽 지역을 주름잡던 시절, 에게 해 서쪽 그리스인들의 전쟁방법은 상대적으로 형편없었다. 다른 아이디어가 그랬듯이 고대의 전술도 이집트 · 아시리아 · 페르시아에서 그리스 지역으로 전래된 것이 많다.

그런데 기원전 7세기경 그리스는 근동지역에서는 찾을 수 없는 독특한 전법을 개발했다. 그리스 군은 중장 보병들로 구성된 밀집대형에 의존해 싸웠다. 이들 보병들은 갑옷 · 투구 · 청동제 정강이받이 등을 착용하고 방패를 들었으며, 주무기로 2.1~2.4m 길이의 창을 지녔다. 그리하여 각 병사는 약 34kg에 달하는 장비와 무기를 들고 싸워야 했다. 무장 가운데 가장 독특한 것은 방패로서 그것을 '호플론'이라고 불렀다. 이에 연유하여 그리스 병사를 '호플라이트hoplite'라고 불렀다.

방패는 직경 90cm의 원형 목재에 청동판을 가장자리에 씌워 만들고, 방패 안쪽 가운데와 가장자리에 두 개의 손잡이를 부착했다. 이 방패를 사용할 때 보병은 왼쪽 팔꿈치까지를 가운데 손잡이 끈에 끼우고 가장자리 끈을 손으로 움켜잡은 채 앞몸을 보호하면서 싸웠다.

그리스의 중장보병. 투구 · 갑옷 · 방패로 무장하고 있다. 들고 있는 창은 던지기보다 찌르기에 사용했다.

이러한 중重보병의 등장은 당시 정치적 · 군사적 환경변화에 기인했다. 호메로스의 〈일리아드〉 시대의 전쟁은 주로 아킬레우스와 같은 신 또는 영웅들의 싸움으로서, 전차(전투용 마차)를 타고 달려가 결투를 벌이는 방식으로 진행되었다. 즉, 귀족신분의 전사들만이 참가하고, 승패는 그들의 개인적 기량에 따라 결정되었다. 말과 마차가 비싸기 때문에도 일반인들은 전투에 참여할 수 없었다.

기원전 8세기경 그리스는 인구가 증가하고 농업기술이 발달하면서 사람들이 땅을 균등히 나누어 소유하는 등 가족 위주의 자작농 사회로 바뀌었다. 즉, 집단생활로부터 가족단위의 농업사회로 바뀐 것이다. 그들은 한 사람의 우두머리에게 의존하던 생활보다는 '위로부터의' 간섭 없이 가족 단위의 서로 대등한 입장에서 농사짓는 생활을 통해 생산성을 증대시키며 부유하게 살게 되었다.

이런 생활로 정착하는 동안 그리스인들은 가족들을 서로 보호하기 위한 방법으로 대표들을 선출하고, 대표들로 자치회를 구성하여 운영하는 방식의 도시국가를 형성했다. 그리스 내에 작은 도시국가는 1천 개가 넘게 형성되고, 인접한 작은 도시국가들이 모여 큰 도시국가를 형성했다. 그리고 도시국가 간에는 주로 땅에 대한 소유권을 둘러싸고 경계지역에서 분쟁이 끊임없이 발생했다. 투표권을 행사하는 시민들은 자기 도시국가를 스스로 지키기 위해 모두 싸움터로 나가 싸웠으며, 그러지 못하면 참정권을 잃었다. 말하자면 그리스인들은 그들의 독특한 정치제도에서 민주주의 원리를 적용했듯이,

군사제도에 있어서도 다수가 대등하게 참여하는 민주주의적 방법을 채택하여 시민군대를 이룬 것이다.

병종은 누구나 쉽게 참여하고 특별한 기술 없이도 집단을 이루어 싸울 수 있는 보병으로만 구성했다. 호플라이트는 자신의 창과 방패를 스스로 준비해야 했다. 그래서 초기에는 각양각색이었으나 나중에는 제조업자들에게 주문생산을 통해 구입하여 어느 정도 통일을 기할 수 있었다.

호플라이트 개개인은 이전의 귀족전사와 비교할 때 도저히 상대가 되지 않는, 그야말로 형식적인 병사에 불과했으며, 따로 고립되어 있을 때는 적에게 좋은 표적이 될 뿐이었다. 그러나 밀집대형을 이루어 싸울 때는 무서운 힘을 발휘했고, 종래의 전사들의 공격이나 또는 페르시아 군대처럼 기병 위주로 편성된 막강한 군대도 충분히 제압할 수 있었다. 그리스인들이 밀집대형을 이루어 싸우게 된 데는 농업방식으로부터 아이디어를 얻게 되었다고 고대 그리스 역사가 크세노폰은 설명했다.

"농업은 사람들에게 서로 돕는 방법을 가르쳤다. 또한 적과 싸울 때도 땅에서 일할 때와 마찬가지로 다른 사람의 도움을 필요로 하게 되었다."

그리스인들의 전투는 기본적으로 농부들의 전투로서, 농지를 놓고 농지 위에서 밀집대형을 이루어 싸우고, 구릉이나 산악지형에서는 싸우지 않았다. 일반적으로는 수확철이 지난 다음 서로 약속한 장소에 집결하여 한나절 싸우는 식으로 전투가 이루어졌다. 대개 전투시간은 대단히 짧았고, 한 번의 충돌로 결판나는 경우가 허다했다.

열列과 오伍로 배치된 보병들의 밀집대형은 사각형을 이루고 있었기 때문에 '방진phalanx'이라고 불렀다. 통상 8열 횡대대형을 유지한 방진은 전투를 벌일 때 열과 오로 단단히 뭉쳐 충격력을 이용하여 상대편 방진과 정면충돌함으로써 그것을 무너뜨리는 것을 목표로 했다. 적이 침투하지 못하도록 최전열을 견고히 하는 것은 매우 중요한 일이었다. 그리고 제3열까지는 창끝을 앞으로 내밀고 창찌르기 경합을 벌여야 했으며, 그 과정에서 쓰러지는 병사가 나타나면 뒷열에 있는 병사가 자리를 메웠다. 뒷열들로부터 압력을 받는 가운데 두 방진은 팽팽히 맞서지만 어떤 단계가 지나면 힘이 약한 쪽의 전열이 흩어지며, 그리하여 공포에 빠진 병사들이 대열을 이탈하여 도망가게 되고, 그렇게 되면 승부는 끝이 났다.

병사들 가운데 가장 훌륭한 병사는 오른쪽에 배치되었다. 그리하여 상대의 약한 왼쪽을 공격하게 되니 방진의 전진방향은 자연히 왼쪽에서 오른쪽으로, 그리고 시계 반대방향으로 선회하는 경향을 보였다. 방진 간에 육박전을 벌인 전투에서 열과 오를 유지하는 일이란 극히 어려운 일이지만, 그리스 병사들은 용기가 있었고 또한 전장에서 공포심을 극복할 수 있도록 훈련 및 군기를 강조했다.

그리스인들은 전장에 나가는 것을 영광으로 생각하고 전장에서 죽는 것에 대해서는 자랑스런 삶의 마감으로 여겼다. 자신의 자리를 굳건히 지키고 죽을 때까지 싸워야 하며, 그렇지 못하고 방패를 내던지고 도망가는 일은 가장 비굴하다고 인식했다. 그것은 비겁할 뿐 아니라 다른 전우들을 위태롭게 하기 때문이라는 것이다. 특히 그리스의 한 도시국가였던 스파르타에서 어머니들은 아들들을 전장에 내보낼 때 다음과 같은 유명한 말을 남겼다.

"집으로 돌아올 때는 방패를 들고 오고, 그렇지 못하면 방패 위에 누워서 오너라."

스파르타는 완전히 병영국가로서 병사들을 훈련시키는 데 모든 노력을 기울였던 도시국가였다. 스파르타의 모든 성인남자들은 30세에 이르기까지 정기적으로 군대막사에서 생활하고 고도의 군사적인 기예를 닦았다. 그리스의 다른 도시국가 군대도 스파르타 군보다는 덜 엄격하고 훈련이 약했으나, 자국을 방어하는 희생정신에서는 결코 스파르타 군에 못지않았다.

# 페르시아 전쟁과 마라톤 전투:
## 양익 포위 전술대형 등장 (BC490년)

페르시아 왕 키로스는 대제국을 건설하는 과정에서 소아시아 지역에 살고 있는 그리스계 이오니아인들을 정복하고, 그들을 페르시아인 총독으로 하여금 직접 다스리도록 했다. 과거에 리디아가 이오니아인들에게 자치권을 주었던 시절과는 아주 딴판이 되자, 이오니아인들은 페르시아 지배에 크게 반발하여 반란을 일으켰다. 이때 본국 그리스에서는 에레토리아인들과 아테네인들이 소규모의 지원부대를 파견했다. 페르시아는 이 반란을 진압하고 지배권을 다시 확립하게 되지만, 그러기까지는 여러 해가 걸렸다.

그 뒤 다리우스 1세는 반란을 영구히 막기 위하여 에게 해상의 주요 도서와 그리스 본토를 정복하기 위한 대원정에 나섰다. 페르시아 전쟁은 이렇게 하여 벌어졌다.

페르시아는 세 차례에 걸쳐 그리스를 침략했다. 1차원정(BC492)에서 다리우스는 그리스 북부 트라키아와 마케도니아를 공략하고, 이어서 아테네를 정복하기 위한 육해군 대부대 작전을 준비했다. 그러나 작전 초기에 300척의 대함대가 태풍으로 침몰하는 바람에 1차원정은 실패로 돌아갔다.

기원전 490년 페르시아는 2차원정을 실시했다. 이번에는 에게 해를 직접 건너 에레토리아와 아테네를 직접 정벌할 계획이었다. 원정군 규모는 보병 2만 5천 명과 기병 1천 명이고, 600척의 군함을 이용했다. 당시 페르시아인들은 세계 최초로 대해군을 조직하여 에게 해를 장악하고 있었다. 해전에서는 군함의 수적 우세와 빠른 속도를 이용하여 적군 함대에 돌진, 적 선박들을 격침시키거나 못 쓰게 만들 수 있었다.

에게 해를 무난히 건넌 원정군은 먼저 일주일 만에 에레토리아를 점령하고, 다음 목표인 아테네를 공격하는 데 있어 주병력을 먼저 아테네 동북부 마라톤 해안에 상륙시켰다.

상륙 소식에 놀란 아테네인들은 일단 모든 정치적 논쟁을 중단하고 대책을 강구했다. 그들은 급히 스파르타에 사람을 보내 도움을 요청했다. 스파르타는 지원을 약속했으나, 종교행사가 끝나는 11일 후에야 병력을 파견하겠다고 답변했다. 아테네인들은 성벽 뒤에서 기다릴 것인지 아니면 해안지역으로 병력을 내보낼 것인지에 대해 격론을 벌였다.

이때 아테네 명장 밀티아데스Miltiades 장군은 마라톤 평원에서 페르시아군을 격퇴하자고 아테네 시민들을 설득하는 데 성공했다. 그는 스파르타의 지원이 이루어질 때까지 수비를 취하는 것도 생각해볼 수 있으나, 적에게 주도권을 빼앗긴 상태에서는 승리할 수 없다고 주장했다.

밀티아데스는 1만 명의 시민병을 거느리고 진출하여 해안에서 야영하는 페르시아 군을 굽어볼 수 있는 언덕에 진지를 편성했다. 한편 페르시아 군은 1만 5천 명을 해안에 집결하고 나머지 1만 명은 아테네 공격을 위해 항해토록 했다.

밀티아데스는 시간을 끌면 아테네로 돌아가 방어할 시간을 놓치게 되므로 마라톤 평원에서 서둘러 공격하지 않으면 안 되었다. 비록 병력이 열세하지만 유리한 위치를 확보하고 적을 유인하여 공격한다면 충분히 승산이 있다고 생각했다. 그리고 적을 난처하게 만들 특별한 전술대형을 창안했다. 이른바 양익포위 전술대형이었다. 전쟁사에서 매우 보편적인 대형이 된 이 대형은 마라톤에서 최초로 등장한 것이다.

밀티아데스는 양측면을 하천으로 보호할 수 있는 전장을 선정하여 그곳으

알렉산드로스 석관 부조. 알렉산드로스의 관이 아니라, 그가 이끄는 마케도니아 군과 페르시아 군의 전투 장면을 조각해 넣은 데서 붙여진 이름이다. 이스탄불 고고박물관 소장.

로 적을 유인했다. 그는 병력이 열세하기 때문에 종심을 줄이고 그 대신 전면을 페르시아 군과 일치하도록 길게 늘였다. 그리고 중앙을 얇게 하고 양측면에는 병력을 두껍게 배치했다. 반면에 페르시아 군은 평소와 같이 8열 종심의 균일한 방진을 갖추었다.

양군 간 거리가 1.6km에 이르렀을 때 밀티아데스는 전진속도를 증가시켰다. 단, 중앙은 서서히 전진토록 했다. 페르시아 군은 빠른 속도로 진군해오는 그리스 군의 모습을 보고 그저 좋아했다. 기병도 없고 궁병도 없는 그들이 자멸의 길로 빠져들고 있다고 생각했기 때문이다.

그러나 그리스 군은 페르시아 궁병들의 사정거리(약 162m) 내에 들어가자마자 보다 신속한 속도로 공격하면서 활 공격을 받는 시간을 최소화했다. 그러면서 양측면에서 우세한 병력들은 페르시아 군 대열을 부수기 시작하고, 뒤편 중심부를 향해 완전히 포위한 다음 전열이 흩어진 페르시아 군을 크게 격파했다. 이런 상황은 단지 15분 사이에 전개된 일로서 페르시아 군 보병은 미처 준비할 새도 없이 정신없이 당했다. 그리스 군의 속도에 놀라고, 양측면 공격에 다시 놀랐으며, 기병과 궁병들도 손도 쓰지 못하고 도망가기에 바빴다.

이 전투에서 아테네 군은 192명의 손실을 입었으나, 페르시아 군에게 6천4백 명이나 되는 큰 손실을 입히고 대승을 거두었다. 그리스의 중보병 밀집대형은 밀티아데스의 과감한 전술 적용으로 동서양 간에 벌어진 최초의 전투를 승리로 장식했다.

이 승리를 알리기 위해 전령은 전속력을 다해 뛰었고, 그는 아테네 시민들에게 "우리는 승리했다"는 최후의 말을 남기고 숨을 거두었다. 이때 그 전령이 달린 거리가 42.195km였다. 오늘날 마라톤 경기는 바로 마라톤 전투에 기원을 두고 있는 것이다. 영국의 전략가이며 사학자였던 풀러J. F. C. Fuller는 마라톤 전투의 승리는 곧 유럽이라는 아기가 탄생하면서 낸 소리였다고 말했다. 마라톤 전투 이후 세계사는 유럽을 비롯한 서양이 지배하게 되었다는 것을 의미하는 말이다.

마라톤에서의 패배로 곧 전쟁이 중단된 것은 아니었다. 패배를 설욕하기 위해 다리우스의 후계자 크세르크세스Xerxes는 보다 대규모의 침공준비를 갖추고 3차원정(BC480)을 실시했고, 그 결과 처음에는 곳곳에서 승리했다. 그러나 페르시아 함대가 살라미스 해전에서 크게 격파당한 이후 전세는 역전되었고, 결국 페르시아는 정복전쟁을 포기하게 되었다.

이 전쟁의 승리에 대해 그리스인들은 중장 보병의 승리, 창의 활에 대한 승리, 애국심의 승리, 전략전술의 승리 등으로 설명해왔다. 여기서 우리는 그러한 요인들을 충분히 인정하면서도 한편 그리스의 승리는 페르시아의 실수가 만들어준 것이라고도 말할 수 있을 것이다. 페르시아 군은 우수했으나 과신과 부주의로 결정적인 때에 과오를 저지르곤 했다. 예를 들면 마라톤에서 페르시아 군이 포위된 것은 과신과 방심 때문이었고, 살라미스에서도 페르시아 함대가 부주의로 좁은 해협에 들어선 것은 큰 실수였다. 원정전쟁에서 과오는 그 영향이 매우 커서 몇 차례 거듭되면 패망을 초래하게 되어 있다. 그러나 페르시아 군이 보병 · 기병 · 궁병 등으로 편성되고 대규모의 해군을 보유한 사실을 마치 패배 요인인 것처럼 생각해서는 안 될 것이다.

DIGEST

6

WORLD WAR

# 살라미스 해전:
## 그리스 함대가 페르시아 함대를 대파하다 (BC480년)

다리우스가 죽고 페르시아 왕위에 오른 아들 크세르크세스Xerxes는 부왕의 유언을 받들어 제3차 그리스 원정을 준비했다. 기원전 480년 봄 크세르크세스는 약 16만 명의 병력과 1,200척의 함선을 끌고 그리스 북부로 진격했다. 그의 군대는 4년에 걸쳐 노예들을 동원, 헬레스폰토스(오늘날의 다르다넬스) 해협에 선박을 연결시켜 만든 다리를 건넜다.

한편, 마라톤 전투 중 밀티아데스 휘하에서 전쟁수업을 받은 테미스토클레스Themistocles는 아테네에서 명망이 높은 지도자로 부상했다. 그는 페르시아의 재침 가능성을 경고하고, 아테네가 육군만으로는 그들의 침략을 막을 수 없으니 에게 해를 지킬 강력한 해군력을 건설해야 한다는 주장을 폈다. 본래 해전은 함선을 건조하고, 또한 선원을 양성하는 데에 비용이 많이 들어 아테네인들은 해전 준비에 소홀한 경향을 보여왔다.

테미스토클레스의 호소에 힘입어 아테네는 3단 노함선trireme을 건조했다. 170명까지 노를 저을 수 있는 이 배는 1인당 하나의 노를 맡도록 했으며, 전체적으로는 3단으로 배열되어 있었다. 그리스 도시국가들은 모두 총 380척의 함대를 확보했다. 1,200척의 페르시아 함선과는 비교가 안 되는 숫자지

그리스의 3단 노 갤리선.

만, 그리스 3단 노함선이 질적으로는 우수했다.

당시 해전은 육지가 보이는 곳이나 해안으로부터 매우 가까운 곳에서 전개되었다. 그리스 3단 노함선은 페르시아 것에 비해 기동성과 충격력에서 훨씬 뛰어났다. 그리스 함선은 단단한 뱃머리를 높이 세우고 최고속력으로 돌진, 적선에 부딪침으로써 적선을 침몰시킬 수 있었다.

페르시아 육군이 에게 해 북쪽 해안을 따라 마케도니아와 테살리아 지방을 통과해오자, 그리스인들은 테르모필레Thermopylae의 좁은 산길에서 맞서 싸우기로 했다. 그곳은 테살리에서 아티카로 향하는 관문으로서, 아테네 북쪽 130km 지점이며 동쪽으로는 에보이아 해협이 있다.

스파르타 왕 레오니다스Leonidas는 7,000명의 보병을 이끌고 좁은 산길을 지켰다. 요해지 테르모필레에 도착한 페르시아 육군은 우선 정찰행동에 4일을 보냈다. 5일째부터는 쌍방에 치열한 공방전이 벌어졌는데, 창과 방패만으로 방어전을 치르는 스파르타 군은 적의 화살이 소나기처럼 쉼 없이 쏟아지는데도 한 걸음도 물러서지 않았다. 그러나 7일째, 어느 그리스인 배신자의 안내로 페르시아의 한 부대가 샛길로 빠져나가 레오니다스 군의 배후를 쳤다. 그런데 스파르타는 올림피아 제전 기간 중이어서 레오니다스가 이끌고 온 순수 스파르타 전사들이 그의 정예근위대 300명밖에 없었다. 이들은 레오니다스의 직접 지휘 하에 선봉장을 맡아 싸웠으며 적 기습 포위망에 갇히자, 동맹군 주력부대를 다 철수시키고 자신들만이 남아 끝까지 싸우다 다 장렬하게 전사했다.

레오니다스의 방위전은 무모한 것이었을까?

그리스 세계를 구한 레오니다스(왼쪽)와 테미스토클레스(오른쪽).

결코 그렇지 않았다. 레오니다스는 아르테미시온 해전에서 큰 피해를 입은 그리스 해군으로 하여금 적군을 현혹시키면서 에보이아 섬과 본토 사이의 좁은 해협을 통해 무사히 퇴각할 수 있도록 시간을 벌어준 바로 최고 공로자였다.

스파르타 전사들의 장렬한 옥쇄는 전체 그리스인들에게 크나큰 감명을 주었다. 그리하여 훗날 이 싸움터에 시인 시모니데스의 다음과 같은 시를 새긴 비석이 세워졌다.

> 나그네여, 가서 라케다이몬(스파르타) 사람들에게 전해주오, 우리들은 명命을 받들어 여기에 잠들었다고…….

이후 페르시아 군은 여세를 몰아 파도처럼 중부 그리스를 휩쓸고, 아테네까지 진출했다.

육전에서의 잇따른 패배소식을 들으며 그리스 함대는 해안을 따라 아테네와 살라미스 섬을 향해 멀리 우회했다. 이제 함대 외에는 그리스를 구할 방법이 없음을 알게 된 테미스토클레스는 본격적으로 페르시아 함대를 유인하여 해전을 벌일 계획을 세웠다.

그는 전투 장소를 살라미스Salamis 섬과 아티카 사이의 해협으로 결정했다. 그곳 해협은 폭이 2~3km로 좁아서 페르시아의 밀집함대를 끌여 들여 싸운

다면, 우수한 해군을 거느린 그리스에 충분히 승산이 있다고 보았다. 본래 살라미스 섬은 바다의 신인 포세이돈이 아들을 낳은 곳으로서, 그곳을 점령한 자가 바다를 장악한다는 전설이 전해오는 섬이었다.

크세르크세스는 이미 육지를 거의 점령한 상태에서 해전의 필요성을 별로 느끼지 않았으나, 테미스토클레스가 그를 가만두지 않았다. 테미스토클레스는 크세르크세스에게 위장간첩을 보내 "그리스 군은 공포에 빠져 서둘러 달아날 생각만 하고 있다"는 거짓정보를 흘리도록 했다.

함정에 빠져든 크세르크세스는 9월 29일 날이 밝자 공격을 개시했다. 구름떼처럼 몰려오는 페르시아 함대를 본 그리스 군 내에서 동요가 일기 시작했으나, 테미스토클레스는 부하들에게 필승의 복안을 발표하고 침착하게 전투대형을 유지하고 끝까지 버티도록 했다.

전술적 이점은 그리스 쪽에 있었다. 페르시아 함대가 좁은 해협 때문에 대형을 유지하지 못한 채 무질서하게 공격하는 데 비해, 그리스 군은 준비된 장소에서 기다리고 있다가 반격을 취하는 것이 가능했으며, 또한 빠른 속도와 단단한 충각을 이용할 수도 있었기 때문이다.

해협이 페르시아 함대로 꽉 메워질 때까지 기다리다가 테미스토클레스는 일순간에 공격명령을 내림으로써 곧 격전이 벌어졌다. 그리스 3단 노함선은 적선의 노를 부러뜨리고 적선 좌우 측면을 들이받고 하는 등의 기술적 이점을 유감없이 발휘했다. 약 7시간의 격전을 치른 결과 페르시아는 200척의 함선을 격침당하고, 또 그만한 숫자를 그리스 군에 포획당했다. 이에 비해 그리스 함대는 불과 40척을 잃었을 뿐이었다.

크세르크세스는 원정 후 시일이 너무 오래 지난데다가 해상에서 대패를 당해 보급마저 끊길 위험에 처하게 되자 서둘러 회군하고 말았다. 그리스 해군은 여세를 몰아 이듬해 여름 소아시아 지역으로 출동하여 페르시아의 나머지 함대를 모조리 쳐부수었다.

살라미스 해전 후 그리스는 두 번 다시 페르시아의 침공을 받지 않았으며, 이로써 막강한 해군력을 가진 아테네는 오랫동안 지중해의 강자로 군림할 수 있었다.

DIGEST

7

WORLD WAR

# 펠로폰네소스 전쟁: 아테네와 스파르타의 전투 (BC431 ~ 404년)

페르시아를 꺾은 다음 그리스는 동지중해 지역을 완전히 지배했다. 그러나 그리스 내부에서 페르시아 전쟁을 통해 가장 강력한 세력으로 부상한 두 도시국가 아테네와 스파르타를 중심으로 두 동맹이 탄생하여 서로 대결하는 체제로 들어갔다. 아테네를 중심으로 델로스 동맹, 그리고 스파르타를 중심으로는 펠로폰네소스 동맹이었다.

정치적으로 아테네는 민주정치를, 스파르타는 과두정치를 대표하는 국가였다. 군사적으로 아테네는 해군, 스파르타는 육군에 주로 의존했다. 이 두 동맹 간에는 전쟁이 벌어졌는데, 이를 '펠로폰네소스 전쟁'이라고 부른다.

전쟁은 크게 3단계로 나뉘었다. 아르키다모스Archidamos 전쟁이라고 부르는 제1단계(BC431~421)는 스파르타 왕 아르키다모스의 아테네 침공으로 시작되었다. 양측은 10년 동안이나 소모전을 치르고도 아무런 결과 없이 끝났다. 제2단계(BC421~415)는 양측이 휴전을 맺고 전쟁 이전 상태로 돌아갔다. 그러나 제3단계(BC415~404)에서 아테네가 시칠리아의 내전에 개입하고 원정군을 보냄으로써 다시 큰 전쟁으로 확대되었다. 아테네는 스파르타 지원을 받은 시라큐스와의 싸움에서 크게 고전한 끝에 패배했다. 한편 스파르타

그리스의 중보병들이 방패와 창을 이용하여 전투를 벌이고 있다.

는 페르시아의 도움을 받아 함대를 강화하고, 육전뿐만 아니라 해전에서도 곳곳에서 아테네 군을 제압했다. 결국 기원전 404년 아테네는 스파르타에게 항복했고, 도시를 둘러싸고 있는 성을 파괴하도록 강요당했으며, 함대를 스파르타에 인도함으로써 전쟁은 완전히 끝이 났다.

27년간의 내전을 치르면서 그리스인들은 많은 새로운 전쟁기술을 적용했다. 그들은 종전처럼 한나절 전투로 끝나는 것이 아닌, 수년 동안 수많은 전투로 연결된 전쟁에서 중보병 밀집대형에만 의존해서는 승리할 수 없음을 깨달았다.

일찍부터 아테네는 병력이 열세한데다가 스파르타의 중보병이 워낙 강력하기 때문에 변방지역을 포기하고 도시 성곽을 지키는 방어 전략을 택했다. 대부분의 아테네인들이 가족과 함께 생업에 종사하고 있었기 때문에도 시민군대는 이곳저곳 모든 전장에 참여할 수 없었다. 반면에 스파르타는 20만 명에 이르는 노예들에게 농업을 맡기고, 군대는 평생 전쟁만을 맡아 하도록 했다. 한편 아테네는 함대를 강화하고, 해상작전으로 펠로폰네소스 주변에 대해 공격하는 전략을 폄으로써 육군 위주로 행해지는 스파르타의 작전을 견제했다.

그리스인들은 아테네나 스파르타나 공히 과거 페르시아인들이 사용한 전법을 많이 도입했다. 예를 들면, 함대 · 경보병 · 기병 · 궁병 등이 그것인데, 이들 가운데는 지형과 적정을 살피는 척후병도 있었다. 그리고 직업적으로 전투를 하는 용병들이 일부 사용되기도 했다. 고대 중 · 근동 지역에서 꽃을 피웠던 다양한 형태의 전술을 사용하기 시작한 것이다. 그리하여 때로는 척후병과 경기병이 중보병을 무력화시키기도 함으로써 전통적인 중보병이 체면을 잃게 되었다. 사실상 중보병에만 의존하는 군대는 다양한 병종으로 구성된 군대보다 약점이 많았다.

그러나 중보병 제도에 오랫동안 집착한 것은 그리스인들이 페르시아에 대한 승리를 한없이 기릴 뿐만 아니라, 패배한 국가로부터 군사제도를 빌어올 수 없다는 자존심 때문이었다. 그리고 도덕적으로도 그리스인들은 중무장 밀집대형에 대해 특별한 자부심을 갖고 있었다. 그것은 시민 평등사상의 정치제도의 산물이자 동시에 공개적으로 정정당당하게 힘을 겨루는 남성사회를 상징하는 제도였다.

그런 전통을 지키기 위해 전쟁 중 아테네인들 가운데는 도시 성벽을 무너뜨리는 것이 더 안전하다고 생각하는 사람들도 있었다. 그러면 아테네가 스파르타만큼 강력한 중무장 보병 집단을 양성하는 자극제가 될 수 있다는 것이다.

그러나 펠로폰네소스 전쟁은 중무장 보병끼리만 수행하는 정도로 단순한 전쟁은 아니었다. 그리스인들은 본래 모방을 싫어하지만, 점차 복잡해져가는 전쟁에서는 다른 국가로부터 배운 다양한 전법을 도입하지 않을 수 없었다.

DIGEST

8

WORLD WAR

# 춘추전국시대의 전쟁: 수준 높은 전법 구사 (BC770 ~ 221년)

우리는 세계전쟁사가 대부분 서양 위주로 기술되어 있음을 알 수 있다. 이 책도 예외가 아니다. 그렇게 된 데는 여러 가지 이유가 있겠으나 가장 먼저 손꼽을 수 있는 것은 자료 문제를 들 수 있다. 서양 자료는 비교적 풍부하고 상세한 기록을 담고 있는 데 반해, 동양 자료는 빈약하기 때문이다. 일반적으로 동양 자료는 전쟁기록은 많지만 '싸움이 있었다'는 식으로 간단히 기록되어 있고, 구체적으로 어떻게 싸웠는가에 대하여 생략된 부분이 너무 많다는 것이 한계다. 더구나 동양문화는 서양문화와 달리 각 나라와의 활발한 교류가 없었기 때문에 각국의 전쟁사는 자국 아닌 다른 국가 사람들의 관심까지 크게 끌지는 못했다.

그 결과 충분한 실증과 토론을 거치지 못한 동양 전쟁사는 별로 신뢰를 받지 못하고 있는 편이다. 또한 과학과 기술혁명 이후 전쟁과 군대는 서양에 기원을 둔 아이디어들이 판을 쳐왔고, 오늘날 그 현상은 더 두드러져 결국 서양 전쟁사가 더 중시되고 있다고 볼 수 있다.

고대 중국은 고대 이집트 · 페르시아 · 그리스 등보다 더 문화수준이 높았던 국가였다. 특히 춘추전국시대(BC770~221)의 중국문화는 과학의 발달이 세계사에서 중요한 비중을 차지하게 된 근세 이전까지를 역사적으로 가장 높은 수준이었다고 말해도 과언이 아니다. 특히 도덕 · 정치 · 군사 · 사회생활 등에 관한 학술 및 예술의 발달은 눈부셨다. 공자 · 맹자 등 제자백가諸子百家들의 사회사상이 이 시대에 다 나왔다. 그래서 이후 중국은 그 시대를 앞서는 문화창조가 어려워 모든 사회생활에 보수적인 성향을 띠게 되었다고 역설적으로 말하는 역사가들도 있다.

고대 중국인들에게 있어 중국 전체 땅덩어리는 국가가 아닌 세계였다. 그래서 '천하天下'라고 불렀다. 천하 내에는 여러 제후국諸侯國들이 난립했다. 제후국들 간에는 수시로 분쟁과 통합 또는 분열이 일어났으며, 그 결과 제후국 숫자는 시대별로 달랐다. 강자가 등장하여 천하를 통일하면 한 나라를 이루고, 다시 분열되면 여러 나라로 나뉘었다. 그래서 고대 중국역사를 보면 왕조의 잦은 교체로 얼룩져 있음을 알 수 있다.

춘추전국시대는 약 550년에 걸친 기간으로서 고대 중국의 큰 변혁시대였다. 진秦이 천하를 통일하고 중앙집권체제를 시작하기 전까지의 봉건적 제후들이 군웅할거했던 과도기였다. 이 시대는 다시 춘추시대와 전국시대로 나뉜다. 춘추시대(BC770~403) 초기 제후국은 140여 국이나 되었으나, 계속 통합하면서 감소되더니 전국시대에 들어서서는 진秦 · 초楚 · 연燕 · 제齊 · 한韓 · 위魏 · 조趙 등 7국으로 재편되었다.

춘추시대의 전쟁방법은 거의 같은 시대의 서양에서 유행하던 방법과 유사했다. 주로 제후나 장수들이 전투용 마차를 타고 들판에서 싸웠으며, 전차 1량에 30인의 보병이 붙었지만 그들의 역할은 별로 중요하지 않았다. 당시는 청동기시대로서, 제한된 구리 생산량 때문에 장수들만 장검을 휴대하고 싸웠다. 이때 전투는 일반적으로 짧은 시간 내에 끝나고, 결과에 따라 제후국들 간의 합병이 잇따랐다.

전국시대에 7강국 간 전쟁은 보다 치열하게 전개되었다. 전쟁이 그칠 날이 없었고, 적과 우방이 하루가 다르게 바뀌며 싸웠기 때문에 극히 혼란스러웠다. 이들이 철제무기를 사용하기 시작하면서 보병들의 활약이 두드러지게 나타나기 시작했다. 철이 생산되었을 때 초기에는 주로 농구農具로 이용했으

진시황릉의 병마용. 전국시대 전사들의 모습을 그대로 보여주고 있다.

나 차츰 무기로 사용했다. 보병들은 철로 만든 장창과 방패를 휴대하고 철제 화살촉을 이용했다.

전투양상은 차츰 전투용 마차를 타고 싸우는 전차전으로부터 보병전으로 바뀌고 그 규모도 훨씬 커졌다. 들판뿐만 아니라 산간지역에서도 싸웠다. 그러나 중국보병은 서양보병처럼 중무장하지도 않았고, 방진대형을 취하지도 않았다. 비교적 가볍게 무장하고 지형에 따라 다양한 대형으로 싸웠다. 그리고 기습을 많이 실시하고 여러 가지 전법을 구사했다. 당시 서양에서는 전법이 매우 단순했던 데 비해 중국인들은 이미 상당한 수준의 전술을 구사하고 있었다. 특히 적을 기만, 유인하는 기술에 있어서는 지금이나 별반 차이가 없을 정도였다.

동서양은 문화수준에 큰 차이가 나는 만큼 전법에서도 차이가 컸다. 서양에서 주 공격무기는 창이었으나 동양에서는 활이었다. 서양전사들은 정면대결을 벌이고 죽을 때까지 싸우는 직접적인 전투를 좋아하고, 동양인들은 바로 맞부딪치기보다는 어느 정도 거리를 두고 화살을 날리며 적을 쇠진시켜 패배시키는 전술을 선호했다.

전국시대의 전쟁은 각국이 20만 명 이상의 대규모 군대를 동원했다. 전국시대 말기 진秦나라가 조趙나라 군대를 격파했을 때는 조나라 병사 40만 명을 생매장했다고 하는데, 그 정도로 대규모의 전쟁이 벌어진 것이다.

각국 제후들은 스스로 왕을 자칭하고 천하를 평정하기 위한 전쟁을 계속했다. 고대 중국이 통일되기 전의 대내전이었다. 결국 내전 끝에 진나라가 천하를 제패했다. 진나라는 어느 나라보다도 정치개혁과 부국강병책 추진을 훌륭하게 실시하고 천하를 통일하는 데 성공한 것이다. 이후 진나라는 봉건제도를 해체한 후 중앙집권체제를 채택하여 절대권력자인 황제가 천하를 마음대로 움직였다.

DIGEST

9

WORLD WAR

# 손자병법과 손무:
## 동서고금 최고의 군사 고전 (BC6세기)

춘추전국시대의 전법이 어느 정도로 수준이 높았는지는 그 시대의 전략가들이 저술한 병서들의 내용을 살펴보면 쉽게 알 수 있다. 병서는 기본적으로 역사서적이 아닌 이론서적이라고 하지만, 그 시대의 전쟁과 군대 그리고 전법에 기반을 두고 이루어진 연구결과로서 상당 부분이 그 시대의 경험과 유행했던 전법을 집대성한 것이라고 할 수 있다.

오래 전부터 중국뿐만 아니라 동양에서는 군인들이 읽어야 할 병서 7권을 '무경칠서武經七書'라고 불러왔다. 《손자》, 《오자》, 《육도六韜》, 《삼략三略》, 《사마법》, 《울요자》, 《이위공문대李衛公問對》 등이다. 이 병서들은 기원전 1100년대부터 서기 600년대에 걸쳐 나온 저서들로 모두 군사학의 기본 원리를 담고 있어서 오늘날도 고전으로 널리 읽혀지고 있다. 이 가운데서도 가장 유명한 병서는 역시 《손자》다.

《손자》의 저자는 춘추시대 제齊나라 태생의 손무孫武였다. 통상 유명한 사람에 대한 존칭은 성에다 '자'를 붙여서 부르는 것이 관례였기 때문에 중국인들은 손무의 저서를 《손자병법》이라 불렀다.

손무의 생애에 대해 정확히 알 수는 없으나 공자와 같은 시대 사람으로 추

손자가 궁녀들을 대상으로 하여 병법의 원리를 시범보이고 있다.

정하고 있다. 오吳나라 제후 합려와 그의 아들 부차 밑에서 유명한 장수로 활약한 것으로 알려지고 있다. 제나라 사람이었던 손무가 오나라로 국적을 옮기게 된 데는 제나라 정치가 극도로 어지럽고 정변이 자주 발생하자 오나라에 망명을 간 것이라 한다.

당시 오나라는 서쪽의 초楚나라와 원수지간의 관계에 있어 두 나라 사이에는 전쟁이 그칠 날이 없었다. 초나라가 오나라를 침공하고 실패하면 이듬해는 반대로 오나라가 초나라에 쳐들어갔으며, 이러한 공방은 오랫동안 되풀이되었다. 그러던 중 기원전 514년 오나라에서는 정변으로 왕요가 암살되고 새로운 왕으로 합려가 즉위했다.

먼저 합려는 크게 약화된 군사력을 강화시킬 적임자를 찾던 중 마침 손무가 저술한《손자병법》을 입수하여 탐독하고 깊은 감명을 받았다. 합려는 손무를 초빙하여 실력을 시험한 후 기용했다. 이때 손무가 궁녀들을 대상으로 하여 병법의 효험을 시범 보인 일화는 유명하다.

손무는 180명의 궁녀들을 두 부대로 나누어 집합시키고 그 가운데서 왕의 총애를 받는 두 사람을 지휘자로 임명하여 지휘하도록 했다. 명령에 따라 전후좌우로 방향전환 동작을 취하는 시험이었다. 사전에 동작 요령을 충분히 알려주고 복종하지 않을 때는 도끼로 처형한다는 규칙을 충분히 설명했다. 그러나 궁녀들은 폭소를 터뜨리며 명령을 들으려 하지 않았다. 손무는 다시 설명하고 명령을 내렸다. 그래도 궁녀들은 움직이지 않았다. 그러자 손무는 "명령이 불명확할 때는 장수가 책임을 지지만 반복하여 명확히 설명했는데도 명령이 지켜지지 않는 것은 지휘자의 책임이다"라고 말하고, 형수를 시켜 두 지휘자의 목을 쳤다. 그리고 다른 두 사람을 새 지휘자로 임명하고 명령을 내렸더니 궁녀들은 소리 하나 내지 않고 일사불란하게 움직였다는 이야기다.

손무는 전군에 대한 지휘권을 위임받은 후 엄격한 훈련을 통해 오나라 군대를 4년 만에 막강한 군대로 만들었다. 그리하여 기원전 512년 오나라는 숙적 초나라와의 전쟁을 재개했다.

손무는 단계적 교란작전을 통해 초나라 국력을 피폐시키고 6년 후 정예병 3만 명을 직접 이끌고 기습침공, 적의 수도 70km까지 진출했다. 그러나 집결된 20만 명의 적 병력을 보자, 그 대병력을 분산 격파하기 위하여 다시 200km 후퇴하여 적을 유인하는 계략을 사용했다.

손무 군을 무작정 추격하던 초나라 군대는 결국 함정에 빠지고 여러 지역에서 역습을 받아 큰 타격을 입었다. 그러자 손무는 이번에는 승세를 몰아 적 수도를 점령하는 데 성공했다.

그 결과 약소국 오나라는 일약 강국으로 등장하고, 초나라로부터의 위협을 제거했을 뿐만 아니라, 다른 인접국인 제 · 진 · 월나라 등에 대해 위협을 가하기에 이르렀다.

기원전 492년 합려는 월나라를 공략하던 중에 전사하고 그의 아들 부차가 즉위했다. 손무는 계속하여 부차를 보좌하고 월나라를 굴복시키는 데 큰 기여를 했다. 나이가 든 후 손무는 관직에서 은퇴하여 여생을 군사학 연구와 저술에 전념하다가 세상을 떠났다.

전국시대의 전략가 가운데 유명한 사람으로 손빈이 있는데, 그는 손무의 손자인 것으로 알려지고 있다. 그런데 손빈도 병법을 저술했다는 기록이 있어 오늘날 전해지고 있는《손자병법》에 대해 그 저자가 손무가 아닌 손빈일지도 모른다는 설이 과거에는 있었다. 그러나 이 설은 1972년 산동성에서《손빈병법》이 따로 발굴된 이후 그 근거를 잃게 되었다.

DIGEST

10

WORLD WAR

# 필리포스와 마케도니아 군대:
## '망치와 모루'의 전술개념 확립 (BC4세기)

펠로폰네소스 전쟁 이후 그리스는 스파르타가 중심적 역할을 했으나 그 체제는 오래 가지 못했다. 그 대신 북쪽에서 마케도니아가 새로운 강자로 등장하더니 이윽고 전 그리스를 통일했다. 그리스는 일찍부터 남쪽 지방의 문화가 북쪽보다 앞섰고, 그래서 북쪽 사람들을 야만인처럼 취급하는 풍조가 있었는데, 어떻게 마케도니아인들이 최초로 그리스를 통일하게 되었을까?

그것은 순전히 마케도니아 왕 필리포스(BC359~336)의 군사적 업적에 의해 가능한 일이었다. 필리포스는 군사기술의 혁명을 이루고 마케도니아 군대를 고대 서양에서 가장 훌륭한 군대로 만들었다. 그가 이룬 혁명이란 간단히 말하면 서양의 보병과 동양의 기병을 잘 혼합해 통합군을 만든 것이었다.

필리포스 이전에도 그리스인들은 페르시아 전쟁을 통해 배운 동양의 군사기술들을 그들 전법에 적용하기 위해 애썼다. 특히 펠로폰네소스 전쟁 중에는 가장 인상적인 기병 외에 경보병 · 척후병 · 용병제도 · 해군 · 활 · 투석기 등과 같은 기술에 대해서도 여러 차례 실험을 실시했다. 그러나 이러한 기술들은 제각기 아무리 뛰어나도 서로 다른 기술과 결합하지 못하면 아무 소용이 없다. 여러 가지를 효과적으로 통합할 수 있는 특별한 기술과 방법이 필요한 것이다. 또한 그리스인들은 그들 정치제도에 부합하는, 그야말로 자랑스러운 중보병에 대해 비록 군사적 약점이 있더라도 그 전통을 쉽게 포기하지 못했다.

필리포스는 테베에 볼모로 지내던 시절 테베의 명장 에파미논다스의 전법에 대해 각별한 관심을 갖고 관찰했다. 그리고는 왕으로 취임하자마자 마케도니아에 가장 효과적인 전술을 정립하는 데 총력을 기울였다. 그는 당시 알려진 여러 가지 기술들 가운데 각각의 장점을 발췌해 상호 결합시킴으로써 최고의 전투기술을 발휘하는 통합군대를 만드는 데 성공했다.

필리포스는 마케도니아의 정치제도가 다른 도시국가에 비해 안정되지 않은 점을 오히려 역이용해 여러 가지 개혁을 과감하게 추진했다. 그는 영토팽창 정책과 금광 획득에 의한 수입으로 재정문제를 해결하고, 자신을 지지하는 귀족들 위주로 나라를 이끌면서 신분제도를 유지시켰다. 그리고 이러한 마케도니아의 정치제도에 부합되는 군사제도를 연구하여 당대에 가장 강력한 군대를 조직했던 것이다.

필리포스의 군대에서 가장 핵심적인 요소는 기병이었다. 기병은 귀족출신으로 구성되었다. 그들은 어렸을 때부터 말을 잘 탔기 때문에 승마술에 대해서는 따로 훈련받을 필요가 없었으며, 단지 무거운 갑옷을 입고 무기를 자유자재로 사용하는 기술만 익히면 훌륭한 기병이 되었다. 그들은 전투할 때는 휴대한 장창Sarissa을 앞으로 내밀어 적진에 충돌하는 방법을 사용했다. 그리고 필요에 따라서는 장검을 사용하고 장창을 던지기도 했다.

필리포스는 15개 대대로 구성된 기병대를 보유했다. 그 규모는 1개 기병대대 200명으로서 총 3,000명이었다. 이러한 중기병 외에도 필리포스는 따로 약간의 경기병을 두고 그들을 주로 정찰 및 척후병 활동에 이용했다.

필리포스의 군대에서 기병이 중요한 역할을 했다고 해 보병이 전혀 별 볼일 없었던 것은 아니다. 필리포스가 이룩한 전술개혁 가운데 위대한 면은 오히려 보병의 조직 및 무장에서 찾을 수 있다.

마케도니아 보병은 기본적으로 전통적인 그리스 보병과 마찬가지로 중보병이었다. 그러나 4.2m나 되는 장창을 휴대한 것이 큰 차이점인데, 종래의 것보다 무려 1.8m나 긴 장창은 적과의 창 대결에서 단연코 유리한 이점을 제공했다. 전투를 벌일 때 전열에서부터 제5열까지 창을 앞으로 내밀면 제5열 병사의 창끝이 제1열 전방까지 나옴으로써 충격력을 최대로 발휘할 수 있었다. 또한 창을 세우고 행군할 때 마케도니아 보병대는 마치 숲을 움직이는 것과 같은 모습을 보임으로써 전투전에 적을 심리적으로 제압했다.

마케도니아 중보병대는 깊이가 16열이나 되는 밀집대형을 유지하고 개개 병사 간격을 그리스 시대보다 약간 넓게 유지했다. 장창을 사용하는 데 보다 어려운 기량이 요구되거나 때로는 두 손을 다 필요로 하는 경우도 발생하기 때문이었다. 일반적으로 중보병대는 6개 대대로 편성되고 각 대대는 16열 16오 256명으로 구성된 6개 중대로 편성되었다. 각 단위대 별 훈련은 중대장과 대대장 통제 하에 실시되었다.

필리포스는 중보병대가 어느 방향에서든 맞부딪치는 적들과 잘 싸울 수 있도록 하기 위해 적절한 대형 변경 훈련을 반복했다. 그리하여 중보병대는 상황에 따라 종심을 늘였다 줄였다 하고 개인 간격도 조정하며 신축성 있게 움직였다. 후계자인 알렉산드로스 대왕 때는 보다 신속한 대형 변경을 취할 수 있게 됨으로써 과거에는 도저히 불가능한 포위전이나 산악전을 수행하기도 했다.

필리포스는 중보병 외에 경보병과 척후병을 잘 활용했다. 척후병은 주로 궁수나 돌팔매 병사로서, 전투할 때는 맨 앞에 위치해 일종의 장거리 화력을 퍼부으며 적을 혼란시키다가 적이 육박해오면 전장에서 물러섰다. 한편 경보병은 기본 전투대형의 측후방에 위치해 주로 투창을 사용하며 전투에 참여했다. 그들은 공격 시에는 기병 뒤를 따라가 적군 대열의 혼란한 틈에 활약하고, 방어 시에는 적 기병에 맞서거나 지형이 험한 곳에서 적 중보병에 대항했다.

필리포스의 업적에 대해 말할 때는 이상과 같은 여러 전투요소의 통합을 이룬 사실뿐만 아니라 그와 더불어 공격전술의 기본개념인 이른바 '망치'와 '모루'의 개념을 처음으로 확립한 점을 빠뜨려서는 안 된다. 그는 에파미논다스의 사선진(병력을 우익 또는 좌익에 집중배치한 전투대형. 기원전 371년 레우크

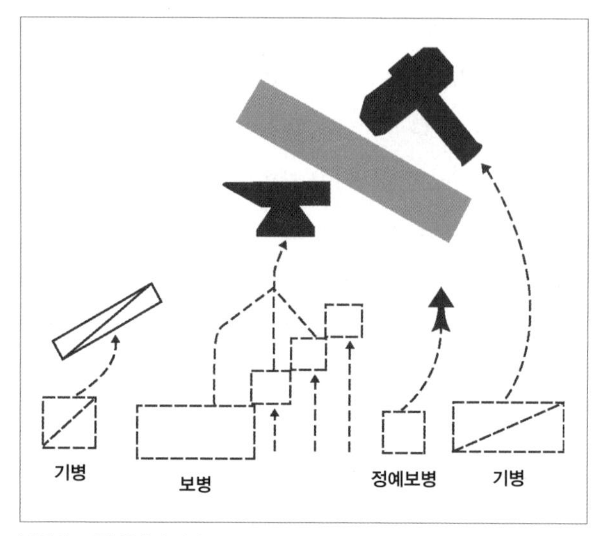

'망치와 모루' 원리의 전법.

트라 전투에서 테베 군이 최초로 사용) 전법으로부터 주공과 조공 개념을 도입해 병력을 나누어 운용하는 방법을 배웠는데, 기병을 주공부대로 보병을 조공부대로 운용했다. 즉 기병으로 하여금 '망치(타격부대)' 역할을 하면서 적을 타격하도록 하고, 그러한 기병공격을 돕기 위해 보병에게는 '모루(저지부대)' 역할을 맡겨 적을 붙잡아 놓도록 했다. 이후 주공과 조공의 구분 및 '망치'와 '모루' 전법은 모든 전략가들이나 군사이론가들에게 기본상식이 되었다.

필리포스는 전술대형의 발전, 무기 개량, 여러 병종 간 협동, '망치'와 '모루'의 개념 확립 등 업적을 남겼으며, 정보 및 역정보 이용에서도 타의 추종을 불허했다. 그는 상인들과 여행자, 그밖에 특수 스파이 등 정보조직을 이용해 적 내부에서 무슨 일이 일어나는가를 파악했다. 이런 행동은 과거의 그리스인들이 속임수, 스파이 등에 대해 명예롭지 못하다고 하여 공평한 조건에서 공개적으로 전투를 벌이려 했던 것과는 크게 대조를 이룬다.

필리포스는 사전 정보 없이는 어떠한 결정도 내리지 않았다. 행군할 때도 기병 정찰병을 먼저 내보내 적정을 살핀 다음에야 전술적 조치를 취했다. 또한 적을 기만하기 위해 수시로 역정보 작전을 폈다. 예를 들면 가짜 진군명령을 내리고 실제로는 부대를 다른 방향으로 진군시키기도 했다. 그리고 그는 자신의 부대에 관한 정보가 새어나가는 것을 방지하기 위해 주요 군사회의에 참가자를 극소수로 제한하고, 부대 주위에는 언제나 기병을 배치해 출입자를 철저히 통제했다.

필리포스의 통합군에 의한 새로운 전법은 당시 그리스인들에게는 가히 혁명적이었다. 마케도니아 군대가 진군해오고 있다는 소식만 듣고도 다른 도시국가 사람들은 지레 겁을 먹었다. 구식 전법에 젖은 순박한 시민병들은 중기병만이 아닌 기병 · 경보병 · 궁병 등의 공격에도 당황했다. 그들은 평지 아닌 산악에서 여러 날 전투를 치르는 것을 꺼렸으며, 정면대결 아닌 측후방 공격과 기만 및 역정보가 판치는 전장에서는 예전처럼 목숨을 바칠 수 없다는 태도를 보였다. 무릇 전쟁이란 새로운 전법에 잘 순응하는 사람들에게 승리를 안겨주기 마련이다.

DIGEST

11

WORLD WAR

# 알렉산드로스 대왕의 동방원정과 페르시아 정복:
## 전쟁사상 가장 뛰어난 군사적 천재 (BC4세기)

"역사상 그는 최고로 생산력 있는 사람이었다. 그는 기존의 문명 세계를 다른 곳에 들어올려 놓고 완전히 새로운 시대를 열었다. 그가 이룬 수준만큼의 업적은 다시 이루어질 수 없을 것이다."

이것은 역사가 윌리엄 탄W. W. Tarn이 알렉산드로스 대왕에 대해 내린 평가다. 알렉산드로스가 그의 짧은 생애(BC357~323) 동안 이룬 업적은 하나의 전설과 같다. 특히 전쟁사에서 그가 보여준 능력과 업적은 실로 모든 사람들로부터 추앙받고 있다. 인간이라면 누구나 약점을 갖고 있기 때문에 장군들도 약점을 보이게 마련이지만, 알렉산드로스는 군사 분야에 있어서 그야말로 완벽했다.

알렉산드로스는 아버지 필리포스 왕으로부터 최고의 군대를 유산으로 물려받고 그의 밑에서 군사지휘에 관한 많은 것을 배웠다. 그는 필리포스의 단순한 계승자 차원을 넘어서 전략 전술에서 페르시아 · 그리스 · 마케도니아 세계의 어떤 선구자보다 앞서는 개념과 실천력을 겸비한 인물이었다.

그는 아버지 필리포스와 어머니 올림피아스를 각기 신 가문의 후손으로 생각했으며, 따라서 자신을 신의 아들로 여겼다. 즉, 필리포스의 선조는 그리스 신화에 나오는 헤라클레스이고 올림피아스의 선조는 아킬레우스라는 것이다. 또한 그는 어머니로부터 "너는 제우스의 아들이다"

이수스 전투에서 싸우는 알렉산드로스 대왕.

라는 말을 수없이 들어왔다. 사연인 즉, 올림피아스는 결혼 전날에 벼락을 맞는 꿈을 꾸었는데, 그때 제우스의 아이를 갖게 되었다는 것이다.

알렉산드로스는 헬레스폰토스(다르다넬스 해협)를 건너 처음 아시아 땅에 들어섰을 때 자신의 창을 땅에 힘차게 꽂으며 "신들로부터 나는 아시아를 받아들이노라, 창으로 얻은 승리와 함께"라고 소리쳤다. 아시아 원정은 아버지의 계획을 물려받은 일 이상으로서, 그는 신으로부터 받은 사명으로 생각했다. 페르시아의 침공에 대해 복수하고, 소아시아 지방 그리스인들을 해방시키며, 나아가 아시아를 지배해야 한다는 것이다.

왕으로 취임한 2년 후인 기원전 334년 알렉산드로스는 세계 최고의 군대인 보병 32,000명과 기병 5,100명을 거느리고 아시아 원정에 나섰다. 1차적 목표인 페르시아 점령을 위한 그의 전략계획은 페르시아가 바다를 장악하고 있는 한 자유로워질 수 없기 때문에, 먼저 소아시아 지방을 정복하고, 이어서 그곳으로부터 이집트에 이르는 지중해 연안의 페르시아 해군기지를 장악해 페르시아 해군력을 무력화시키겠다는 것이었다. 이는 해전을 실시하지 않고도 해군을 무력화시킬 수 있는 최상의 전략이었다. 알렉산드로스는 단지 180척의 군함밖에 없는 데 비해 페르시아 함대는 400척을 보유하고 있었다.

알렉산드로스가 1차 목표를 달성하는 데는 4년이 소요되었다. 헬레스폰토스를 건너 소아시아에 진입했을 때 페르시아 왕조는 즉위한 지 얼마 안 되는 다리우스 3세 치하에서 혼란을 겪고 있어 알렉산드로스는 쉽게 교두보를 건

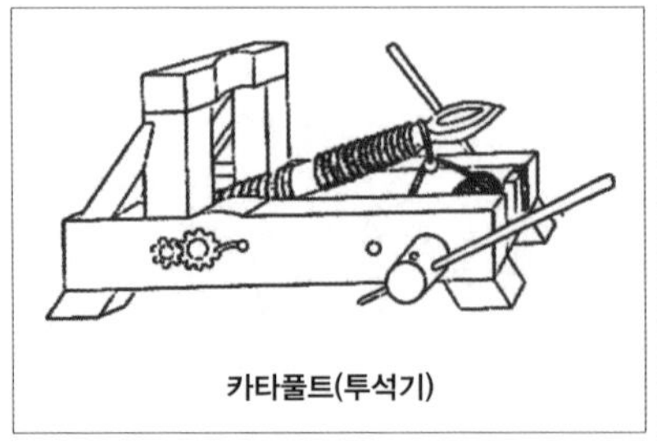
카타풀트(투석기)

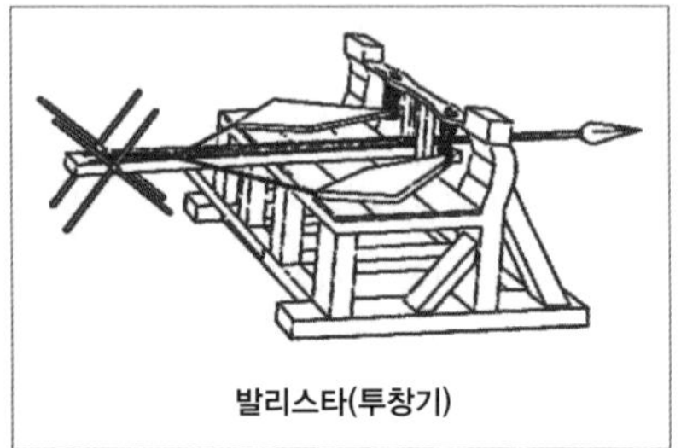
발리스타(투창기)

알렉산드로스 시대 공성무기

설할 수 있었다. 그는 친히 고대 트로이 유적을 방문하고 그의 시조인 아킬레우스의 무덤을 찾아가 예의를 갖췄다.

기원전 334년 그라니코스 싸움, 기원전 333년 이수스 싸움, 기원전 332년 티로스 싸움에서 알렉산드로스 군대는 비록 숫자는 많지만 여러 면에서 뒤떨어져 있던 페르시아 군대를 모두 물리치고 승리했다. 페르시아 군의 가장 큰 약점은 기병과 보병 간 협조체제가 전혀 이루어지지 않은 것이었다. 반면 마케도니아 군은 필리포스가 개발한, 보병과 기병의 협동을 기초로 하는 '망치와 모루' 전법에 숙달되어 있었다. 마케도니아 군은 먼저 보병 지원을 받지 못하는 페르시아 기병을 공격하고, 그 다음에는 기병의 지원을 받지 못하는 보병을 공격함으로써 적을 조직적으로 격파했다.

교두보를 확보하고 페르시아 군 해군을 무력화시킨 다음 알렉산드로스는 그의 대전략 목표인 페르시아 군 격멸과 대제국 건설을 위해 그의 군대를 계속 진군시켰다. 그는 다리우스의 평화제의를 거절하고 기원전 331년 가우가멜라 싸움('아르벨라 싸움'이라고도 부름)에서 대승을 거둠으로써 사실상 페르시아 군대를 거의 궤멸시켰다.

알렉산드로스는 간신히 목숨만 건진 채 도망가는 다리우스를 끝까지 추격했다. 그러나 다리우스는 알렉산드로스에게 붙잡히기 전에 그의 측근들에게 살해되고 말았다. 그 후 알렉산드로스는 페르시아 전지역을 정복하고 대왕으로서 페르시아를 통치했다.

DIGEST

12

WORLD WAR

# 히다스페스 강 전투: 인도의 코끼리 부대를 이기다 (BC326)

페르시아를 정복한 후 알렉산드로스는 통일 그리스 및 페르시아의 왕이 아니라 아시아의 왕이 되고자 했다. 그는 페르시아 동북부 지방 박트리아 공주인 록사네와 결혼하고, 기원전 327년에는 카이바르 고개를 넘어 인도를 정복하기 위해 나섰다. 이미 중단할 줄 모르는 정복자가 되어버린 그는 마치 지구 끝까지 정복하려는 듯 커다란 야욕에 빠져 있었다.

펀자브 지방에 들어선 그는 인더스 강 지류인 히다스페스 강에서 그의 진군을 막는 인도의 포로스 왕과 일전을 치르는 상황에 처했다. 키가 210cm가 넘는 거인 포로스는 보병 30,000명, 기병 4,000명, 전투용 마차 300대, 코끼리 200마리를 보유하고 있었다. 인도에서 알렉산드로스의 총 병력은 75,000명 정도였으나, 기원전 326년 히다스페스 강에서 그가 지휘할 수 있는 병력은 보병 15,000명과 기병 5,000명에 불과했다.

포로스 군을 공격하기 위해서는 먼저 히다스페스 강을 건너야 하는데, 강은 깊고 물살도 빨랐다. 더구나 코끼리들은 상당히 위협적인 존재였다. 알렉산드로스의 말들이 그들을 보고 놀라 뗏목 위에서 뛰쳐나갈 가능성이 높기 때문에 직접 강을 건너기란 매우 어려운 일이었다.

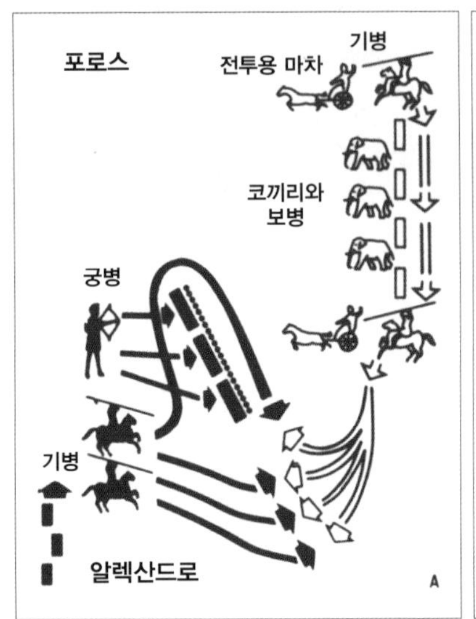

히다스페스 강에서 양측이 포진하고 있는 모습.

그래서 알렉산드로스는 적을 속이는 계략을 쓰기로 했다. 먼저 기병대로 하여금 매일 강변을 오르내리며 곧 도하작전을 취할 태세를 보였다. 그때마다 포로스는 코끼리를 움직여 대비하더니 며칠 뒤에는 더 이상 속지 않겠다는 듯이 자신의 진영에 그대로 머물렀다. 또한 알렉산드로스는 역정보 작전을 펴 강물이 얕아질 때까지 도하작전을 연기한다는 유언비어를 퍼뜨렸다. 그밖에 자신과 같은 옷을 입힌 병사를 포로스가 볼 수 있는 곳에 고정시켜 포로스가 딴 곳에 관심을 갖지 못하도록 했다.

그러다가 그는 폭풍우 치는 날 밤을 이용해 주력을 이끌고 북쪽 17마일 지점으로 이동, 그동안 준비한 장비를 이용해 드디어 도하했다. 이튿날 아침 도하 소식을 들은 포로스가 병력을 보내 수비하도록 지시했을 때는 이미 때늦은 상태였다. 포로스는 원 위치에서의 도하를 막기 위해 일부 부대만 남겨놓고 주력으로 하여금 알렉산드로스 군을 향하도록 했다.

포로스 군은 알렉산드로스 군을 수적으로는 능가했으나 기습을 당한 상황에서 서둘러야 했으며, 알렉산드로스는 그러한 인도 군의 약점을 최대한 활용했다. 그는 우선 우익의 우세한 기병을 이끌고 포로스의 기병과 전투용 마차를 격파했다. 그러는 동안 부하 장수 코에노스로 하여금 좌익 기병을 이끌고 인도 군 배후를 공격하도록 했다. 또한 척후병으로 하여금 코끼리를 모는 병사들을 쏘아 떨어뜨리게 했다.

알렉산드로스의 기병은 인도의 기병을 코끼리 부대가 위치한 곳까지 몰아붙였으며, 그러자 공간이 좁은 상태에서 코끼리들이 이리저리 선회하면서 인도 군 보병들을 짓밟는 사태가 빚어졌다. 그 후 인도 군은 마케도니아 군의 기병과 보병들이 사용하는 장창에 맥없이 무너지고 너도나도 도망치기에 급급했다. 포로스도 부상당한 채 붙잡혔다. 그는 알렉산드로스 앞에 끌려와서 "어떤 대우를 원하는가?"라는 질문에 "왕으로 대우해달라"고 대답했다. 그 대답에 감명받은 알렉산드로스는 그를 왕으로 복귀시키고 곧 친구로 만들었다.

그리스에서 인도까지 약 18,000km를 진군한 알렉산드로스는 갠지스 강 계곡에 진입하기 전에 대원정을 마쳤다. 끝도 없고 낯설기만 한 두려운 땅으로 들어가는 데 대해 병사들이 모두 지쳐 있었고 너무나 고향을 그리워했기 때문에 더 이상의 진군을 중단하고 귀환 길에 나섰다. 귀환하는 도중 기원전 323년 그는 바빌론에서 병사했다.

33세의 짧은 인생을 누렸지만 알렉산드로스는 군사적으로 세계사에 가장 위대한 장군으로 평가될 만한 업적을 남겼다. 그것은 모두 그의 사려 깊은 계획, 신속 과감한 결단력, 뛰어난 전략, 정교한 전술, 그리고 비범한 리더십으로 이루어낸 것이었다. 정치 · 경제 · 문화적으로도 그의 대원정은 고대세계에 새로운 시대를 여는 이정표를 세웠다. 그는 70개국 이상의 도시국가들을 정복하면서 헬레니즘 문명과 아시아 문명을 융합시켰다.

DIGEST

13

WORLD WAR

# 로마 군단: 투창과 검을 사용한 로마 군 밀집대형 (BC4세기)

고대 도시국가 로마는 기원전 753년에 수립되었다. 로마인들은 이탈리아 중서부 일대에 흩어져 살던 여러 부족 가운데 가장 우수한 부족으로서, 생활력이 강하면서도 지도자에게는 복종을 잘하는 사람들이었다. 공동체 의식이 강한 그들 가운데서 강인한 전사들과 훌륭한 정치가들이 많이 배출됐다.

그들은 그리스인들과 달리 실질적인 것을 추구했고, 도시 안에서 일어나는 여러 가지 상반 요소들을 적절히 잘 조절할 줄 알았다. 그러나 밖으로 도시를 지키는 데 있어서는 죽음을 불사하고 전장에 나섰다. 그들은 도덕을 중시하고 도덕적 잘못에 대해서 용서하지 않았다. 이러한 우수한 잠재력을 바탕으로 로마인들은 일찍부터 민주적 정치제도를 발전시키고 인접 지역들을 하나하나 흡수하면서 영토를 확장할 수 있었다.

기원전 509년 이후 로마인들은 왕정 체제를 버리고 공화정 체제를 따랐다. 최고 지도자로는 두 사람의 통령을 선출해 그들이 각각 1년씩 통치하도록 했는데, 이 제도는 500년간 지속되었다.

로마는 라틴 동맹을 이끌고 중부를 지배했다. 그러나 기원전 326년부터 약 30년간은 남부 이탈리아의 삼나이트Samnites 족으로부터 끊임없는 침략을 받아 전쟁을 치르지 않으면 안 되었다. 이때 로마인들은 보다 잘 싸우기 위해 군을 대대적으로 개편하는 작업을 벌여, 그동안 모방해온 그리스 군사제도를 과감히 떨쳐버리고 그들 고유의 정치적 특성과 전투환경에 맞는 이른바 '로마 군단'을 창설했다.

로마 군 장교. 기원전 3세기의 그림에서 재현했다. 갑옷 위로 두른 어깨띠는 계급을 나타낸다.

로마 군사제도에 대해 말할 때는 기원전 6세기 공화정 출범 때부터 기원후 4세기 로마 제정 몰락 때까지 무려 1천 년에 걸친 전 기간 중 어느 때를 보느냐에 따라 크게 달라진다. 그러나 공화정 때 건설한 '로마 군단'은 로마 군의 특성이 가장 잘 나타난 대표적인 것이며, 이를 기반으로 해 그 후의 군사제도는 약간씩 변천을 거치게 되었다고 할 수 있다.

'로마 군단'은 기본적으로 그리스의 방진과 같은 개념으로 전투를 하는 보병 밀집대형이었다. 그러나 그리스 군에 비해 '로마 군단'은 여러 종류의 보병으로 팀워크를 발휘하면서 훨씬 발전된 전법을 구사했다.

'로마 군단'은 시민들로 구성된 민병대였다. 로마 시민들은 로마 군의 일원이라는 사실을 의무라기보다 시민으로서 누리는 하나의 특권으로 간주했고, 그들에게 가장 가혹한 처벌 가운데 하나는 전장에 나가는 권리를 박탈하는 것이었다. 시민권이 없는 사람들이나 노예들은 로마 군이 될 수 없었다. 시민병들은 각자 자기 무기와 갑옷을 준비하여 싸우고, 그러한 장비를 휴대한 사실 자체를 대단히 자랑스럽게 생각했다.

'로마 군단'은 상비군도 아니고 직업군인도 아니지만 잦은 전투경험과 평시에 정기적인 꾸준한 훈련을 통해 언제나 전투태세를 갖추고 있었다. 그리고 무엇보다도 그들은 '로마 군단'의 전통에 대한 긍지와 조국애가 지극했기 때문에 전장에 나가 잘 싸울 수 있었다.

글라디우스(로마 검)를 휘두르고 있는 로마 병사들의 모습.

'로마 군단'은 이탈리아의 산악지형에서 나타나는 그리스 방진의 한계를 극복하기 위해 고안된 것으로서, 밀집대형을 유지하면서도 개개 병사의 기량을 중시했으며, 이를 위해 개개인 간격을 넓히고 전체대형 내에 여러 전술부대를 운용했다.

'로마 군단'에서 기초전술 단위부대는 10(오)×12(열) 명으로 구성된 중대로서, 이러한 중대들이 수십 개 모여 '로마 군단'을 이루었다. 중대 대형은 전술적 상황에 따라 종심縱心을 달리하며 6×20 또는 3×40의 형태로 운용되기도 했다.

로마 보병들은 중보병과 경보병으로 대별되고, 중보병은 다시 하스타티Hastati, 프린키페Principes, 트리아리Triarii 등 3종류로 구분되었다. 이들은 연령별로 편성되었는데, 하스타티는 25~30세, 프린시페는 30~40세, 트리아리는 40~45세에 해당하고, 벨리테스Velites라고 부르는 경보병은 17세에서 25세 사이의 병사들로 구성되었다. 연령별로 중대를 편성한 이유는 동일한 전투경험과 체력을 기초로 한다는 원칙에 입각한 것이며, 또한 전우애를 최대로 발휘할 수 있는 이점을 살리기 위해서였다.

'로마 군단'은 제1전열에 하스타티 10개 중대, 제2전열에 프린키페 10개 중대, 제3전열에 트리아리 5개 중대를 모아 주력부대를 형성하고, 제1전열 전방에 벨리테스 10개 중대의 정찰부대를 배치했다. 따라서 1개 로마 군단은 총 4,200명으로 편성되었다. 그리고 양측방에는 기병 10개 소대 총 300명을 나누어 배치해 로마 군단을 보호하는 임무를 수행하도록 했다. 로마 군의 규모는 시대에 따라 그리고 전투상황에 따라 다르나, 통상 최고사령관인 통령은 4개 로마 군단 정도를 지휘했다.

로마 병사들이 사용한 무기는 그리스 군대와는 크게 달랐다. 그들은 장창 대신 투창을 사용했고, 주무기는 글라디우스라는 로마 검이었다. 이 검은 22인치(약 56cm)의 양날 검으로서, 육박전을 전개하면서 적을 무자비하게 살해하는 데 사용되었다. 투창은 약 20m 거리에 이르렀을 때 던지는데, 제대로 맞으면 아무리 튼튼한 갑옷도 관통할 만큼 치명적이었다. 이러한 무기로 말미암아 로마 시대의 전쟁방식은 그리스 시대보다 한층 더 살상도가 높고 잔인했다.

로마 군은 평지뿐 아니고 구릉과 산비탈 지역에서도 싸웠다. 그들에게 있어 전장 선정은 중요했으며, 적보다 높은 위치를 점령하면 투창을 던지는 데 단연코 유리했다. 또한 태양과 바람을 등지고 싸우는 편이 적의 움직임을 제대로 관찰할 수 있기 때문에 훨씬 더 잘 싸울 수 있었다.

나팔 신호와 함께 전투가 개시되면 로마 군단은 고함을 지르며 전진했다. 가장 먼저 최전열의 벨리테스 중대들은 투창을 던저서 적진을 흔들이놓고, 그 후 뒤따라온 주력부대 사이사이로 후퇴했다. 이어서 하스타티 중대들이 투창을 던지고 검을 휘두르며 본격적인 전투를 벌였다. 그리고 그들이 밀리거나 기진맥진하게 되면 프린키페 중대들이 전진해 구원했다. 트리아리 중대들은 매우 위급하거나 또는 최후 상황에서 노련한 수법으로 틈새를 통해 들어가 전투를 결정지었다. 양측방의 기병은 보병이 전투를 벌이는 동안 적 기병과 교전하고, 아군의 승리가 확실해질 때는 벨리테스 중대들과 함께 추격전을 전개했다.

각 전열 간 교체 및 협조는 사이사이 기동공간을 통해 원활하게 이루어졌다. 각 중대 간 좌우간격은 중대의 폭만큼 넓었고, 앞뒤 전열 사이는 활 사거리를 크게 벗어나지 않도록 70m 정도를 유지했다. 로마 군단은 그러한 충분한 공간을 활용해 기동성과 신축성을 살리면서 장소 · 시간 · 목적이 다른 여러 가지 전술상황에서도 훌륭하게 전투를 수행할 수 있었다. 로마 군단이야말로 고대 서양 전술에서 꽃 중의 꽃이었다고 할 수 있다.

DIGEST

14

WORLD WAR

# 카르타고 군대와 한니발:
## 북아프리카 군대가 로마 군단을 격파하다 (BC3세기)

무적의 로마 군단이 이탈리아 반도뿐만 아니라 서지중해 일대를 석권하던 시절에 로마 군에 강력히 도전해 한때 그 콧대를 크게 꺾었던 군대는 유럽이 아닌 아프리카의 군대였다. 바로 기원전 3세기 카르타고 군대였다.

본래 페니키아인들이 기원전 814년 오늘날 북아프리카 튀니스 만 지역에 세운 카르타고는 상업도시국가로서 해상무역을 통해 부자 나라로 성장했다. 그러나 정치적으로는 매우 불안정했고, 토착민들로부터도 큰 지지를 받지 못했다. 더구나 인구가 적어서 자기 시민만으로는 군대를 구성하기가 어려웠다. 만일 성인남자를 군대에 동원해 전쟁에 내보냈다가 그들이 죽게 되면 도시 상가는 모두 문을 닫지 않으면 안 되었다. 그래서 카르타고는 축적한 부를 이용해 외국용병들을 들여오고, 그들로 하여금 전쟁을 수행하도록 했다. 따라서 평시에 상비군은 없었고 전시에만 용병군대에 의존했다.

카르타고 군은 로마 군단과 비교할 때 조직 · 훈련 · 무장 등 모든 면에서 열세였다. 카르타고 군은 고급사령부 · 기병 · 근위병 등을 제외하고는 주로 스페인 · 갈리아 · 누미디아를 비롯 기타 지역 출신의 용병들로 구성되었다. 이들은 대부분 용감한 군인들이었으나 충성심이 결여되었고, 따라서 집단적으로 반란에 가담하거나 탈출하는 사태가 잦았다. 또한 보다 많은 보수를 지급받고자 하거나 다른 불만이 있을 때는 주저하지 않고 반기를 들었다. 이들을 지휘하는 장군은 카르타고인 출신이었으나, 일반적으로 군사적 능력보다는 돈이 많은 사람이 선출되고 또한 자주 경질되었다.

전투하는 코끼리 모습의 그릇. 제2차 포에니 전쟁에서 한니발이 로마 침공시 사용했던 코끼리와 비슷하다. 폼페이 출토. 나폴리고고학 박물관 소장.

공격전술은 그리스 방진의 전법과 비슷했으나 이탈리아의 산악지형에는 적합하지 않았고, 무기는 각 용병 출신별로 다양했다. 장창 · 단창 · 투창 · 검 · 도끼 · 활 등 무기를 잡다하게 사용, 무기체계가 통일되지 않았다. 다만 용병 가운데서도 누미디아 기병은 매우 우수했다. 지칠 줄 모르는 기질을 지닌 그들은 저돌적인 공격을 좋아했고, 그들이 타는 말조차도 용감하고 강인했다.

결국 로마 군과 카르타고 군의 제1차 포에니 전쟁(BC264~241)에서 열세한 카르타고 군은 크게 패배해, 시칠리아 · 사르디니아 · 코르시카 등 지중해상의 전략적 요충들을 모두 상실하고 말았다.

그러나 제2차 포에니 전쟁에서는 완전한 역전을 이루게 되는데, 이는 전적으로 걸출한 명장 한니발의 힘으로 이루었다고 말할 수 있다. 한니발은 도저히 통합이 어렵다고 여겨지던 카르타고 군의 이질적 요소들을 오히려 한데 모아 더 큰 힘을 발휘하도록 하고, 병사들을 고무시키고 자기를 따르게 하는 비범한 통솔력을 가졌으며, 적의 약점을 최대로 활용하는 혜안을 소유한 군사적 천재였다.

스페인과 갈리아 지방에서 명성을 떨친 후 일약 최고사령관으로 승진한 한니발은 카르타고인들의 숙원사업인 로마 정복에 나서 원정부대를 이끌고

카르타고의 명장 한니발.

알프스 산맥을 넘어갔다. 당시 어느 누구도 육로를 통해 이탈리아를 공격하리라고는 상상하지 못했다.

이탈리아 침략에 앞서 후방을 안정시키기 위해 한니발은 본국에 스페인 용병을, 스페인에 누미디아 용병을 교차 배치했다. 반란을 예방하기 위해서였다.

본래 로마의 전략은 군을 이분해 각각 카르타고와 스페인에 원정군을 보내는 것이었다. 그러나 한니발의 기습적인 알프스 횡단 소식을 듣고는 곧 전군을 모아 한니발에 대항하도록 했다. 하지만 카르타고 군과 로마 군 간에 벌어진 북부 이탈리아의 트레비아 강 전투(BC218)와 트라시메네호 전투(BC217)의 양대 전투에서 로마군이 대패, 로마 정부와 시민들은 크게 놀랐다.

로마 군은 단순히 정면 대결하여 힘을 겨루는 방법에만 숙달되어 있었기에, 기습과 기만의 천재 한니발의 의표를 찌르는 작전에 속수무책이었다. 로마인들은 한니발에 대해 정정당당하지 못하다고 비난했지만, 그것은 단지 패자의 변명에 불과했을 뿐이다.

정보대를 이용하여 적의 배치를 완전히 파악하고, 지형을 최대로 활용해 함정을 만드는 한니발의 전법은 매번 적을 당황케 했다. 급기야 로마 군은 공포감에 빠져서 기습소식만 듣고도 도망병이 속출하는 사태가 벌어졌다. 어려울 때 기습 · 패배 · 공포 · 도주로 이어지는 것은 순식간에 일어나는 법인데, 바로 그런 현상이 나타난 것이다.

이후 로마는 전장에서 한니발을 피하고, 그 대신 로마 지도자 파비우스 Quintus Fabius의 주장에 따라 지연전을 전개하여 한니발을 지치게 하는 전략을 택했다. 로마인들은 한니발로 인해서 그들이 자랑하는 로마 군단의 전통과는 배치되는 전략개념을 받아들였던 것이다. 이후 사람들은 전쟁에서 이용되는 지연전 위주의 전략을 '파비우스 전략'이라고 불렀다.

DIGEST

15

WORLD WAR

# 칸나에 전투:
## 전쟁사상 포위섬멸전의 대명사 (BC216년)

전쟁사에서 기원전 216년의 칸나에Cannae 전투만큼 군인들을 매료시킨 전투는 없다. 어느 시대를 막론하고 군사이론가들과 전략수립가들 가운데는 칸나에 전투의 마술을 터득하려 노력하고, 그 비법을 자신들의 전장에 적용하려 한 자들이 많았다.

기원전 216년 로마에서는 아에밀리우스 파울루스Aemilius Paulus와 테렌티우스 바로Terentius Varro 두 통령이 선출됨으로써 파비우스 전략은 더 이상 지속되지 못했다. 공격적이고 자존심 강한 로마인들이 그런 소극적인 전략에 만족할 리 없었다. 두 통령이 격일로 지휘권을 교대하는 제도 하에서 성미 급한 바로는 자기가 지휘하는 날을 이용해 한니발을 공격함으로써 다시 전투가 벌어지게 되었다. 한니발로서는 여간 다행스런 일이 아니었다. 오래 끌면서 부하들이 탈주하지 않을까 우려하던 참이었기 때문이다.

8월 하순 한니발은 칸나에에서 보급창고를 노획하고 아우피두스 강(지금의 오판토 강)을 사이에 두고 로마 군과 대치하고 있다가 어느 날 로마 군 제1진영이 위치한 곳으로부터 약 9km 떨어진 강 남쪽 제방으로 진영을 옮겼다. 그리고는 바로가 지휘하는 날 새벽, 강 북쪽에 위치한 로마 군 제2진영을 공격했다. 이때 바로도 로마 군 주력을 도하시킴으로써 결국 양군은 강 북쪽으로 가서 전투를 치르게 되었다. 이는 한니발이 그의 기병이 잘 싸울 수 있는 전투 장소를 이미 선정해놓고 그곳으로 적을 유인하는 교묘한 술책을 사용해 이루어진 결과였다.

결국 강을 측면에 두고 로마 군(보병 65,000명과 기병 7,000명)과 한니발 군(보병 35,000명과 기병 10,000명)은 전투대형을 갖추고 대치했다.

바로는 한니발 군에 대한 포위는 어렵다고 판단하고 종심을 강화해 적 중앙을 공격하기로 결심했다. 그리하여 각 중대 대형을 10×12에서 12×10 형태로 바꾸고 또한 3개 전열에 대해 각 전열 간의 거리를 좁혀 보다 조밀한 밀집대형을 취했다. 이런 새로운 시도에 신병들은 잘 적응하지 못했을 뿐만 아니라, 로마 군은 무엇보다도 그들 군대의 특성인 기동성을 상실하고 말았다. 보조적인 기병은 우측방에 2,400명, 좌측방에 4,800명을 배치했다.

한니발은 로마 군의 배치를 보더니 곧 그 약점을 활용하는 구상을 떠올렸다. 우선 강 제방의 약한 로마 기병에 대해 정예부대인 스페인 및 갈리아 출신 8,000명의 기병을 배치해 결정적인 순간에 신속히 그들을 제압하고 바로 군의 후방을 공격할 계획을 세웠다. 그동안 나머지 기병 2,000명은 우측방을 견제하도록 했다.

기병 운용 못지않게 중요한 것은 어떻게 보병을 잘 배치하는가였다. 한니발은 마라톤 전투와 같은 '약 중앙 강 양익' 대형에 의한 양익포위를 구상했다. 로마 군이 중앙으로 빽빽이 집결한 것을 최대로 활용하는 작전이었다.

그리하여 중앙에 그다지 정예병이 못되는 스페인 및 갈리아 출신 보병을 배치하고 양익에 최정예 아프리카 보병들을 배치했다. 좌익 기병부대 지휘는 유능한 장군이었던 아우 하스드루발에게 맡기고 한니발 본인과 아우 마고는 비교적 취약한 중앙보병을 지휘했다. 주력부대는 아니지만 중앙보병의 전진 및 후퇴 기동은 상황을 정확하게 읽으며 기술적으로 진행해야 할 중요한 작전이기 때문에 한니발 자신이 맡은 것이다.

전투 직전에 바로는 또 다른 과격한 조치를 취하고 제1전열 내 여러 틈새에 제2전열을 투입하더니 전투가 개시되자 제3전열까지 투입했다. 그리하여 로마 군은 기동성과 신축성을 잃고 오히려 그리스 방진 형태로 바뀌었다. 바로의 머릿속은 중앙에서 최대의 충격력을 발휘하겠다는 일념 외에 다른 생각이 전혀 없었다. 그러나 이러한 어리석은 조치는 로마 군의 대혼란을 자초했으며, 점점 한니발이 파놓은 함정에 빠져든 꼴이었는데, 이 사실을 바로는 모르고 있었던 것이다.

남 이탈리아에 위치한 칸나에.

한마디로 모든 상황은 한니발 계획대로 진행되었다. 하지만 사실상 그것은 우매한 바로가 그렇게 되도록 도와준 것이라고 할 수 있다. 중앙군만 움직여서 로마 군을 유인하고 난 다음 결정적인 순간에 한니발은 양익 보병을 전진시켜 적을 포위하도록 명령하고, 동시에 하스드루발에게도 기병 공격을 명했다. 그리고 로마 군에 대한 삼면 포위를 이루면서 중앙 보병에게도 공격하도록 했다.

로마 군 집단은 너무나 밀집돼 있어 무기도 제대로 사용할 수 없는 상황에서 완전 포위를 당하자 삽시간에 대형이 무너지고 아비규환의 집단으로 변했다. 병사들은 공포에 질려 각각 자기 목숨만 건지려 애쓰고, 통령 · 호민관 · 원로원 의원 출신 장군들도 서로 도망가려 안간힘을 썼다. 전투 후 전장에서 주워 모은 로마귀족들 소유의 금팔찌만 해도 엄청났다.

그날 오후 내내 전장은 비참한 대살육장이 되었고, 약 50,000명의 로마 병사들이 죽었다. 그들은 대부분 도망갈 틈이 없는 상태에 놓여 있어 죽음을 피하지 못했다. 반면 카르타고 군의 전사자는 5,700명이었다.

이튿날 한니발은 부하들에게 전리품을 줍도록 허용하면서도, 전장에 깔린 시체들의 참상과 무더위 속에서 풍기는 시체 썩는 냄새에 경악을 금치 못했다고 한다.

칸나에의 섬멸전은 수적 열세를 극복하고 승리를 거둔 한니발의 창의력과 주도면밀한 양익포위전술, 그리고 탁월한 통솔력 및 추진력으로 이루어진 결과였다고 할 수 있다. 그러나 다른 한편에서 생각하면 한니발과 같은 명장이 나온 것은 바로와 같은 우장이 있었기 때문에 가능했는지도 모른다. 전쟁사에서 승리는 패배한 측의 과오와 우둔함으로 이루어지는 경우가 흔하다.

칸나에에서의 승리에도 불구하고 한니발은 본국 정부로부터 충분한 지원을 받지 못하고 결국 기원전 203년 본국으로 소환되었다. 이듬해 군사력을 재건한 로마 군이 아프리카를 침략하고 한니발은 자마 전투에서 스키피오에게 크게 패하고 말았다. 한니발이 아무리 군사적 천재라 하더라도 국가가 정치적으로 몰락하고 있을 때 홀로 그 군대의 운명을 살려낼 수 없었다. 그러나 로마 정부는 한니발이 유배지에서 죽을 때까지 결코 안심하지 못했다고 한다. 로마의 손길이 뻗쳐오자 그는 스스로 목숨을 끊었다.

DIGEST

16

WORLD WAR

# 진시황제와 만리장성:

## 압정수단이 되어버린 만리장성 축성 (BC214년)

중국을 방문하는 외국인이 가장 먼저 보고 싶어하는 것은 만리장성이라고 한다. 1972년 미국의 닉슨 대통령은 북경 방문을 준비할 때 모택동에게 '아폴로 우주비행사들이 달에서부터 식별할 수 있는 지구상의 유일한 조형물은 만리장성이라고 하더라'는 말을 할까 고려했다고 한다. 물론 그 말은 사실이 아니어서 그만두었으나 닉슨은 역사 깊은 유적지 만리장성에 대하여 대단한 호기심을 가졌음에 틀림없었다.

그런데 현재의 만리장성은 17세기 초 명나라 때에 쌓은 성이며, 이는 기원전 3세기에 진秦나라 시황제始皇帝가 쌓은 만리장성과는 완전히 다른 것이다. 축성을 하는 데 100만 명이 희생되었다고 알려지고 있는 진시황제 때의 만리장성은 이미 매몰된 지 오래되었으며, 그 위치도 지금의 만리장성과는 다르다. 많은 사람들은 지금의 만리장성을 진나라 시대의 것으로 착각하는 경향이 있다. 만리장성 하면 그들 머릿속에 먼저 진시황제가 떠오르기 때문인지도 모르겠다.

중국에서는 자국의 영토를 지키고 적국의 침입을 막기 위하여 국경을 따라 성벽을 쌓는 것은 흔한 일이었다. 전국시대 연燕·제齊·조趙 나라 등은

만리장성. 중국본토와 몽골과의 사이에 축조된 방어용 성벽으로, 길이는 약 5,000km에 이른다.

장성長城을 쌓았다. 기원전 221년 천하를 통일하고 최초의 황제가 된 진시황제는 흉노족의 침입을 막기 위해 옛 장성을 보수·연결시키고 새 장성을 쌓아서 대장성을 만들었는데, 그 장대함으로 '만리장성'이라 불렀다. 이 성의 실제 길이는 서쪽 감숙지방으로부터 동쪽 요동지방까지 2,400km에 달했다. 이보다 남쪽에 위치한 현재의 만리장성의 총 길이는 5,000km다. 이 장성이 현재의 규모로 된 것은 명나라 때로서, 몽골의 침입을 막기 위한 것이었다.

진시황제는 장군 몽염에게 북방의 흉노를 내몰고 장성을 쌓게 했는데, 완성될 때까지 10년이 넘는 공사를 벌였다. 만리장성은 그 군사적 가치보다는 오히려 축성하면서 진시황제가 보인 압정으로 더 유명해졌다.

본래 축성작업은 처음에는 흉노 침입을 막는 변방 수비병들이 맡았다. 그러나 진시황제는 죄수들을 보내서 공사에 투입하고 드디어는 정부에 불만을 품은 자까지 모두 공사장에 몰아넣었다.

진시황제는 지독한 독재자로 백성들을 탄압했다. 그는 언론을 통제하고, 승상 이사의 건의를 받아들여 제자백가의 책들을 모두 불태우게 하고 유생들을 생매장하는 이른바 분서갱유를 저질렀다. 분서령을 지키지 않는 자들은 만리장성을 축조하는 공사장으로 유형을 보냈다. 통상 이들은 형기가 4년인데, 살아서 다시 고향으로 돌아간 자가 드물고 대개는 공사장에서 죽어 이른바 장성 귀신이 되었다고 한다. 나중에는 범죄자, 불평불만자뿐만 아니라 소상인과 일반시민 등 무고한 백성까지 적당한 죄명을 씌워 장성을 쌓게 했다.

당시 민요 가운데 '장성가'라는 것이 전해지고 있는데, 만리장성의 한을 표현하는 대표적 타령이다.

"사내아이라면 낳지 마라. 계집아이라면 소중히 길러라.
보지 않았는가, 장성 아래 징용되어 죽은 남자들의 해골이 겹겹이 서로 의지하고 있음을."

외적을 막기 위한 목적으로 만들기 시작한 만리장성은 오히려 백성들이 국경 밖으로 탈출하는 것을 막고 그들을 탄압하는 수단으로 이용되었다. 진시황제가 죽은 다음 각처에서 반란이 일어나고 기원전 206년 진나라는 결국 멸망하고 말았다.

세계의 역사는 남쪽의 농경민족에 대한 북쪽 유목민족들의 끊임없는 침공과 방어의 전쟁으로 점철되었고, 이 양대 세력의 순차적인 흥망과 성쇠에 따라 대륙의 판도와 왕권의 교체가 이루어져왔다. 이렇게 볼 때 만리장성이야말로 농경민족과 유목민족의 양대 세력이 맞부딪치며 치열한 각축전을 벌여온 것에 대한 최대의 상징물이라고 할 수 있다.

DIGEST

17

WORLD WAR

# 한·초전쟁, 유방과 항우의 대결: 사면초가의 항우 자결하다 (BC206 ~ 202년)

중국에서 전국시대는 진의 천하통일로 마감되었지만, 진의 시대는 오래 가지 못했다. 너무 가혹한 정치에 백성들의 분노는 걷잡을 수 없이 커지고, 민심 이탈과 함께 도처에서 과거 제후세력들을 중심으로 반란이 이어지더니 결국 진나라는 멸망하고 말았다. 그 후 중국은 혼란스러운 내전이 전개되고, 이런 와중에 새로운 강력한 지도자로 등장한 두 장군 유방과 항우 간에 천하통일 전쟁이 벌어지게 되었다.

한고조 유방.

초나라 항우와 한나라 유방은 기원전 206년부터 거의 4년에 걸쳐 전쟁을 했다. 전쟁터에서 유방은 자주 패했으나, 진나라 수도였던 함양을 지키고 있었기 때문에 그곳으로 달아나오기만 하면 또다시 군대를 일으키곤 했다. 그것은 마치 전국시대 진나라가 본거지를 전략적 요충인 함양에 두고 부대를 잘 운용했던 것과 같다. 주 · 진 · 한 · 당 등 중국 역대의 대왕조가 모두 함양에 도읍했던 것은 우연이 아니었다.

고대 중국의 도자기 말과 보병. 목제의 말수레는 전군을 지휘하던 것으로 보인다. 사자산 병마용갱 출토.

그런데 항우가 일찍이 수도를 차지할 수 있었음에도 불구하고 그것을 유방에게 넘겨주고 만 것은 그때 이미 천하를 장악할 자격을 상실했다고 할 수 있다. 항우의 용맹은 천하제일이었으나, 그러한 자신감 때문에 정략적인 면을 가벼이 여기는 경향이 있었다.

한편 유방은 은밀히 다른 제후들을 규합해 항우 한 사람을 적으로 삼는 판도를 만들어갔다. 물론 유방의 정략대로 모든 것이 순탄히 진행되지는 않았다. 선불리 유방 편을 들다가 항우에게 보복을 당할까 두려워하는 분위기가 팽배했기 때문이다.

두 영웅이 대략 대륙을 동서로 양분해 싸우는 상태에서 북방의 여러 제후들은 우왕좌왕 갈피를 못 잡고 있었다.

그러한 가운데 유방의 장수 한신은 북방 제국들을 차례로 공략하며 한나라 세력을 점차 확대해나갔다.

한신은 북방지역을 공략할 때 상식에 벗어나는 이른바 '배수진'의 방법으로 병력을 배치하고 대승을 거둔 바 있는데, 이후 '배수진'의 아이디어는 전투상황에 따라 자주 사용되어왔다. 한신은 압도적으로 우세한 조나라 군대와의 싸움에서 한나라 군을 강을 등진 채 포진시켰다. 이 모습을 바라본 적장수는 병법을 모른다고 비웃었다고 한다. 그러나 퇴로가 없는 한군은 도리어 필사적으로 싸워 승리했다.

한마디로 유방은 명참모 한신을 등용함으로써 천하를 제패했다고 할 수 있다. 한신의 작전으로 북방을 쳐서 분위기를 승세로 바꾸고 세력을 확대해 초나라에 대해 측후방에서 압박을 가할 수 있는 위치를 점함으로써 이때 한 · 초의 흥망은 결정되었다. 항우에게도 한신 만한 장수로 범증이란 자가 있었지만, 항우가 그를 의심하는 바람에 초나라를 떠나버림으로써 그들의 관계는 유방 · 한신의 관계와 좋은 대조를 이루었다.

항우와 유방의 싸움에서는 결국 부하가 따르는 덕장 유방이, 용맹하나 덕을 갖추지 못한 항우에 대해 승리를 거두었다고 할 수 있다. 기원전 202년 항우는 사면초가四面楚歌를 듣고 스스로 목숨을 끊었고, 한나라 유방은 천하를 평정했다.

DIGEST

18

WORLD WAR

# 카이사르 시대 로마 군과 파르살루스 전투:
## 왔노라, 보았노라, 이겼노라 (BC48년)

포에니 전쟁이 끝난 후 로마는 도시국가에서 광대한 제국으로 흥기했다. 그러나 곧 장기간의 내란에 휩쓸렸는데, 불세출의 영웅 카이사르Gaius Julius Caesar가 출현한 것은 바로 내란 중이었다.

카이사르는 정치가이자 웅변가로서 명성을 날렸지만, 로마를 지배하게 된 것은 사실상 위대한 장군이었기에 가능한 일이었다.

카이사르는 갈리아 지방에서 총독 겸 군사령관으로 병력 4개 로마 군단을 거느리고 9년에 걸친 정복전쟁을 지휘하는 동안 용병술을 터득했다. 갈리아는 그를 장군으로 만든 훈련장이었다. 갈리아를 정복하고 나아가 북해까지 이르는 라인 강 서쪽 대부분의 땅을 로마제국에 흡수시킴으로써 카이사르의 명성은 절정에 이르게 되었다.

카이사르 지휘하의 로마 군은 훈련이 잘 된 훌륭한 군대였다. 그들은 우수한 보병이면서 동시에 교량설치 · 도로공사 · 함선건조 · 요새구축 · 요새공격에 정통했다. 그런데 국가의 성격이 변하고 영토가 확대됨에 따라 로마 군은 이미 민병대에서 직업 상비군으로 변했다. 기원전 105년 통령 마리우스Gaius Marius는 과감히 군 개혁을 추진하고, 군인이 될 수 있는 엄격한 자격요

건을 풀었다. 즉, 토지를 소유하지 않은 가난한 시민에게도 군 지원을 가능하게 하여 병력 충원의 길을 넓히고, 그 대신 국가가 전적으로 재정을 부담하는 정규군 제도를 도입했던 것이다.

로마 정규군은 신체 건장하고 실력 있는 병사들을 모집하여 발전을 이룬 듯하지만, 정신적으로는 과거만 못했다. 무엇보다도 애국심이 결여되어, 전장에서 그들은 명예보다는 급료와 보상을 생각하며 싸우고, 국가보다는 자신의 군 입대를 승인한 통령 또는 지방총독에게 충성을 맹세함으로써 쉽게 정치적 도구가 되고 사병화私兵化될 우려가 있었다.

마리우스 시대에 로마 군단 조직은 종래와 크게 다른 개념으로 개편되었다. 먼저 최소 전술단위가 중대에서 대대로 바뀌고, 10개 대대가 모여 로마 군단을 이루었다. 경보병이 사라지고 600명의 중보병으로만 구성된 각 대대는 연령 또는 장비 구별 없이 편성되었다. 그리고 기병은 주로 정복지역에서 모집한 연합군에 의존했다.

로마 정치는 카이사르 · 폼페이우스 · 크라수스에 의한 3두체제가 먼저 크라수스의 전사로 무너지고 남은 두 사람 간의 세력 다툼과 내전으로 이어졌다. 기원전 49년 카이사르는 자신을 타도하려는 폼페이우스와 원로원의 음모를 읽자, 군대를 이끌고 원로원의 승인 없이는 절대로 건널 수 없는 그의 지휘영역 경계선인 루비콘 강을 건너 순식간에 로마에 입성했다. 이때 그는 "주사위는 던져졌다"라는 유명한 말을 남겼다.

이후 약 20년 동안 로마는 로마 군단끼리 서로 치고받는 내전상태에 돌입했다. 5년 동안 카이사르는 전 지역을 평정하지만 부하의 칼에 암살되고, 그 후 권력가들의 싸움은 카이사르의 후계자인 옥타비아누스가 최종적인 승리자가 되어 기원전 27년 로마 제정의 초대 황제로 즉위할 때까지 계속되었다.

카이사르와 폼페이우스 간의 싸움에서 가장 결정적인 전투는 기원전 48년 파르살루스 전투였다. 당시 폼페이우스 군은 스페인과 그리스에 나뉘어 있었고, 폼페이우스 자신은 그리스에 위치했다. 한편 카이사르 군은 중앙인 이탈리아에서 대단히 유리한 위치를 차지하고 있었다. 그러나 폼페이우스 군은 수적으로 우세할 뿐만 아니라 함대를 보유, 바다를 지배하고 있었다.

루비콘 강을 건너는 카이사르. 이때 그는"주사위는 던져졌다"라는 유명한 말을 남겼다. 르네상스 시대의 태피스트리. 베른 역사박물관 소장.

카이사르는 먼저 그리스에 위치한, 상대적으로 약한 폼페이우스 군을 공격하여 한쪽을 해결할 수는 있으나, 그러는 동안 적 주력이 배후를 공격할 가능성을 두려워했다. 그리하여 그는 그의 《논평집》에서 말한 바와 같이 "먼저 지휘자 없는 군대와 싸우고 다음에 군대 없는 지휘자와 싸우기로" 결심했다.

스페인에서 폼페이우스 군은 폼페이우스가 나타나기만을 기다리며 카이사르와의 전투를 피했다. 한편 카이사르는 적을 포위했으나 로마인끼리 피 흘리는 것을 피해 항복을 강요했고, 결국은 전투 없이 항복을 받아냈다. 그리고 관대하게 대우하여 그들 일부를 자기편에 합류시켰다.

이후 카이사르 군은 마케도니아 해안에 상륙해 폼페이우스와의 일전을 시도했다. 폼페이우스의 전략은 가능한 한 전투를 피하고 카이사르 군이 보급 문제를 겪을 때까지 기다리는 것이었으나, 병참선을 노출시킨 채 그리스 본토 깊숙이 들어오는 카이사르 군의 유인에 말려들어 파르살루스에서 대전투를 치르게 되었다.

카이사르 군의 병력은 보병 22,000명과 기병 1,000명이고, 폼페이우스 군은 보병 40,000명과 기병 7,000명이었다. 이와 같이 폼페이우스는 압도적으로 우세한 병력을 보유했음에도 불구하고 수세적이었다. 그의 군대의 가장 큰 약점은 전투경험이 없는 신병들이 많고 그 자신이 너무 조심스럽고 우유부단하다는 점이었다.

카이사르는 폼페이우스 군을 평지로 끌어내는 데 성공했다. 그 후 양군이 전투대형을 취할 때 폼페이우스의 평범한 배치를 보고 카이사르는 우측의 기병이 적에 비해 7 : 1로 열세한 점을 역이용하기 위한 전략을 수립했다. 그것은 그 약점을 보강하기 위하여 6개 보병대대를 후방에 따로 배치해놓았다가 결정적인 순간에 투입한다는 것이다.

전투 개시와 함께 폼페이우스 기병은 예상대로 공격해왔으며, 카이사르 기병은 천천히 유인하면서 뒤로 후퇴했다. 그러다가 적시에 창으로 무장한 6개 대대를 돌진시켜 적 기병에 맞서게 했다. 이 용감한 돌격부대는 삽시간에 적 기병을 분산시켰으며, 나아가 적 보병 측후방으로 우회를 시도했다. 이와 때를 맞추어 카이사르는 보병 주력부대를 제3전열까지 가세토록 하여 적 주력부대를 향해 돌진시켰다. 이 돌격에 폼페이우스 군은 완전히 와해되어 버렸다. 폼페이우스는 간신히 도망쳐 나올 수 있었고, 그 후 이집트로 건너갔지만 그곳에서 동료에게 암살되었다.

파르살루스 후에도 내전은 4년이나 지속되었으나, 이 전투에서의 승리로 카이사르의 권력 장악은 거의 확실하게 되었다. 이후 카이사르는 쉽게 이집트를 정복한 데 이어 소아시아, 튀니지, 스페인 등 지역에서의 반란을 평정했다. "veni, vidi, vici(왔노라, 보았노라, 이겼노라)"는 바로 소아시아에서 반란군을 진압한 후 친구에게 보낸 편지의 첫 문장이다.

카이사르는 특별한 전법을 고안한 사람은 아니었다. 그러나 그는 결단력이 있고 신속한 상황판단 능력과 지칠 줄 모르는 추진력을 겸비했으며, 병력이 열세할 때도 시기를 잘 활용할 줄 알고 그리하여 언제나 전쟁을 주도하며 승리를 엮어냈다. 또한 아무리 어려운 역경에서도 부하들을 따르게 한 그의 특출한 리더십 면에서는 전쟁사에서 그를 능가할 자가 없다.

DIGEST

19

WORLD WAR

# 제정로마시대의 군대: 모든 길은 로마로 통한다 (BC27년 ~ AD476년)

기원전 27년 카이사르의 조카 손자 옥타비아누스가 로마를 지배하게 되었을 때 그는 자신에 대해 사람들이 '제1시민'이라고 불러주기를 원했다. 그러나 원로원은 그에게 '존엄한 자'라는 뜻의 '아우구스투스'라는 칭호와 함께 절대적인 권한을 부여함으로써 사실상 그는 황제의 지위를 누리고 제정로마시대의 테이프를 끊었다.

아우구스투스는 군 지휘권을 장악한 다음에 군대에 일련의 중대개혁을 단행했다. 그리고 정치적으로도 공화정 쇠퇴기의 부패를 정리함으로써 국민들로부터 광범한 지지를 받았다. 그의 치세는 약 2세기 동안 팍스 로마나, 즉 로마 평화기를 이끌었다.

그는 공화정으로부터 물려받은 유산 가운데 약 60개의 로마 군단을 28개로 줄이는 개편작업을 벌였다. 총 168,000명의 병력 규모였다. 그는 과거 장군들이 제멋대로 임시 군대를 모집하는, 비경제적이면서 정치적으로도 위험했던 그러한 관행을 중단시켰다. 어떠한 군인도 자신이 아닌 다른 장군에게 충성하는 일을 제도적으로 막았다. 그는 직업적 상비군 제도를 도입하고 자신이 직접 관장하는 국가재정으로 군인들에게 보수를 지급했다. 순전히 로

국경을 침범한 게르만족을 참수하고 있는 로마 군인들의 모습.

마 시민으로 구성되어 20년 복무한 직업적 중보병이었던 이 상비군은 국경 수비의 골간을 담당했다.

그러나 방대한 국경선 수비를 시민 출신 군에만 맡기기에는 인구가 부족했다. 서기 14년경 로마 시민은 500만 명이었다. 아우구스투스는 로마 군단 정도의 병력 규모를 갖는 외인 보조부대를 따로 편성했다. 주로 정복지역에서 경보병 · 기병 · 궁병 등 각 병종에서 우수한 사람들을 모집, 편성한 그들은 로마 군단 병사들보다는 적은 액수의 급료를 받았으나, 명예롭게 제대하는 경우 로마 시민의 지위를 획득하는 특전을 부여받았다. 사실상 나중에 이들 후예들은 로마 군단으로부터 전수한 기술을 바탕으로 하여 로마가 망한 뒤 신흥 민족국가들을 수립하는 데 중심세력이 되었다.

여하튼 아우구스투스가 창설한 약 30만 명의 상비군은 모두 급료를 받고, 통일된 복장을 하고, 똑같은 방식으로 행군하며, 영국의 스코틀랜드에서부터 라인 강, 다뉴브 강, 그리고 시리아로 이어지는 광대한 국경선을 수비했다. 훈련은 주로 완전무장한 채 행군하며, 행군이 끝나면 진지를 구축하는 식으로 이루어지고, 엄격한 군기를 유지하는 전통은 그대로 유지되었다.

이 시절 변방지역 수비태세는 공화정 때에 비해 향상되었지만 결점이 없었던 것은 아니다. 한 국경지역이 위협을 받는 경우 예비대가 없기 때문에 다른 국경지역으로부터 지원병력을 파견해야 하고, 따라서 만일 여러 곳에서 동시 침입이 있게 되면 속수무책이었다는 점이다. 중앙 예비대 보유에 대해 아우구스투스는 정권장악에 악용될 가능성을 우려하여 철저히 반대하고, 전 병력을 국경지역에 배치하는 선방어 위주의 국방 개념만 갖고 있었다. 그러한 허술한 개념에도 불구하고 다행스럽게도 그는 두 군데 이상에서 적 침입을 받은 적이 없었다.

중앙에는 다만 소수의 정예 근위부대를 편성하여 왕실과 로마 도시를 방어하도록 했다. 약 10,000명으로 구성된 근위대 근무는 높은 급료와 좋은 주거시설을 제공받고, 또한 권력층과 가까이 할 수 있다는 이점 때문에 일반군인들에게는 선망의 대상이 되었다.

아우구스투스 후계자들은 아우구스투스의 정책을 그대로 유지시키고 큰 전쟁 없이 국경지역을 성공적으로 방호했다. 제13대 황제(117~138) 하드리아누스는 더 이상 제국의 영토를 확장시킬 필요가 없다고 판단하고 기존의 경계선을 영구적으로 요새화하는 작업을 실시했다. 로마 군은 대대적인 장성을 쌓고 완전히 요새수비에만 의존하는 군대로 변했다. 이제 군대는 전사들의 전통적인 모습은 모두 사라지고 마치 경찰처럼 변질되었으며, 활발한 이동보다는 주로 한 곳에 주둔하고, 군사적 업무보다는 엉뚱한 데 관심을 쏟아 점차 무기력해져갔다.

변방지역에서 오래 근무하는 동안 군인들은 점차 지방민이 되고 제대 후에도 그곳에 안주하는 경향이 높아졌다. 수도 로마를 한 번도 구경하지 못한 병사들이 나오고, 신병들은 주로 지방민이나 외인들로 충원되면서 로마 군단은 이전의 가장 자랑스러운 시민단체로서의 특성을 상실해갔다. 로마 시민들은 변방지역에서 별로 희망 없이 지내야 하고 점차 인기가 떨어지는 군대의 지원을 꺼리게 되었다.

시간이 지날수록 군대는 외인군대화했다. 그러나 국경수비대가 이민족으로 구성되어 곧 로마가 멸망하게 되었다고 말할 수는 없다. 그들은 자기들이 점령한 국경지역에서 결코 후퇴하지 않고 제국을 지키는 데 충실했다. 그러나 약 2세기 후 제국이 완전히 무너지는 것을 보고 기존 점령지를 중심으로 각각 나라를 일으키게 되었다.

보병 위주로 편성된 로마 군단이 쇠퇴한 데 비해 공병은 장성과 도로를 건설하면서 토목공사 기술을 크게 발전시켰다. 특히 로마에서부터 장성에 이르는 보급로 건설을 대대적으로 벌임으로써 모든 길은 '로마'로 통하게 되었다. 이때 총 길이가 28만㎞에 이르는 도로건설은 로마 공병이 이룬 찬란한 업적이다.

그러나 장성이란 그 자체만으로 영토를 보호하는 것은 아니며, 오히려 그것에 지나치게 의존하는 국방개념은 많은 허점을 안게 된다. 진시황제의 만리장성이 그러했고, 2차대전 이전 프랑스의 마지노선이 그러했다. 하드리아누스가 건설한 로마제국 장성도 로마 시민들과 로마 군의 상무정신을 앗아감으로써 결국 외침을 막지 못하고, 이후 로마는 몰락의 길을 걷게 된다는 사실을 우리는 곧 알게 될 것이다.

DIGEST

20

WORLD WAR

# 적벽대전:

## 화공작전으로 조조의 대군 격파 (AD208년)

유럽이 하나의 대제국을 형성하고 로마의 통치를 받던 시절, 중국은 천하 통일과 군웅할거가 반복되는 가운데 잦은 왕조 교체를 보이고 수많은 전쟁을 치렀다. 그러나 중국의 전쟁에 관한 기록은 유럽에 비하면 너무 조잡하고 특히 군대의 특성과 전술의 발달을 이해하기에는 어려우며, 다만 유명한 장군들의 무용과 지략에 관한 이야기로 만족해야 하는 경우가 많다.

중국 역사에서는 221년 후한後漢이 멸망하고 265년 서진西晉이 수립되어 천하를 통일했는데, 그 중간에 해당하는 44년은 위魏 · 촉蜀 · 오吳 나라 3국이 천하를 나누어 다스린 이른바 삼국시대였다. 삼국은 세력균형을 유지하기보다는 서로 천하를 장악하기 위한 살벌한 싸움을 벌임으로써 또 하나의 전국시대를 겪었다.

중국 원 나라 말기의 유명한 장편 역사소설, 나관중의 《삼국지연의》(통칭 삼국지)는 바로 후한 말 동란 시대와 삼국시대를 배경으로 하여 그 시대 영웅들의 싸움을 소설화한 것이다. 흔히 이 소설을 평할 때 '실7 허3', 즉 사실 70%, 허구 30%라고 하는데, 그만큼 사실에 가깝다고 보면 될 것 같다.

동란시절 군웅들이 즐비하게 나타나 각축전을 벌였는데, 그 가운데서도

적벽. 위의 조조 대군을 맞아 손권·유비의 연합군이 싸운 곳. 위는 80만 대군을 거느리고 싸웠지만, 수전에 서툴러 대패함으로써 중국대륙은 위·촉·오로 삼분되는 판국을 맞았다.

두각을 나타낸 자들은 조조·유비·손권 등이었다. 중원의 패자가 된 조조는 중국 북부를 완전히 통일하고 이제 천하를 통일하기 위해 대군을 이끌고 남부로 진격했다. 이에 유비는 그가 삼고지례三顧之禮를 다하여 맞아들인 제갈공명으로부터 큰 도움을 받으며 손권과 손을 잡고 조조의 군대에 대항하게 되었다.

그리하여 유비·손권 연합군이 양자강의 한 줄기인 장강을 거슬러 서쪽으로 올라가는 중에 적벽에서 조조의 군대와 충돌하게 되었다. 중국에서는 본래 남선북마南船北馬라는 말이 있듯이 남방인들은 배를 잘 타고 북방인들은 말을 잘 탔으므로, 조조의 군대는 특히 수전水戰에 약했다. 더구나 이들은 풍토에 익숙하지 않아 지쳐 있었고, 배멀미 환자들이 많이 나와 배들을 서로서로 쇠고리로 연결해 요동을 적게 하고 휴식을 취하며 대기하고 있었다.

그러한 적의 약점을 간파한 연합군은 화공火攻작전을 쓰기로 했다. 화공을 하려면 일정한 조건을 갖추어야 하는데, 조조의 군대는 밀집부대를 이루고 있고 바람이 동남풍이었기 때문에 그야말로 안성맞춤이었다. 연합군은 속도가 빠른 몇 척의 배를 골라 장작과 마른풀을 잔뜩 싣고 기름을 부은 다음 겉을 포장으로 덮고 흰 깃발을 올렸다. 그리고 마치 항복하겠다는 듯이 서서히 접근했다.

이러한 모습을 보고 조조와 그의 장수들은 방심한 채 환호하기만 했다. 약

1km 가까이 이르렀을 때 인솔자의 신호로 배에 불을 붙여 재빨리 돌진시키자, 조조군은 불타오르는 불배의 습격을 받고 그의 모든 배들이 삽시에 불길 속으로 묻혀버렸을 뿐만 아니라 강가의 진영까지 불바다가 되고 말았다. 무수한 인마가 불에 타고 물에 빠지고, 그와 때를 맞추어 연합군은 일제히 공격하여 조조군을 격멸했다. 조조는 간신히 패잔병을 이끌고 육로로 북쪽을 향해 패주했다.

이렇게 하여 연합군은 조조의 남방 제패의 야심을 분쇄했으며, 이 싸움을 계기로 조조의 세력은 위축되고 유비와 손권의 세력이 확장되었다. 결국 3자는 천하를 삼분하여 조조의 위나라, 유비의 촉나라, 손권의 오나라가 문자 그대로 솥발처럼 정립鼎立하는 삼국시대를 열었으며, 다시 그들끼리 크고 작은 싸움을 벌이다가 280년 위나라의 사마염에 의해 진晋나라로 통일을 이루었다.

DIGEST

21

WORLD WAR

# 아드리아노플 전투: 고트 기병대가 로마 군 격파 (378년)

제정로마 전반기 200여 년 동안 로마 군은 공격보다는 방어 목적의 국경 수비대 위주로 편성되었다. 그러나 그 후 이민족 침입의 횟수가 잦고 그 규모가 커지면서 제국 방어에 허점이 나타나기 시작하자, 갈리에누스(253~268), 콘스탄티누스(307~337) 등 황제들은 군사개혁을 단행했다.

갈리에누스는 외적들의 급증하는 장거리 무기 사용과 기병습격에 효과적으로 대응하기 위해 후방에 예비대를 운용하도록 했고, 콘스탄티누스는 기병을 양성하여 보병의 약점을 보완했다.

이제 로마 군은 전방 수비대보다 기동 예비대의 역할을 중시하는 개념의 방어체제를 택했다. 적 침공이 있으면 작전 목적상 일단 국경지역을 포기하고 후퇴하여 후방의 전략 예비대와 합세한 다음에 다시 전방으로 진격하여 탈환하는 방법을 구사했다.

사실상 1개 로마 군단 규모가 6,000명에서 2,000명으로 감소된 상태에서 국경지역을 고수하기란 불가능했다. 따라서 전투를 벌일 때는 몇 개 군단들을 한 곳에 집결하여 그리스 방진처럼 운용했다. 한편 기동부대를 활용하여 밀집보병 대형의 핸디캡인 기동성 둔화를 극복했다. 콘스탄티누스 때의 전

이민족과 로마 군의 싸움. 3세기 중엽, 다뉴브 강 하구지방에 침입한 게르만 인과 싸우는 로마 군. 대리석. 길이 273cm, 너비 137cm, 높이 153cm. 로마 델루나 국립박물관 소장.

투방식은 마치 알렉산드로스 대왕 때로 돌아간 것처럼 기병부대가 중요한 역할을 담당했다.

이와 같이 기동 예비대를 이용하고 또한 보병과 기병의 협력을 바탕으로 하는 전법을 사용하게 된 것은 상당히 발전된 전술이라 할 수 있다. 그러나 로마 군단이 그리스 방진과 같은 형태로 돌아가 싸운 것은 엄연한 퇴보였다. 이는 제정로마 후반기 군대가 주로 이민족으로 구성되면서 사기저하 및 군기이완 등 심각한 문제가 발생하는 데 따라 어쩔 수 없이 취한 조치였던 것이다.

한편 로마제국이 군사적 · 경제적으로 쇠퇴기에 빠지자, 변방지대의 게르만족(로마인들은 '야만족'이라고 불렀다)들이 꿈틀거리며 서서히 제국 땅을 침식하기 시작했다. 특히 3, 4세기에 로마는 심각한 인구감소 문제를 겪고 있어서 야만족들에게 변방지대 경작권을 부여하고 그 대가로 그들에게 국경을 수비하는 군역을 치르도록 했다. 이는 과거 외인 보조부대를 고용하던 제도와는 크게 차이가 있었다. 야만족들은 정착지에서 점차 세력을 형성했다. 또한 수비대 임무를 수행하는 무장단체들은 비록 로마에 순종적이었으나, 나중에 상황이 바뀌면 언제든지 반란을 일으킬 위험이 있었다.

4세기 후반기에 들어서자 변방지역 야만족의 인구는 점차 팽창하여 남으로 동으로 정착지를 확대해갔다. 그러던 중 중국 한나라에서부터 쫓겨 온 훈족이 흑해 지역을 침입하면서 게르만족은 연쇄적으로 대이동하여 로마 제국 땅을 본격적으로 침입했다.

중세시대를 상징하는 기병의 모습이 벽화에 나타나 있다.

결국 발칸반도에서 오늘날 불가리아 지역을 침입한 서고트족과 로마 군 간에 큰 전투가 벌어졌다. 378년 로마 제국을 위해 복무하던 서고트족 무장 집단은 반란을 일으켜 로마군 수비대가 방어하는 아드리아노플 성을 공략하고 주위를 약탈했다.

로마 군은 발렌스 황제가 콘스탄티노플에서부터 지원군을 이끌고 와 전투를 벌였지만 이 전투에서 로마 군은 대패하고 발렌스는 전사했다. 이 전투에 대해 통상 서고트족 기병이 로마 보병에 대해 승리를 거두어 기병의 우위를 입증함으로써 전사상 큰 전환점을 이룬 것으로 알려지고 있으나, 사실은 승리가 그렇게 단순하게 이루어진 것은 아니었다.

발렌스는 6만 명의 로마 군을 중앙에 보병을, 양익에 기병을 배치하고 공격을 개시했다. 그러나 그는 사륜마차로 둘러싸인 대원형 진지 안의 고트족의 병력 규모가 어느 정도인지를 모른 채 공격했다.

고트족은 높은 지역을 차지하고 로마 군보다 결코 적지 않은 병력을 보유하고 있었으며, 그 절반에 가까운 병력이 기병이었다. 마침 고트 기병은 마초를 획득하기 위해 진지를 떠나 있었기 때문에 로마의 기습공격은 성공할 수 있는 것처럼 보였다.

그러나 전투 소식을 입수한 고트 기병대는 신속하게 복귀할 수 있었으며, 마차진지 가까이 접근한 로마 기병대를 향해 맹렬한 반격을 실시, 그들을 일시에 섬멸했다. 그러자 선불리 공격한 로마 보병들은 대혼란에 빠졌다. 고트 기병대는 로마 보병 양익을 포위하고 마차진지로부터도 고트 보병들이 무수한 화살을 날리고 일제히 돌격을 실시했다. 로마 군은 자유로운 이동이 불가능한 상태에서 칼이나 투창을 사용하지도 못하고 또한 도망가지도 못한 채 포위망 안에서 무참히 살육당했다. 이 싸움으로 로마 군은 약 4만 명의 손실을 입었다.

아드리아노플 전투에서 고트족은 무기력한 로마 군에 대해 기병대의 신속한 기동력으로, 그리고 보병과 기병 간의 훌륭한 팀워크를 통해 대승을 거두었다. 또한 고트족 민병들은 무너져가는 로마의 직업적 상비군에 비해 애국심과 정신력 면에서 훨씬 우세하여 승리를 이루었다고 할 수 있다.

이 싸움 이후 유럽에서 주요 전장 장면은 기병대가 주력부대로 나서고 보병은 보조부대로 물러서는, 이른바 기병의 시대를 맞게 되었다.

DIGEST

# 22

WORLD WAR

## 벨리사리우스 장군과 다라 전투: 비잔틴 제국이 낳은 명장 (530년)

395년 로마제국은 영구히 서로마와 동로마제국으로 분리되고, 각각은 수도를 로마와 콘스탄티노플에 두었다. 그로부터 81년 뒤인 476년 서로마제국은 무너지고 그 자리에 많은 게르만족 왕국들이 수립되었다. 그러나 동로마제국은 1,000년이 넘게 로마제국의 명맥을 유지하다가, 1453년 오스만투르크에게 멸망했다. 흔히 우리는 동로마제국을 비잔틴 제국이라고 부른다.

사실상 로마인들은 구제국의 붕괴를 멸망이라기보다는 여러 정치단위체로의 분할로 여겼다. 제국이 분열되고 결국 망한 것은 정치 · 경제 · 군사 등 제반 분야의 부패와 도덕의 추락에서 그 원인을 찾을 수 있으나, 부패는 하루아침에 온 것이 아니고 오랜 기간에 걸쳐 서서히 곪아 들어간 것이었다.

군사적으로도 로마 군이 아드리아노플 전투 이후 전쟁 기계로서의 효능을 완전히 상실해버린 것은 아니었다. 사상누각의 군대가 아니고, 본래 엄한 훈련과 우수한 전법의 전통을 이어온 워낙 기반이 튼튼한 군대인지라 패배 이후 곧 재기할 수 있었다. 그리고 개혁가들이 출현해 기울어지는 군에 대해 그것을 바로 세우려는 노력을 대대적으로 펼치곤 했다.

비잔틴 제국 황제 가운데 가장 강력한 황제는 38년간이나 통치한 유스티니아누스(527~565)였다. 비잔티움의 영원한 꿈이었던 대로마제국의 재건을 실현시키기 위하여 그는 매우 유능한 젊은 지휘관 벨리사리우스Belisarius를 총사령관에 임명하고 정복전쟁을 개시했다. 유스티니아누스는 콘스탄티노플에 위치하여 권좌를 확실하게 하고, 벨리사리우스를 비롯한 장군들에게 군대를 맡겨 대제국 재건을 위한 팽창정책을 주도했다.

벨리사리우스 장군.

그의 팽창정책은 성공을 거두어 비잔틴 제국의 영역을 동쪽에서 서쪽으로 크게 확대했다. 벨리사리우스의 로마 군은 북아프리카, 이탈리아, 남부 스페인 등을 재정복했다.

27세의 약관에 총사령관이 된 벨리사리우스는 비잔틴 제국이 낳은 가장 위대한 장군이었다. 그는 대단히 용감했을 뿐만 아니라, 거의 모든 전투에서 상대적으로 적은 병력을 갖고도 뛰어난 용병술과 전략으로 승리를 거두었다. 가장 대표적인 전투는 그가 본격적인 정복전쟁에 나서기 전에 동쪽으로부터 페르시아 군의 위협을 제거하기 위해 530년 소아시아의 다라Dara에서 치러냈던 싸움이다.

다라는 동부국경을 지키는 중요한 요새였는데, 약 4만 명의 페르시아 군은 이 요새를 목표로 공격할 태세를 갖추었다. 벨리사리우스는 25,000명을 거느리고 요새를 지키기 위해 요새 안에서 싸우기보다는 밖으로 나가 싸우기로 결심했다. 그는 미리 전장을 선정하고 그곳으로 적을 유인한 다음, 적시에 수세에서 공세로 전환시킬 계획을 준비했다. 당시 로마 군은 기병과 보병으로 구성되었고, 기병은 주로 중기병이었다. 주무기는 활과 창이었다.

벨리사리우스는 중앙에 보병을, 양익에 기병을 배치했으나, 평상시와 달리 기병을 보병보다 상당히 앞에 위치시키고 각 부대 전방에 참호를 파도록 했다. 그러나 진격을 불가능하게 할 정도로 참호를 깊게 파지는 않았다.

병력이 우세한 페르시아 군은 로마 군의 방어적인 태도를 보고 일단 전투를 피하는 신호로 받아들였다. 또한 벨리사리우스의 '상호 협상' 제의에 속아 득의양양하게 공격을 개시했다. 적으로 하여금 먼저 공격해오도록 하는 벨리사리우스의 전법에 말려든 것이다.

로마 중기병은 짐짓 후퇴하는 척하면서 적 기병을 그들 보병과 완전히 분리될 때까지 유인한 뒤, 보병들이 뒤따라오자 계획대로 창끝을 돌려 일제히 반격을 개시하여 크게 승리했다. 이때 로마 군이 퍼부은 화살들은 무장상태가 별로 좋지 않은 페르시아 군에게는 매우 치명적이었다. 쌍방이 활을 사용했으나 로마 활이 페르시아 것에 비해 훨씬 크고 위력적이었다. 과거 기원전에 벌어진 페르시아 전쟁 때와는 정반대의 현상이 일어난 것이다.

다라 전투 이후 벨리사리우스는 활로 무장한 정예 로마 군을 이끌고 아프리카 · 시칠리아 · 이탈리아 등의 지역에서 엉성한 게르만 족에 대하여 연전연승하면서 구로마제국의 상당 부분을 되찾았다. 그러나 단단한 내치의 기반을 마련하지 못하고 국경선만 확장시킨 유스티니아누스의 팽창정책은 한계에 부딪치고, 그의 후계자 때에 이르러서는 정복지역들을 다시 상실하고 말았다.

DIGEST

23

WORLD WAR

# 중세시대 성곽 건설과 종심방어의 발전: 중세 1,000년은 성곽시대였다 (4 ~ 14세기)

과거 유명한 역사가들은 세계사의 주요 흐름을 어디까지나 그리스 · 로마 문명 중심의 시각에서 이해했다. 그리하여 시대를 구분할 때 그 문명의 몰락 이전을 '고대', 부흥 이후를 '근대', 그리고 그 중간을 '중세'라고 불렀는데 오늘날 역사가들도 이런 구분을 대체로 따르고 있다.

아드리아노플 싸움, 로마제국의 분열, 또는 서로마제국의 멸망이 있었던 4~5세기 때부터 14~15세기의 르네상스 때까지 약 1,000년간의 중세시대에 대해 흔히 암흑시대라고 말하는 사람들이 있다. 역사를 인본주의적 고전문화와 공화주의적 정치 발전선상에서 보면 암흑시대라는 말이 맞을지 모른다. 또한 군사적으로도 전투에 다수가 참여하는 보병 위주로 보면 그럴지 모른다.

그러나 우리는 어느 한 시대를 너무 단순한 각도에서만 살펴보아서는 안 된다. 중세시대는 기독교 문화 · 봉건제도 · 과학기술 · 항해술 등에서 큰 발전이 있었다. 군사 분야에서는 그리스 방진이나 로마 군단과 같은 것은 사라졌지만, 핵심적인 전략전술 개념이 완전히 바뀐 것은 아니며, 특히 도시를 방호하기 위한 성곽 건설과 그것을 중심으로 한 종심방어체제에서 눈부신 발

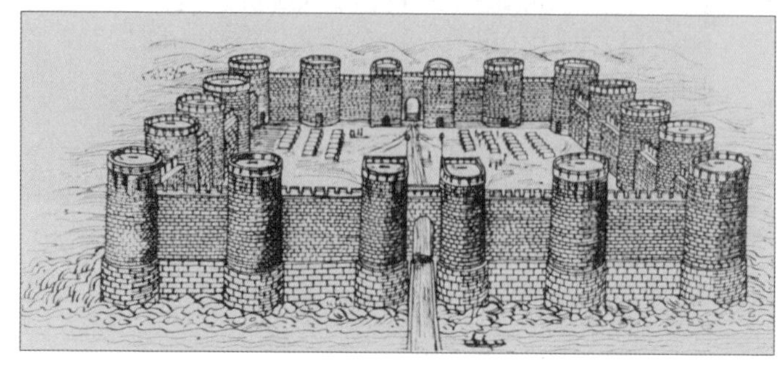

중세시대 성곽의 모습.

전을 이루었다.

3~5세기에 로마인들은 도로 및 항구건설과 도시성곽 축성에 온힘을 쏟아부었고, 그 후에는 모든 도시를 요새화하고 그것을 기초로 종심방어 위주의 대전략을 수립했는데, 이 전략으로 두 가지 목적을 달성할 수 있었다. 첫째 각 거점에 기동 야전군을 확보하고 적 기동과 보급선에 위협을 가할 수 있고, 둘째 적이 도시를 둘러싸고 공성전을 전개하려 하면 주력군을 출동시키고 도시를 '모루'로 삼아 적을 격멸하는 것이었다.

로마의 요새들은 그 견고함과 전략적 위치 때문에 함락시키는 데는 엄청난 병력과 공성장비, 그리고 수개월간 야영에 필요한 장비 및 보급품 확보가 필수적이었다.

훈족의 용맹스러운 지도자 아틸라Attila가 직업적인 기병들을 데리고 유럽 곳곳을 누비고 다녔지만, 451년 갈리아 지방 침입에서 실패하고 만 것은 로마 군의 종심방어에 당했기 때문이었다. 아틸라는 요새화된 도시를 공략하느라 보급품을 소진하고 그 뒤 올리언스를 포위하는데, 이때 로마 장군 아에티우스Aetius가 구원군을 이끌고 와서 훈족을 격퇴했다.

이와 같이 중세 유럽의 전쟁에서 도시 포위, 구원, 전투, 포위군 퇴각은 약 1,000년 동안을 지배하는 양상이 되었다. 이러한 공성전을 통해 로마의 공격과 방어전술은 널리 보급되고 게르만족들은 체계적인 전법을 익히게 되었을 뿐만 아니라 나중에는 축성술도 배우고 그들 도시를 요새화했다.

로마 황제들은 튼튼한 돌벽 성곽에 싸인 도시들을 지키고, 동시에 어느 국경에서도 적의 대규모 침입이 있을 때 그것을 격퇴하며, 그리고 공성전에서 이기기 위하여 평상시에 대군을 육성했다. 서기 300년, 435,000명이었던 로마 군은 430년 무렵에는 645,000명으로 증가했다. 더구나 서로마제국 해체 이후 여러 종류의 게르만족들은 각각 정착지에서 2~3만 명이 넘는 군대를 따로 보유함으로써 유럽 전체의 군대는 전보다 훨씬 증대되었다.

또 다른 큰 변화는 군인과 민간인의 엄격한 구별이 점차 어렵게 되어가는 현상이었다. 적으로부터 빼앗은 지역이 보조부대 군인에게 할당되고, 그 대신 군역을 치름으로써 군인농부이면서 농부군인들이 등장하게 된 것이다. 또한 406년 호노리우스Flavius Honorius 황제는 노예들의 전투 참여를 허용함으로써 그 구별은 더욱 어렵게 되었다.

## 기병훈련과 등자의 출현: 기병 발전의 기폭제 (8세기)

중세시대 군사적 대변화 가운데 하나는 전장에서 중보병대가 사라지고 그 자리를 기병대가 메운 것이다.

고대 페르시아 군과 마케도니아 군이 잘 훈련된 기병대를 이용한 데 비해 로마 군은 주로 중장보병을 활용하고 기병에 대하여는 그 가치를 크게 인정하지 않았다. 그러나 제정 말기 로마인들은 게르만 기병대로부터 잦은 습격과 장거리 무기(투창 · 활 · 투석기 등)에 의한 공격을 받으면서 보병 백병전의 효력이 줄어들게 됨에 따라 기병대와 경보병의 비율을 점차 증가시켜나갔다. 그러다가 서로마제국 멸망 후 수립된 서유럽의 많은 게르만 국가들과 동로마제국은 기병대 위주로 군대를 편성하여 전쟁을 수행했다.

기병대 전술의 근간은 말의 기동성과 기마병의 용감성을 활용하여 기동 · 기습 · 측면공격 · 돌격을 실시하는 것이었다. 군대는 과거 로마 군단 시절 보병을 강훈련시킨 것처럼 이제 정예 기병대를 만들기 위해 맹훈련을 실시했다.

기병의 주무기는 창 · 칼 · 활이었다. 창은 그리스 때부터 계속 발전되어 왔는데, 대략 3m 길이로서 서기 4세기 무렵은 창끝에 작은 못을 단 것을 사

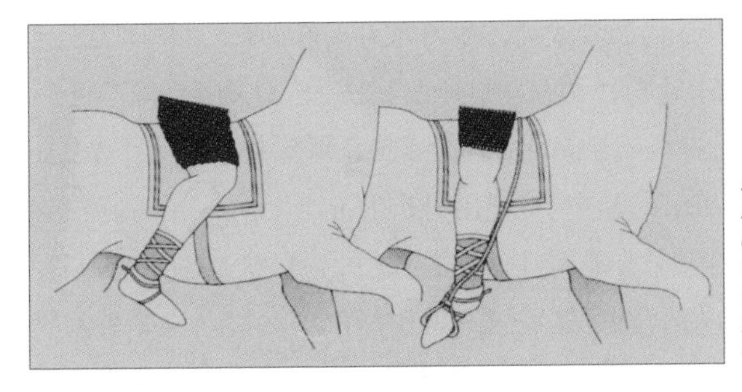

등자를 사용할 때(오른쪽)와 사용하지 않을 때(왼쪽) 기병이 취하는 다리 자세의 비교. 기병은 발을 등자에 고정시킴으로써 자신있게 칼을 휘두를 수 있게 되었다.

용했고, 카롤링 왕조 때는 날개 달린 창을 개발하여 적을 찌르고 쉽게 낚아챌 수 있게 했다. 기병들은 창과 함께 70~80cm 길이의 양날 칼을 보유했는데, 그것은 창 · 투창 · 활보다는 덜 이용되는 편이었다.

중세시대 무기에서 가장 두드러진 점은 유럽의 기병들도 아시아인들처럼 활을 효과적으로 사용하게 된 것이다. 그들은 끊임없이 활쏘기 연습을 하여 나중에는 페르시아나 아시리아의 궁병을 능가할 정도로 기량을 갖추게 되었다.

동로마제국 기병 가운데는 용병이 많았는데, 경기병대 궁술병은 주로 훈족, 알란Alans족, 아바르Avars족, 불가르Bulgars족 등 아시아인계 종족으로부터 선발하고, 창과 투창을 사용하는 중기병대는 흑해와 다뉴브 강 지역에 살던 게르만족으로부터 선발했다. 시간이 지나면서 로마 기병대는 점차 구별없이 중기병화하고, 모든 기병이 갑옷과 방패로 무장하며 창 · 투창 · 칼 · 활 가운데 전문적인 무기나 또는 이 모두를 자유자재로 사용할 수 있는 기술을 습득하기 위해 맹훈련을 실시했다.

창을 휴대한 기병은 말에서 신속히 내려서 보병처럼 싸우고, 다시 말을 타야 하는 경우에는 신속히 안장 위로 올라탔다. 그들은 말을 잘 타고, 다양한 무기를 사용하며, 또한 보병처럼 싸워야 했기 때문에 융통성 있는 전투태세를 갖추기 위해서 자연히 오랜 훈련이 필요했다.

카롤링 왕조의 로타르 왕 때 성직자이며 학자였던 라바누스Rabanus는 기병 훈련제도에 대해 다음과 같은 기록을 남겼다.

"목마를 겨울에는 지붕 있는 시설 내에, 여름에는 야지에 설치하고, 신병들은 처음에는 비무장으로, 그 다음에는 방패와 칼을 휴대하고, 마지막으로는 큰 장대 무기를 들고 말 타는 연습을 반복했다. 그들은 말 좌우측과 후방 어느 방향에서도 자유자재로 말을 타고 내리며 또한 칼을 칼집에 넣지 않고도 뛰어 타고 내릴 수 있도록 철저한 훈련을 받았다."

그런데 기병의 기량 향상에 획기적 전환점을 이루게 된 것은 훈련보다는 8세기 초에 등자Stirrup를 이용할 수 있으면서부터였다. 이전까지 기병은 말에서 떨어지지 않도록 말 등에 몸을 바싹 밀착시키는 데 온 신경을 썼기 때문에 말 위에서 큰 동작을 취하기가 극히 어려웠다. 그러나 등자를 이용하면서는 안정된 상태에서 자신 있는 자세를 취하고, 어떠한 무기도 자유자재로 휘두르며 속도를 내 달릴 수 있게 되었다.

등자가 본래 언제 어디서 발명되었는지에 대하여는 불확실하나 기원전 1세기 인도 기병이 사용한 것은 확실하다. 그리고 이것이 서쪽으로 전래되어 서유럽 기병들도 뒤늦게 활용하게 된 것이다.

기병이 고대 전투용 마차를 대신하고 코끼리가 별 효용이 없게 된 이래 등자의 출현은 강력한 장비로서 기병, 특히 중기병을 발전시키는 기폭제가 되었다. 어느 종족보다도 프랑크족은 등자의 가치를 크게 인정하고 무적의 중기병대를 양성하여 프랑크 제국을 일으켰다. 9세기경 비잔틴 제국 군대는 그들이 두려워하는 프랑크족 중기병대의 침입을 받을 때는 적과 직접 싸우는 대신 시간을 오래 끌면서 적 보급선을 방해하는 전략을 택하는 것이 차라리 낫다는 결론을 매번 내리곤 했다.

DIGEST

25

WORLD WAR

# 고구려·수나라 전쟁, 살수대첩: 청야입보 전술로 적을 쇠진시키다 (612년)

우리나라 역사에서 고조선은 대동강 유역에서부터 흥기하여 한반도뿐만 아니라 북으로 오늘날 중국 땅 상당히 깊숙한 곳까지 세력을 뻗쳐나감으로써 자연히 중국과 국경을 이룬 요하遼河 주위 지역에서 전투가 자주 발생했다. 고조선 이후 삼국시대 고구려는 한민족의 대를 이어 강국으로 등장하고, 북방지역의 유목민인 선비족을 몰아내면서 국경지역을 안정시켰다. 나아가 서기 5~6세기에 광개토왕 · 장수왕 · 문자왕 등 걸출한 군주들은 당시 중국이 분열되어 있는 틈을 이용해 줄기차게 영토 확장 정책을 추진한 끝에 요동반도를 포함한 만주 대륙 전역을 확실히 장악, 최대판도를 확보하기에 이르렀다.

그러나 581년 중국 천하를 통일한 수나라는 한나라 이래 최대 제국을 건설하고 동방의 강대국 고구려 땅을 넘보게 되었다.

고구려는 급속히 팽창하는 수나라의 위세에 일대 위협을 느끼고 방비를 강화했으나, 영양왕 때 수 문제는 침공 구실을 찾느라고 고구려에 "군신君臣의 예禮로 조공을 바치라"고 정식 통보했다. 고구려는 오만한 수나라의 요구에 대해 칼로 응답하기로 결의하고 전쟁을 불사했다.

살수대첩에서의 을지문덕 장군.

598년 수 문제는 약 30만 명의 원정군을 편성하여 요하지역을 쳐들어왔으나, 이 침공은 홍수 · 폭풍 · 전염병 등의 재해로 말미암아 대다수의 병력을 잃고 곧 좌절되었다.

아버지 문제와 형을 살해하고 스스로 황제에 즉위한 수 양제는 대운하와 대장성을 쌓고 대제국 황제로서의 위엄을 떨치더니, 드디어 612년에는 아버지 때 이루지 못한 정복의 꿈을 실현시키기 위해 고구려 침공을 재개했다. 아버지가 30만으로 실패했기 때문에 그는 전국 각지에서 무려 113만 명을 끌어 모아 대원정군을 편성했다. 과연 그러한 대병력이 동원되었을까에 대하여는 실증주의 사가들이 의문을 제기하기도 하지만, 그럼에도 불구하고 양제가 엄청난 병력과 막대한 군비를 들여 고구려를 침공한 것만은 사실일 것이다.

고구려의 전쟁준비 또한 거국적이었다. 고구려는 기본적으로 군사조직과 행정조직을 일치시켜 성인남자들이 평시에는 농사를 짓다가 전시에 동원되는 민병제에 의존했다. 성주가 행정과 군대를 통괄하는 고구려에는 약 200여 개의 성이 있었고, 그 절반은 만주와 연해주에 있었다.

성주는 견고하게 축성한 성을 관리하다가 일단 유사시에는 주민과 군인들이 식량과 생활필수품을 모두 가지고 성내에 들어가 수성守城하고, 적을 지치게 한 다음 반격 · 격퇴하는 작전을 사용했다. 이를 이른바 청야입보淸野入保(들을 깨끗이 비우고 성에 들어가 싸운다는 뜻) 전술이라고 부르는데, 이 전술은 제정로마가 도시 성곽 중심의 종심방어를 취하고 적을 끌어들인 다음 전투를 벌였던 것과 거의 같은 개념이었다. 다만 고구려 시대 성은 주로 산성으로 군사거점이 목적이었던 데 비해 로마는 도시방어 목적의 견고한 성을 건설했다는 데서 차이가 컸다.

수나라의 침공계획은 요하를 건너 요동반도를 통해 진격하는 육군과 산동반도에서 황해를 건너는 수군水軍이 양방향에서 공격하여 결국 평양성을 함락하고 전쟁을 빨리 끝낸다는 것이었다. 주력부대인 육군이 광활한 요동반도를 경유, 압록강을 넘어 한반도로 진출해야 하는데, 과연 그들이 바라는 대로 신속히 전쟁을 끝낼 수 있을지 여부는 고구려의 방어태세에 달려 있었다. 만일 고구려가 국경방어에만 집중한다면 수나라 계획이 성공할지도 모를 일이었다. 그러나 고구려는 청야입보에 의한 거점방어 형태를 유지하는 한편, 적을 한반도 내로 충분히 끌어들이기 전까지는 조기 결전을 피하다가 적이 완전히 지쳤을 때 대반격을 실시하는 전략으로 맞섰다.

수 양제는 부교까지 설치하여 요하를 건넌 후, 그 지역의 요충인 요동성을 공략, 쉽게 점령할 것으로 생각하고 통치대책까지 준비했다. 그러나 고구려군의 결사적인 저항에 성을 함락시키지 못하고 두 달 동안이나 시간만 끌었다. 또한 황해를 건너 대동강에 나타난 수나라 수군도 본래 육군과 합류하여 공격하기로 되어 있었으나, 육군 진출이 늦어지는 바람에 단독 공격을 하다가 참패당했다.

수 양제는 요동성이 함락되지 않자, 약 30만 명의 별동대를 따로 편성하여 우중문과 우문술 두 장수에게 신속히 한반도로 진격하도록 했다. 이들은 요하에서 압록강에 이르기까지 고구려군 거점을 피하며 전투 없이 진격했으나, 지칠 대로 지치고 사기가 극도로 떨어져 있었다. 처음에는 귀찮아서 휴대식량을 내버리는 병사도 나타났으나 결국은 현지조달이 어려워 굶주려야 하는 문제가 발생했다.

적이 압록강을 건너오기 직전에 고구려의 명장 을지문덕은 항복을 가장하고 적진을 방문했다. 적정을 탐지하기 위해서였다. 을지문덕을 보내고 난 후에야 우중문과 우문술은 고구려의 항복을 의심하게 되었고, 게다가 두 사람은 사사건건 의견을 달리하며 지휘통일을 이루지 못했다.

을지문덕은 추격해오는 우문술의 군대를 더욱 지치게 하기 위해 접전할 때마다 의도적으로 패주, 살수(청천강) 이남으로 깊숙이 유인했다.

용맹할 뿐만 아니라 지략이 뛰어나고 문장에 재능이 있었던 을지문덕은 우중문에게 다음과 같은 시 한 수를 지어 보냈다.

그대의 신기한 책략은 천문을 꿰뚫고
기묘한 계산은 지리를 통달했소.
싸움에 이긴 공이 이미 높으니
만족함을 알고 이제 그만두기 바라오.

그리고 을지문덕은 적진에 다시 사자를 보내 거짓으로 항복 의사와 함께 "만약 철수하면 국왕을 모시고 황제를 알현하겠다"고 제의했다.

우문술은 을지문덕의 제의를 진실로 받아들이지는 않았지만 이제 평양성 공략은 무모하다는 것을 깨닫고 총 퇴각을 결심했다.

우문술 부대가 철수하기 시작하자 드디어 을지문덕 군은 습격을 시작했다. 특히 적 병력이 살수에서 약 절반쯤 도하했을 때 고구려군은 후위부대를 엄습하여 엄청난 피해를 입혔다. 수나라 군대는 일시에 무너지고 일부 도주병들은 일주일 동안에 압록강까지 약 180km를 내달렸다. 30만 명의 별동대 가운데 요동성으로 살아 돌아온 자는 2,700명에 불과했다.

고구려는 원정군의 약점을 최대로 활용할 수 있는 거점방어식 청야입보와 같은 훌륭한 전법을 일찍이 개발하여 수적으로 우세한 수나라 군대를 물리치고 동북아 강대국의 자리를 확고히 지켰다.

DIGEST

26

WORLD WAR

# 고구려·당나라 전쟁, 안시성 전투: 고구려인들의 결사저항 (645년)

"고구려가 여러 차례 신라를 침범하므로 짐이 사신을 보내 타일렀으나 듣지 않는다. 이제 군을 출동하여 고구려를 정벌하고자 하는데, 그대의 의향은 어떠한가?"
"신이 알고 있는 바로는 고구려의 정권을 쥐고 있는 연개소문이 병법에 통달했다고 자부하고 있으며, 중국이 멀리 고구려를 정벌하지 못할 거라고 생각하여 폐하의 명령을 따르지 않는 것입니다. 폐하께서 신에게 3만 명의 병력만 주시면 연개소문을 사로잡아 바치겠습니다."
"3만의 적은 병력으로 머나먼 고구려를 무슨 전법으로 정벌할 계획인가?"
"신은 정공법正攻法을 쓰겠습니다."

이상은 중국병서의 고전인 무경칠서武經七書 가운데 한 권인《이위공문대李衛公問對》의 첫머리에 나오는 기록이다.

《이위공문대》는 당나라 태종 이세민과 당대의 전략가였던 위국공 이정李靖이 병법에 관해 문답한 명문명답의 내용을 책으로 펴낸 것이다. 첫머리에서 알 수 있듯 태종은 신라의 요청을 받고 고구려를 침공하기 전에 병학에 정통한 이정과 함께 해박한 군사지식을 서로 나누고자 했다.

태종은 당나라를 건국한 고조 이연의 둘째 아들로서 수나라가 기울고 있는 틈을 노려 아버지와 함께 당나라를 세우고, 각처에 할거한 군벌들을 타도하여 용맹을 떨쳤다. 그는 병략과 무예에 능할 뿐만 아니라 황제 재위 23년 동안 훌륭한 정치를 베풀었다. 그러나 645년 고구려 정벌에 나섰다가 안시성 싸움에서 실패하고 철군했다.

결국 이야기는 태종이 병법에 정통한 이정과 함께 숙의하여 고구려를 침공했건만 실패했다는 것으로 요약되는데, 그렇다면 그 까닭은 어디에 있을까? 우리는 태종과 이정이 고구려군 수준을 매우 낮게 보고 불과 3만 명 수준으로 평범한 작전을 실시하여 정복할 수 있을 것으로 낙관했음을 알 수 있다. 30년 전 엄청난 병력으로 수나라가 실패한 바 있는 침공을 그토록 낙관한 데는 나름대로 다음과 같은 이유가 있었다.

첫째, 당 태종은 수 양제의 혼란한 군대와는 비교가 되지 않는 잘 통제된 군대를 갖고 있다는 것이다. 둘째, 연개소문이 백성의 원망을 받고 있어 고구려군의 사기가 극도로 떨어져 있다는 것이다.

당나라의 판단이 전혀 일리가 없는 것은 아니었으나, 그렇다고 마치 고구려인들이 중국의 침공을 환영이라도 할 것처럼 본 것은 그야말로 큰 판단착오였다.

본래 고구려는 당나라와 우호관계를 원하면서도 방비태세를 소홀히 하지 않았다. 당 태종이 투르크 족을 정복할 때, 영류왕은 요동 일대에 천리장성을 쌓기 시작했다. 그러던 중 연개소문이 정변을 일으켜 영류왕을 시해하고 보장왕을 새로운 왕으로 추대했다. 그리고 자신은 최고의 관직인 막리지가 되어 군권과 정권을 다 장악했다.

고구려에 대한 복수의 기회를 노리던 태종은 연개소문의 정변과 신라의 구원요청을 적절한 구실로 삼아 드디어 645년 봄 원정길에 나섰다.

태종은 수 양제와 마찬가지로 평양성 점령을 최종목표로, 육군은 요동반도를 통과하고 수군은 바다를 건너는 수륙 양면작전 전개를 계획했다. 그러나 양제가 범한 과오를 분석하고 대병력보다는 소수의 정예부대 위주로 육군 6만, 수군 4만 등 총 10만 명의 원정군을 편성했다. 사실 이 정도도 이정이 장담한 3만 명을 훨씬 초과한 규모였지만, 태종은 후방의 안정을 고려하여 원정군 규모를 축소하고 그 대신 자신의 용병술, 정예부대의 능력, 그리고 특별히 준비한 공성장비 등에 자신을 걸었다.

당나라군을 물리치고 있는 연개소문 장군.

4월 1일 당나라 육군은 요하를 건너 현도성 · 신성 · 건안성 · 개모성 등을 차례로 함락하고 수군도 바다를 건너 비사성(오늘날 여순)을 습격했다. 그리고 요동성을 포차와 충차(밀어붙이는 충격으로 성을 무너뜨리는 장비)로 밤낮을 쉬지 않고 12일간 공격, 수만 명이 성을 기어오르기를 반복한 끝에 함락시켰다. 이어서 백암성도 굴복시켰으나, 이 같은 파죽의 공격은 안시성에서 좌절되고 말았다.

6월 안시성을 공략할 무렵 고구려는 고연수 · 고혜진 두 장수가 후방에서부터 15만의 구원부대를 이끌고 왔지만 야지에서 격파되고 말았다.

태종은 항복한 고연수를 안시성 아래로 보내 항복을 권유했다. 그러나 성내 고구려군은 성주를 중심으로 굳게 단합하고 결사적 저항을 벌였다.

국경선 지역에서 너무 많은 시간을 소비한 태종은 안시성을 남겨둔 채 그 남쪽에 있는 건안성을 공격할까도 생각했다. 병법에 이른바 "공격하지 않아야 할 성이 있다"는 말에 해당되는 곳이 바로 안시성이라고 느꼈기 때문이다. 그러나 안시성을 뒤에 두고 건안성을 공격하다가 보급로에 위협을 받을까 두려워 공격하지 못했다. 또한 항복한 고연수와 고혜진이 천리장성을 그쯤 두고 차라리 오골성을 점령하면 일석이조를 거두리라고 제의한 바 있었는데, 그 제의도 같은 이유로 택하지 않았다.

당 태종은 안시성 동남쪽에 높은 토산土山(성을 넘어가기 위한 방법으로 성 높이 이상 쌓은 산)을 쌓기 시작하고, 공성장비로 매일 6~7회씩 공격을 퍼부었다. 고구려군은 적의 토산 건설에 대해 성벽을 더 높이 쌓고 파괴된 성벽을 보수하면서 적의 성내 진입을 막는 한편, 야간에는 특공대를 편성하여 적을 기습했다.

당나라군은 60여 일 만에 연인원 50만 명을 동원하여 토산을 완성했다. 그러나 최종공격을 준비하는 순간에 토산 일부가 무너지며 성벽을 덮친 사고가 발생하자 이 기회를 이용, 고구려군은 도리어 토산을 점령하고 그것을 수비진지로 만들어버렸다.

이런 상황에서 안시성과 건안성을 남겨둔 채 최종목표인 평양성 공격을 한다는 것은 엄청난 모험이었다. 더구나 요동지방에서는 이미 찬바람이 부는데도 동계작전 준비가 전혀 되지 않은 상태였으니, 결국 당 태종은 실패를 인정하고 9월 중순 철군명령을 내리게 되었다.

당 태종이 훌륭한 전략가로서 수 양제의 전철을 밟지 않으려 노력했지만 거의 그대로 답습한 결과에 이르고 만 것은 고구려의 청야입보 전술과 고구려인의 결사적인 저항을 극복하지 못했기 때문이었다. 사실상 인접한 성들이 도미노처럼 차례로 무너지는 판에 안시성을 끝까지 사수한 성주의 용기와 공로는 당나라의 계획을 무력화시킨 결정적 요인이었다. 성주의 이름은 우리나라 정사에는 기록이 없으나, 야사를 통해 양만춘으로 전해지고 있다.

DIGEST

27

WORLD WAR

# 샤를마뉴의 서유럽 정복:
## 조직과 기강으로 대제국 유지 (8~9세기)

서로마 멸망 후에 유럽을 휩쓴 게르만족 가운데 최고 실력자로 떠오른 종족은 프랑크족이었다. 이들은 라인 강 하류의 네덜란드 · 벨기에 · 라인란트 등에서부터 차츰 남쪽으로 세력을 뻗쳐나갔고, 샤를마뉴Charlemagne(샤를 대제, 742~814) 때에 이르러서는 유럽의 최강국으로 성장하고 사실상 서로마제국을 부활시킨 듯한 인상을 주었다.

768년에 프랑크 왕국 왕위를 승계한 샤를마뉴는 덕망 있는 통치자로서 프랑크족의 용감성을 최대로 발휘하도록 하면서 정복전쟁을 계속 이끌어갔다. 8세기 말까지 그는 지배판도를 계속 넓혀 과거 서로마제국 영토의 대부분을 차지했다. 빠진 곳은 북아프리카, 스페인, 남부 이탈리아, 시칠리아, 그리고 앵글로-색슨족의 영국 땅 등이었다. 그 대신 로마제국에 병합된 적이 없는 라인 강과 엘베 강 사이의 땅을 새로 포함시켰다.

800년 제국을 건설하고 유럽의 지배자로 자처하고 나선 샤를마뉴는 로마제국의 정신적 지도자로 자처하는 교황 레오 3세와 극적 제휴를 이루었다. 그해 성탄절, 교황은 샤를마뉴에게 신성로마제국 황제의 제관을 씌워주었다. 교황은 동로마제국의 간섭에서 벗어나기 위한 방편으로 샤를마뉴를 인

샤를마뉴와 그의 군대.

정하고, 샤를마뉴는 유럽을 지배하기 위해 교황의 지원을 필요로 했던 것이다.

이로써 샤를마뉴는 서로마제국의 계승자로서 유럽 일대를 석권하고, 또한 교황과 크리스트 교의 수호자로서 이교도들을 크리스트 교도로 개종시키기 위한 정복전쟁을 계속 벌여나갔다.

제위기간 중 샤를마뉴는 수많은 전쟁에서 롬바르디인 · 색슨족 · 세르비아인 · 아바르족 · 스페인인의 이슬람 교도를 비롯, 동로마제국 식민지인 등과 싸우면서 빛나는 승리의 기록을 남겼다. 승리는 대부분이 적의 퇴보한 군사기술에 대해 그의 군대를 활력있게 움직임으로써 가능했다. 당시 전장에서는 과거 로마 군의 훌륭한 훈련과 전술을 찾기 어려웠는데, 그래도 상대적으로 가장 잘 전수받은 것은 프랑크족 군대였다.

샤를마뉴 군대의 핵은 중기병으로서, 그들은 아바르족의 기마 궁수들이나 롬바르디족 창병들을 효과적으로 제압했다. 기병의 가치를 인식하면서도 유지비용 때문에 처음에는 그 양성이 수월하지 않았다. 말 · 갑옷 · 마구 · 사료 등을 확보하고 기사와 말의 장기간 양성 및 훈련에 드는 비용은 엄청났다. 게다가 한 명의 기사에는 갑옷 시중을 들고 말을 돌봐야 하는 등 최소한 두 명의 시종이 필요했다.

그렇게 비싼 기병을 유지하는 방법을 프랑크 왕국은 봉건제도로서 해결하고 샤를마뉴는 그것을 최대로 활용했다. 봉건제도의 핵심은 왕이 영주들에게 토지를 하사하고 그 대신 영주들은 왕을 위해 군사력을 제공하는 의무를 지도록 하는 것이었다. 영주들은 토지를 소유하고 장원을 보호하기 위해 일정한 숫자의 기사를 거느렸으며, 왕의 명령에 따라 군대를 보냈다.

그리하여 샤를마뉴는 따로 돈 들이지 않고 주로 귀족 출신 기사들로 구성된 상비군을 보유한 거나 다름없었다. 수는 많지 않았으나 질이 우수한 기병대내 각 기사는 쇠미늘 갑옷과 투구 · 방패 · 창 · 칼 · 도끼를 모두 갖추었다. 그리고 규모는 축소되었지만 훌륭히 무장함으로써 질이 개선된 보병은 주로 궁수로 활약했다.

보병 궁수가 가벼운 접전으로 탐색전을 벌이고 기병들이 일제히 결정적인 공격을 하는 방법으로 전투를 벌였다. 프랑크족이 서유럽 정복에 성공을 거둔 것은 어떤 화려한 전술이 아니고, 우수한 조직과 기강 잡힌 군대를 이끌고 지칠 줄 모르며 지휘했던 샤를마뉴의 리더십과 추진력 덕분이었다.

그러나 샤를마뉴 개인에 의해 이루어진 제국은 그가 죽자 이내 붕괴되었다. 유능한 왕이 나타나지 않아 프랑크족의 봉건 군대가 기강이 없는 군대로 전락되어갔기 때문이었다.

DIGEST
28
WORLD WAR

# 바이킹족의 침공:
## '치고 달아나기' 전법의 명수들 (8 ~ 11세기)

유럽의 민족대이동 현상은 4세기 이후 약 200년으로 끝난 것이 아니고 9~10세기에도 다시 나타났다. 샤를마뉴가 죽은 후 그의 왕국은 무너지기 시작했고, 870년에는 서프랑크 · 동프랑크 · 남프랑크, 즉 오늘날 프랑스 · 독일 · 이탈리아로 분할되었다. 서유럽이 약화되고 있을 때 아랍인과 마자르인, 그리고 바이킹족(노르만족)이 각각 남부 · 동부 · 북부에서부터 쳐들어왔다. 그 가운데서도 서유럽에 가장 심대한 타격을 준 것은 바이킹족의 침입이었다.

스칸디나비아의 바이킹족이 서유럽을 침입한 것은 처음에는 정복보다는 해적질 내지는 노략질의 성격을 띠었으나, 나중에는 그들 다수가 유린한 지역 일부에서 정착을 했다.

바이킹족은 일반적으로 작은 떼를 지어 돛과 노를 쓴 작은 배를 타고 템스 강, 센 강, 루아르 강 하구와 해안 일대에서 약탈을 일삼았다. 그들은 사나운 전사들로서 직속상관에 대한 충성심이 높고 기율이 엄했다. 주로 창 · 칼 · 도끼로 무장한 이들 보병은 때때로 활도 지니고 다녔다. 또한 투구 · 방패 · 가죽 갑옷 · 쇠사슬 갑옷 등을 착용했다.

바이킹족이 사용한 선박(왼쪽)과 그들의 침략을 그려놓은 비석(오른쪽).

그들은 '치고 달아나는' 기습전법의 명수들이었고, 적을 잔인하게 학살했다. 이 시대의 서유럽에서는 바이킹족에 대한 무시무시한 이야기들이 많이 나왔다.

바이킹족 침입에 대해 서유럽인들은 축성과 기병대에 의존해 싸웠으나 효과적인 대응책을 찾지는 못했다. 바이킹들은 해안가의 말들을 강탈하고, 기지를 만들어 자신들의 기병대 조직을 발전시켜나갔다. 바이킹 군대의 핵심인 보병들의 용맹과 신속성에 기강이 빠진 봉건군대는 맥을 못 추었다.

그럼에도 불구하고 중세 유럽 군대를 지배한 기사들은 점점 더 사회 엘리트로 인정받고 특권계층으로 성장했다. 하지만 무기 · 전술 · 군조직 면에서 기사들이 괄목할 만한 발전을 이룬 것은 없었으며, 이런 점에서는 바이킹 족도 매한가지였다.

점차 세력을 키우던 바이킹족은 수백 척의 함대를 만들어 유럽 해안 일대를 점령하고, 영국으로도 그들의 정복지역을 넓혔다. 몇 세기 전 로마인들이 고트족에게 한 것과 같이 프랑크인들은 바이킹족에게 노르망디 지방을 양보하게 되었다.

바이킹족이 그와 같이 팽창할 수 있었던 것은 그들이 보병으로서 용맹을 발휘하기 전에 이미 우수한 해군으로서 능력을 갖추었기에 가능한 일이었다. 그들은 당시 최고 수준의 조선기술을 자랑하는 배를 보유하고 있었으며, 놀랍도록 배를 잘 다룰 줄 아는 사람들이었다.

지금도 노르웨이 오슬로에는 바이킹이 사용한 배 가운데 대표적인 것으로 고크스타트 호the Gokstadt가 남아 있는데, 그것은 길이가 21m이고 중량 20톤이 넘는다. 떡갈나무로 만들어졌고 뱃전 위에서 용골까지는 1.8m이고 배 한가운데 약 12m 돛대가 있다. 배의 밑바닥은 편평한 판자로 깔려 있지 않고 하나의 통나무 재목으로 강력한 용골을 만든 것이 특징이며, 뱃전의 널빤지들은 물 새는 것을 막기 위하여 타르를 칠한 밧줄로 틈새를 메운 정교함을 보여주고 있다.

항해 시에는 돛을, 공격 시에는 노를 사용했다. 노는 16쌍으로, 일부는 길이가 4.9m이고 나머지는 그보다 길었으며, 각각의 노를 두 사람이 함께 저었다. 바이킹족은 나중에는 훨씬 더 큰 배를 만들어 200명까지 타고 하루에 240km를 항해하기도 했다. 음식물은 얼음이나 소금으로 저장했다.

바이킹은 언제나 근해에서 해전을 치렀고, 대개는 3단계 과정을 밟았다. 먼저 지휘관은 적정을 살피고 공격하기 좋은 위치를 선정했다. 그 후 그 장소로 은밀히 접근하여 적 함대에 일제히 화살을 쏘고 쇠뭉치나 돌멩이를 던지는 식의 공격을 퍼부었다. 마지막으로 적 선박에 쇠갈퀴를 걸어 끌어당긴 다음 백병전으로 승부를 결정지었다.

상륙 후에도 바이킹은 함대를 하나의 기지로 삼았다. 주요 수로를 따라 올라간 다음에 육지에 올라 마을과 수도원 등을 약탈했다. 그들은 갑옷과 무기를 빼앗고 주 공격무기로는 육중한 도끼를 사용하는 것을 선호했다. 그들은 적 기병이 잘 싸울 수 없는 시냇물가나 늪지대 또는 가파른 언덕에서 방패 · 벽을 만들어 일단 수비태세를 갖추고 있다가 결정적인 순간에 백병전으로 전환하는 것을 좋아했다. 직업적인 전사들로서 체격이 크고 건장한 그들은 장원으로부터 긴급히 출동된 군대에 대해 마치 미치광이들처럼 난폭하게 무기를 휘두름으로써 성공을 거두었다.

프랑크인과 영국인은 나중에야 바이킹 습격에 대해 적절한 대책을 찾게 되었는데 그 방법은 전혀 달랐다. 프랑크인은 주로 주요침입로인 강 주위에 성을 건설했으며, 영국인은 기병 대신 정예 중보병을 육성했다. 그리고 바이킹을 본따 강력한 함대를 구축하여 성공을 거두었다. 사실상 이를 계기로 하여 영국은 나중에 강력한 해군국으로 발돋움할 수 있게 되었다.

DIGEST

# 29

WORLD WAR

## 헤이스팅스 전투:
## 노르만족, 영국 정복의 발판을 마련하다 (1066년)

11세기경 유럽에서 군사적으로 가장 두드러진 민족은 노르만족이었다. 북유럽 해안에서 해적질을 일삼다가 서유럽에 침입한 그들은 프랑크 왕국으로부터 노르망디 공국을 봉건영토로 제공받고 세력을 키워갔다.

노르만족 군대는 기본적으로 보병으로 구성되었으나, 프랑스 땅에 정착하면서는 그곳에서 배운 전법을 익혀 당시 유럽의 중기병과 요새 축성술에서 가장 뛰어난 실력을 갖추게 되었다. '전쟁에 길들여져 있고 전쟁 없이 살지 못하는 민족'이라는 평판을 얻은 그들은 전쟁으로 영토를 크게 넓혀나갔다.

영국을 점령할 때, 1066년 헤이스팅스Hastings 싸움에서 명성을 떨친 노르망디 공국의 윌리엄 대공(1028~87)은 위대한 지배자이며 전략가이자 훌륭한 전술가였다.

윌리엄 대공의 영국 원정은 영국 왕 에드워드(참회왕)가 죽은 후 왕위계승권을 놓고 이루어졌다. 에드워드가 매제인 해럴드 2세에게 왕위를 물려주자, 사촌이었던 윌리엄이 원정에 나서게 된 것이다. 이때 교황 알렉산더 2세는 윌리엄을 지지했다.

해럴드의 영국 군은 백작들과 지방관리들 휘하의 지방군과 왕이 거느리는

노르만 족 기병과 색슨 족 보병 간의 백병전. 접근전에서 기병은 말 위에서 칼을 휘둘러 우세를 나타냈다.

소수의 상비 직업군으로 구성되었다. 영국 군은 기본적으로 보병들로 찌르는 창과 투창 · 양날 검 · 도끼 등으로 무장했다. 방패는 원형 또는 연 모양이었고, 부유한 자들은 금속 투구와 쇠미늘 갑옷을 착용했다.

월리엄은 영국을 침입하기 위해 9개월 전부터 군대를 모아 준비하고 450척이 넘는 수송선 함대를 확보했다. 봉건제도가 확고하게 자리잡은 상태에서 노르망디 공국의 모든 귀족과 영주들은 월리엄에게 기사들을 제공했다. 긴 쇠미늘 갑옷을 걸친 기사들은 코 보호대가 달린 원뿔형 투구를 쓰고 대개 연처럼 생긴 높이 1m 가량의 방패를 사용했다. 주무기는 길이가 2.7m 되는 가벼운 창으로 끝에는 넓적한 쇠촉이 붙어 있었다. 칼은 양날 검으로서 길이가 약 1.1m쯤 되었다. 이외에도 기사들은 전투용 도끼나 쇠뭉치를 단 철퇴를 보유했다.

기사들은 공국 영토 범위 내에서 1년에 40일만 복무하는 것이 관례였으나, 대다수 귀족들은 월리엄과 함께 영국에 원정가기를 원했기 때문에 그러한 제한은 저절로 해결되었다. 교황의 묵인이 있고 또한 부유한 나라로 소문난 영국을 정복한다는 것은 대단히 매혹적인 일이었기 때문이다. 월리엄은 모두 2~3천 명의 기사를 모았다.

그밖에 그는 약 3~4천 명의 보병을 소집했다. 이들은 창과 칼로 무장하고 궁수도 포함되었다. 궁수들 가운데는 일부가 석궁을 사용하기 시작했는데,

석궁은 예전의 활보다 훨씬 강력한 파괴력을 지닌 것이었다.

8월 말 영국 해협을 건너기 위한 준비를 마친 윌리엄은 남서풍이 불 때까지 한 달을 기다리다가, 9월 27일 밤 드디어 솜Somme 강 하구에서부터 해협을 건너기 시작하여 이튿날 아침에는 헤이스팅스 근처에 상륙하는 데 성공했다.

해럴드와 그의 군대는 북부를 침입한 노르웨이인들과 전투하느라 남부해안은 무방비 상태로 두었었다. 따라서 윌리엄은 아무런 저항 없이 영국 땅에 들어갈 수 있었다.

10월 1일 노르만 군의 상륙 소식을 들은 해럴드는 곧 움직이기 시작했다. 그러나 현장이 400km나 떨어져 있었기 때문에 이동하는 데는 상당한 시간이 걸릴 수밖에 없었다.

사실상 해럴드 입장에서는 이미 윌리엄이 영국 땅에 들어와 있는 바에야 서두르기보다는 시간을 끄는 것이 더 현명한 전략이었을지 모른다. 왜냐하면 원정 온 윌리엄의 군대는 전투가 오래 지연되면 될수록 점점 지치고 사기가 떨어질 것이기 때문이다.

그러나 윌리엄은 해럴드에 대한 충동질의 일환으로 헤이스팅스 지역을 무참히 약탈하기 시작했다. 과거 해럴드가 백작 시절에 소유한 영지의 일부였던 그 지역에 대한 유린을 그가 그대로 관망할 리 없다고 계산한 것이다.

해럴드는 윌리엄이 예상한 대로 곧장 헤이스팅스로 진군했고, 10월 13일 저녁에는 헤이스팅스 북방 도로변 산등성이에 진지를 폈다. 한편 윌리엄은 이튿날 아침 적 기습을 받기 전에 미리 움직여 영국 군 진지 전방에 도착했다. 그리하여 기습당해 놀란 것은 오히려 영국 군이었다. 그들은 밤중에 도착하여 아직 잠에 빠져 있었기 때문이다.

쌍방은 각각 약 1만 명으로 전투대형을 편성했다. 영국 군은 순전히 보병 밀집대형으로서 중앙에 정예 상비군을 배치하고, 모든 보병이 방패와 창을 들고 이른바 방패벽을 형성하고 숲과 같은 모습을 보였다. 그러나 자세히 보면 제대로 무장되지 않은 병사들이 많았고 강행군 뒤라 매우 지쳐 있었다.

한편 헤이스팅스에서 행군해온 노르만 군대는 좌익 · 우익 · 중앙 등 3개

부대로 확실히 나누어져 각 부대별 작전이 가능하게끔 편성되었다. 윌리엄은 중앙의 정예군을 직접 지휘했다. 각 부대는 3개 전열을 유지하고 제1전열은 궁수, 제2전열은 중보병, 제3전열은 기사로 편성했다. 궁수들과 중보병들이 적을 약화시킨 다음에 기사들로 하여금 결정타를 가한다는 전열 편성이었다.

해럴드는 전투대열을 순시하고 다니며 방패벽을 확고하게 유지하는 한 두려울 것이 없다고 부하들을 격려했다. 그의 말은 옳았지만 과연 방패벽이 그대로 유지될 것인가가 문제였다.

14일 9시 무렵 전투가 개시되자 노르만 군은 먼저 궁수들이 활을 쏘아댔다. 그러나 언덕 위로 쏘아야 하기 때문에 화살 대부분은 영국 군 머리 위로 지나가거나 방패만 맞추었다. 영국 군은 지형의 이점을 활용하고 노르만 궁수 및 중보병 공격을 성공적으로 격퇴했다.

그러나 영국 군 우익은 대열을 이탈하여 비탈에서 퇴각하는 노르만 기사들을 추격했다. 이는 해럴드의 명령에 의한 것은 아니지만, 그가 제대로 통제하지 못해 생긴 결과로서 재앙을 자초했다. 보병이 기병을 추격한다는 것은 있을 수 없는 일이었다.

계곡에 이르자 머뭇거리는 영국 군에 대하여 윌리엄은 노르만 기사들에게 반격을 명령했다. 기사들은 집단전술을 취한 것이 아니고 개별적으로 공격했지만 용맹했다. 특히 윌리엄 자신은 철퇴를 휘두르며 전투를 지휘하고 부하들의 용기를 북돋워줌으로써 추격한 영국 군에 대해 큰 성과를 거두었다.

그러나 영국 군 중앙과 좌익은 언덕 위에서 바위처럼 버티고 좀처럼 움직이지 않았다. 해가 기울기 시작하며 그의 공격이 아무 효과를 거두지 못하자 윌리엄은 색다른 방법을 시도했다. 그는 궁수들을 언덕 위로 올려보낸 다음 적과 약 90미터 거리에서 화살을 거의 수직으로 하늘을 향하여 날리도록 했다. 화살은 영국 군에게 빗줄기처럼 쏟아졌으며, 그러자 영국 군은 겁에 질리고 혼란상태에 빠졌다. 그 순간 기사들은 일제히 공격하여 방패벽을 무너뜨리고 대승을 거두었다. 추격을 마치고 돌아온 윌리엄은 전장에서 거의 알아보기 어려울 정도로 갈가리 찢겨진 해럴드의 시신을 확인할 수 있었다.

헤이스팅스 전투 이후 윌리엄은 영국을 쉽게 정복하고, 그해 성탄절에는 웨스트민스터 사원에서 왕위에 올랐다. 12세기에 노르만 제국은 유럽에서 가장 강한 세력을 형성하고 영토를 스코틀랜드, 아일랜드, 잉글랜드, 서부 프랑스를 거쳐 피레네 산맥까지 판도를 확장했다.

이 전투는 봉건시대의 다른 전투와 마찬가지로 기병대가 요체를 이루어 승리한 전투였다. 윌리엄과 해럴드 두 지휘관의 차이는 사실상 승부의 관건이었다. 왜 해럴드가 남부해안을 무방비 상태로 두었는가, 그리고 지상전투를 하는 동안 그는 왜 해군력을 이용한 해상공격을 하지 않았는가 등을 지적하면서 지휘관의 전략적 판단의 중요성을 새삼 절감하게 된다.

DIGEST

30

WORLD WAR

# 십자군 원정:
## 십자군의 중기병과 사라센 군 경기병의 격돌 (1095 ~ 1272년)

중세시대 봉건국가들은 대부분 튼튼한 성을 쌓고 그것에 의존하는 방어전술에 치중했다. 평지에서 대규모 전투를 벌이는 일이 드물고 석조성을 파괴하는 적절한 무기도 별로 없었기 때문에 최선의 전략은 성들을 많이, 그리고 견고하게 짓는 것이었다.

성곽 구축과 더불어 중세 전쟁에 큰 영향을 준 다른 요인은 교회였다. 교회는 같은 크리스트교인들에게 석궁처럼 위험한 무기의 사용을 자제하도록 하고 기사들이 신사도에 입각하여 싸우도록 함으로써 전쟁의 성격을 제한 전쟁화했다. 또한 교황의 허락을 얻어서 이른바 '정의의 전쟁'을 해야만 많은 사람들로부터 지지를 받았다.

그런데 교회가 가장 큰 영향을 주어 일어난 전쟁은 십자군 원정으로서, 유럽인들은 1096년부터 약 200년 동안 모두 10차례의 원정전쟁을 벌였다. 각각 일어난 연도는 1차 1096~99, 2차 1147~49, 3차 1189~92, 4차 1202~04, 5차 1217~21, 6차 1228~29, 7차 1248~54, 8차 1270, 9차 1271~72, 10차 1272~91년이었다.

유태교, 크리스트교, 이슬람교도들에게 공통의 성지가 있는 예루살렘은 이교도들 간에 성지순례를 하면서 충돌이 벌어지기 쉬운 곳이었다.

1071년 터키 군이 비잔틴 군대와의 전쟁에서 승리한 뒤 맹렬한 이슬람교도들이었던 셀주크투르크인들은 크리스트교도들의 예루살렘 성지순례를 금지시켰다.

비잔틴 제국 황제 알렉시우스 1세는 교황 우르반 2세에게 지원을 요청했다. 그러나 교황은 자기를 지지하는 군대가 게르만 제국 군대와 격돌하고 있어서 지원을 하지 못하다가, 1095년 클레르몽 공의회를 개최하고 성지탈환을 위한 십자군 파병을 제창했다.

"크리스트교 왕들은 서로 싸우지 말고 힘을 합쳐 적들에게 칼날을 돌립시다. 신성한 땅과 도시를 구합시다. 크리스트교 왕국의 치욕을 떨치고 일어나 이슬람교도 세력을 영원히 멸망시킵시다. 성전에서 '천벌'이라는 함성을 사용합시다. 성전에서 생명을 잃는 자는 천국을 얻고 죄를 용서받을 것입니다."

교황의 호소에 대한 응답은 굉장했다. 서유럽은 내란을 겪고 있는 독일 지역을 제외하고 대부분의 국가가 원정군 편성에 가담했다.

그렇게 큰 호응을 한 데는 종교 외에 다른 이유도 있었다. 서유럽은 100년 이상 인구가 급팽창했다. 한편 농업생산은 제자리걸음이었고, 특히 1094년 흉년 이후 기근현상은 심각해졌다. 농부들은 농노 신분을 벗어나기 위해 군인이 되고, 베네치아와 제노바 상인들은 비잔틴 제국의 붕괴나 십자군 원정을 돈벌이의 호기로 여겼다.

마침내 1097년 봄 3만 명의 십자군 전사들은 보스포루스 해협(마르마라 해와 흑해 연결)을 건넜다. 이 1차원정은 성공적이었다. 전사들은 보급문제로 고생했지만, 불굴의 정신으로 소아시아를 가로질러 행군했다. 투르크 군대를 무찌르고 안티오크 · 예루살렘 · 자파 등 주요 도시를 잇달아 함락시켰다. 사실상 그들은 적이 분열되어 있었기 때문에 쉽게 승리했다. 사라센인들은 각 세력이 서로 불신하고 단합을 이루지 못한 상태에 있었던 것이었다.

임무를 완수한 후 십자군은 이제 성지와 점령지를 방어해야 했다. 대부분의 원정군은 고국으로 돌아가고 일부는 남아서 점령 도시를 지키고 지배했다. 토착주민과 좋은 관계를 맺기 위해 애쓰고, 유럽에서처럼 성을 짓고 군사

십자군 원정군들의 모습.

귀족에 의한 봉건체제를 도입했다.

십자군 원정은 2차 때부터는 실패로 돌아갔다. 1차 때와 같은 정열이 식고 각국 전사들의 이해관계가 엇갈리는 가운데 계속적으로 분열되었다. 한편 이슬람 측은 살라딘과 같은 강력한 지도자가 나타나 이집트와 시리아를 통일하고 조직적인 군사세력을 구축했으며 지하드, 즉 크리스트교와의 성전을 보다 철저히 준비했다.

십자군의 중추인 기사들은 점차 점령지 인근 지역의 용병들로 보충되었다. 그들의 무장은 보다 복잡하고 무거워졌다. 쇠미늘 갑옷은 무릎까지 내려오고, 다리와 양손은 별도의 사슬 갑옷으로 보호하고 장방형의 방패를 휴대했다. 투구는 꼭대기가 편평한 철제 원통형으로 머리 전체를 덮고 안면 쪽에 내다보고 숨 쉴 수 있는 구멍만 열어놓았다. 말은 특별히 양육된 것으로 쇠미늘 갑옷으로 보호되었다. 주무기인 창은 보다 길어졌다. 이와 같이 중무장한 중기병은 집단보다는 개인적으로 공격했다. 보병은 보조 역할을 했고, 보병 가운데서 가장 중요한 역할을 한 것은 궁수와 석궁수였다.

사라센 군대의 주력은 경기병으로서 십자군 기병보다 가볍게 무장하고, 말은 더 빠르고 몰기가 쉬웠다. 주무기로 활을 사용하고 그밖에 작고 둥근 방패와 짧은 창과 칼을 소지했다.

사라센 군은 우수한 기동성을 활용하여 행군 중의 십자군에 대하여 끊임없이 기습공격을 펼쳤다. 십자군의 중기병과는 격돌을 기피하면서 퇴각하고, 또 다시 돌아와 적을 괴롭혔다. 십자군을 험한 지형으로 유인하거나 지치게 하기 위해서였다. 사라센의 활은 쇠미늘 갑옷을 뚫을 만큼 강력하지 않았기 때문에 그들은 가끔 적의 말들을 과녁으로 삼았다.

십자군은 적에게 주도권을 빼앗긴 상태에서 방어에 치중했으나, 사라센과의 전쟁에서 오랫동안에 걸친 경험을 축적함으로써 보병과 기병이 공조할 경우 성공할 수 있다는 원리를 터득했다. 그리고 성에서 멀리 떨어진 야전의 위험을 피하는 것이 유리한 전략이었다.

그럼에도 불구하고 1187년 갈릴리의 하틴 싸움에서 기드 뤼지냥이 지휘한 십자군은 살라딘에게 결전을 시도하다가 참패하고 말았다.

이후에도 십자군 원정은 계속되고, 어느 때는 예루살렘을 재탈환하기도 했다. 그러나 이미 십자군 원정의 황금기는 지나고, 원정의 목적을 망각한 채 콘스탄티노플에 군대를 끌고 가서 황제의 자리를 빼앗는 등 정상에서 벗어난 행태를 보이기도 했다. 약 200년에 걸친 원정전쟁은 결국 실패로 끝이 났다.

십자군 원정은 경제 및 문화적으로는 유럽인들이 새로운 세계에 대해 눈을 뜨게 하는 데 기여했으나, 군사적으로는 임시방편적인 것 외에 어떤 획기적 개혁을 위한 시도로 이어지지는 못했다. 전장에서 기병의 위치가 크게 흔들렸음에도 불구하고 그것을 극복하려는 큰 노력은 보이지 않았다. 귀족과 기득권층은 말을 타고 싸움으로써 사회적으로 그들이 누리는 특권을 계속 유지할 수 있었기 때문이다.

DIGEST

31

WORLD WAR

# 칭기즈 칸의 세계정복: 당시 알려진 세계 땅의 절반 이상 정복 (13세기)

서양에서 전법의 획기적 변화가 없었던 중세 후기 13세기경 동양에서는 몽골의 유명한 영웅 칭기즈 칸이 그의 기병대를 이끌고 돌풍을 몰고 다님으로써 몽골이 한때 세계를 지배했다.

하지만 과거 서양 사람들은 전쟁사에서 칭기즈 칸 군대가 남긴 자취를 애써 무시하는 경향을 보여 왔다. 이는 기본적으로 서양 우월주의 때문이라 할 수 있다. 그들의 조상이 오늘날 후진국의 자리를 밑돌고, 자랑거리로 내놓을 만한 문화적 유산도 별로 없는 몽골인들과의 전쟁에서 패배한 사실을 부끄럽게 생각하는지도 모른다. 그리하여 일반적으로 칭기즈 칸과 몽골인들을 크게 다루지 않았고, 설령 다루더라도 그들의 원시적이고 잔인한 면을 강조할 뿐 그들의 군사적 우수성에 대해서는 소홀히 취급했었다.

칭기즈 칸이 인류 역사상 가장 거대한 제국을 건설한 것은 한마디로 그가 무적의 군대를 보유하고 훌륭한 전법을 구사하여 이루어낸 일이라고 할 수 있다.

칭기즈 칸은 본래 테무친이라는 이름의 용맹한 사나이가 성장하여 몽골의 흩어진 부족들을 그 밑에 하나로 통일시키고 부여받은 호칭이다. '칭기즈'는

'절대적인 힘'을, '칸'은 '군주'를 의미한다.

몽골 지역을 완전히 장악한 뒤, 1211년 칭기즈 칸은 중국 정복에 착수했다. 사막과 초원을 지나 만리장성을 넘고, 황하 이북을 수중에 넣고, 1215년에는 금나라 수도 북경을 함락시켰다. 중국을 정복하면서 칭기즈 칸은 중국 기술자로부터 공성술을 배웠다.

중국에 이어서 그는 중앙아시아 · 페르시아 · 카프카스(코카사스) · 러시아 · 크림 반도 · 볼가 강 유역의 동유럽까지 진출, 몽골을 통일한 지 약 20년 만에 유라시아에 걸친 대제국을 건설했다.

13세기 사람들은 몽골 군대가 지나갈 때마다 그들이 어마어마하게 큰 무리로 적을 제압한다고 믿었다. 폭풍과도 같은 힘과 속력으로 공격해오기 때문에 그렇게 생각한 것이다. 그러나 몽골 군대는 보통 그들의 적보다 수적으로 열세했다. 칭기즈 칸이 거느린 가장 큰 규모는 페르시아를 정복할 때의 24만 명이었고, 중국 · 러시아 · 유럽을 정복할 때는 각각 15만 명을 넘지 않았다.

몽골 군의 승리는 양보다 질에 의한 것으로 전적으로 잘 조직 · 훈련되고 철저히 기강이 잡힌 군대 덕분이었다. 그들은 약간의 보조부대를 제외하고는 기병으로만 구성되었다. 각 부대의 단위는 10, 100, 1,000, 10,000인으로 구성된 10진법 편제를 따르고 있고, 각 단위부대는 부대장의 절대적 권위 아래 매우 엄격한 군기를 지켰다.

몽골 군은 군인이 되기 전부터 말을 잘 탔다. 3~4세 때부터 말 타는 훈련과 활과 다른 무기를 다루는 훈련을 받았다. 또한 잔혹한 고비 사막에서 지내는 유목생활 자체가 군인으로서 필요한 극기훈련이었다. 그들은 강인한 신체를 지니고 특별히 의학적 처리 없이 잘 견뎌내는 생활을 했다.

기병대는 중기병을 포함하고 있으나 주력은 경기병으로 구성되었다. 보통 투구 외에는 갑옷을 입지 않았고, 갑옷을 입더라도 가죽으로 된 가벼운 것을 입었다. 주무기는 활로서 두 종류의 활을 휴대했다. 작고 가벼운 것과 크고 무거운 것으로 거리에 따라 골라 사용했다. 그밖에 신월도와 미늘창 및 올가미도 가지고 다녔다.

무장한 몽골 병사. 기마전에 뛰어난 몽골 병의 장비는 가볍고 기동성이 좋았다. 13세기.

복장 가운데 주목할 만한 특징은 몸에 꼭 맞은 비단 셔츠를 입은 것이었다. 칭기즈 칸은 화살이 실크를 거의 뚫을 수 없을 뿐만 아니라 옷이 상처 부위 안으로 딸려 들어간다는 사실을 간파했다. 그래서 실크를 잡아 당김으로써 부상 부위에서 화살머리를 쉽게 끄집어냈다.

기마병 못지않게 훌륭한 것은 말이었다. 몽골 말은 유럽 말과 달리 까다롭지 않고, 계절에 따라 어떤 때는 음식물 없이도 오랫동안 견디고, 악조건 아래서도 장거리 여행을 할 수 있었다. 마초를 따로 준비하지 않고 기마병은 자신에게 필요한 식량과 장비를 갖고 다니므로 몽골 군은 유럽의 기병이 따라갈 수 없는 기동성을 가졌다. 다뉴브 강 유역을 정복할 때는 3일에 280km 이상을 진격하는 기록을 세웠다.

기동성을 확보하기 위하여 몽골 기병은 하나 이상의 예비 말을 끌고 다녔다. 이 예비 말들은 대열 뒤를 무리지어 따르다가 행군 중 또는 전투 중 필요에 따라 신속히 교체되었다.

공격 시 몽골 군은 밀집대형을 벗어나 적 측면이나 후방으로 접근할 때 연기나 먼지구름으로 이동을 숨기면서 언덕이나 계곡 뒤에서 대형을 확산시켰다. 그리고 사방에서 공격하여 처음부터 적에게 혼란과 무질서를 초래하여 패주토록 했다.

서유럽 기사들과 달리 몽골 기병대는 책략과 계략으로 승리했다. 가장 잘 쓰는 방법은 기동성을 이용한 유인전이었다. 선두부대를 내보내 접전하도록 하고 그러다가 퇴각하는데, 이러한 퇴각은 며칠 계속되는 경우도 있다. 그러다 보면 적은 몽골 주력이 매복하고 있는 지역으로 빠져들곤 했다.

또한 몽골 군은 적을 철저히 몰살시키고 생존자들을 공포에 질리도록 했다. 그리고 이러한 소식이 인접한 곳에 전파되도록 함으로써 적의 사기를 떨어뜨리는 방법으로 승리했다. 몽골 군이 전투를 벌인 곳은 인구가 감소되고 황폐지가 늘어나는 현상이 뚜렷이 나타났다. 군인과 민간인 구별 없이 무자비하게 살상했기 때문이다.

칭기즈 칸

몽골 제국은 당시 알려진 세계의 절반 이상을 지배했다. 30여 국 이상을 복속시키는 가운데 수천의 도시가 파괴되고 1,850만 명이 학살되었다. 1271년 칭기즈 칸의 손자 쿠빌라이는 수도를 북경으로 옮기고 원나라를 세웠다.

아시아인과 유럽인의 전쟁이란 시각에서 보면 헝가리 · 슐레지엔 · 폴란드 등의 지역에서 유럽의 중기병대는 몽골의 경기병대에게 참패했음을 알 수 있다. 그러한 나라들은 몽골 침입으로부터 입은 사회 · 경제적 피해로부터 오랫동안 회복하지 못했다.

이상한 것은 비참한 경험에도 불구하고 유럽 군은 몽골 군의 전법에 대해 별로 배우려는 노력을 기울이지 않은 것이다. 악몽 속에서 미처 저항할 생각도 하지 못하고 지내는 가운데 13세기의 몽골 대제국이 칭기즈 칸과 그의 아들, 그리고 손자의 3대까지만 유지되고 곧 붕괴되어버렸기 때문인지 모른다.

DIGEST

32

WORLD WAR

# 화약무기의 등장:
## 전법의 혁명을 이루다 (13 ~ 14세기)

고대 · 중세 무기를 살펴보면 석기 · 청동기 · 철기시대의 인류문화 변천과 함께 새로운 것들을 제조하면서 크게 발전을 이루었음을 알 수 있다. 칼 · 창 · 방패 · 활 등 주무기는 보다 편리하게 사용하고 강력한 힘을 발휘하는 방향으로 끊임없이 개발되었다. 그러나 이러한 무기는 모두 기본적으로 인간의 근력筋力을 활용했다는 차원에서 '근력무기'라고 부를 수 있다.

무기발달사에서 가장 큰 획을 그은 것은 중세 후기 13~14세기경 출현한 화약무기였다. 그것은 봉건주의 시대의 종식과 전법의 혁명을 이룸으로써 전쟁사에 새로운 시대를 열었다. 그 후 사람들은 오늘날까지 화약무기 시대에 살고 있다고 말할 수 있다.

중세의 봉건제도에 의한 전쟁의 특징이었던 기병 위주와 성곽 의존 방어 중심의 방법은 화약무기 이후 반대방향으로 바뀌게 되었다. 그러나 그 전환은 신속히 이루어진 것이 아니라, 매우 서서히 이루어짐으로써 군대가 새로운 기술을 도입하여 전쟁에 적용하고 그 방법을 교리로 정착시키는 데는 꽤 오랜 시간이 걸린다는 것을 증명했다. 이를 가리켜 흔히 '기술적 후진technological lag 현상'이라고 말한다.

원래 초석 · 유황 · 목탄을 혼합하여 화약을 처음으로 개발한 민족은 9세기경 중국인이었다. 서유럽에서 화약 만드는 공식을 처음으로 기록한 사람은 영국의 수도승 로저 베이컨Roger Bacon이었다. 1260년 그는 초석 · 유황 · 목탄을 7 : 5 : 5의 비율로 혼합하면 화약이 된다고 밝혔다.

초기 화약은 주로 불을 붙이고 폭죽놀이 용도로 사용되다가, 13세기에 중국인들은 그것을 이용한 로켓을 개발하여 최초로 군사적으로 사용했다. 이 아이디어는 몽골 · 인도 · 아라비아를 거쳐 유럽으로 비교적 신속히 전해졌으나, 로켓 실험은 별로 효과를 거두지 못했다. 그러자 사람들은 화포와 소화기小火器 개발로 관심을 돌렸다.

14세기경 대포와 소화기는 서유럽에서 보다 널리 이용되었다. 화약무기의 발전은 화약 제조술과 더불어 용광로를 이용한 철 주조술의 진보가 뒷받침되는 가운데 이루어지고, 수많은 시행착오를 겪으면서 매우 다양한 형태로 출발했다.

초기의 소화기는 대체로 무겁고 부정확한데다 사정거리도 짧았으며, 발화가 더딜 뿐만 아니라 작동과 조준이 극도로 어려웠다. 그러다가 점화약과 불 심지를 이용하여 발화시키는 방법의 화승총火繩銃이 개발됨으로써 소화기는 상당히 유용한 무기로 발전, 표준적인 무기로 자리 잡게 되었다.

화승총은 나라별로 약간씩 형태와 성능의 차이가 있었으나 초기의 것은 대체로 길이 2m, 무게 15파운드 정도 되었으며, 약 200야드 이하의 사정거리를 3분에 두 발쯤 발사했다.

화승총은 건조한 날씨에만 사용할 수 있고, 불 심지를 많이 사용해야 했다. 때문에 불 심지를 늘 보유함으로써 항상 위험이 따랐고, 연기 때문에 적에게 노출되는 문제점이 있었다. 그 후 부싯돌과 황철광을 이용하여 불꽃을 일으키고 점화약을 발화시키는 방법이 고안되었으나, 그럼에도 불구하고 모든 것이 만족스럽지는 못했다.

실질적으로 초기 소화기는 그 시대의 창 · 석궁 · 장궁보다 덜 효과적이었다. 아직 보편적인 개인용 무기가 되기에는 비싸고 취약점이 많았다. 영국의 장궁과 비교할 때 16세기 중반까지만 하더라도 소화기는 정확도 · 신속성 ·

유럽에서 나온 초기 화포의 형태.

사정거리 · 중량과 조작의 용이성 등에 있어서 오히려 뒤떨어졌다. 더구나 백병전을 전개할 때는 유용하게 휘두르는 창이나 칼만 못했다. 그래서 당시 치명적인 무기는 새로 출현한 소화기가 아니라 구식 창과 칼, 그리고 활이었다.

한편 초기 대포는 소화기에 비해 상대적으로 사용이 간편하고 효과적인 편이었다. 최초의 대포는 1326년 영국인 월터 드 마일미트Walter de Milemete의 논문에 나타난 당시 '포트페르pot-de-fer'라고 부른 포였다. 항아리처럼 생긴 이 포는 긴 걸상에 올려놓고 사용했으며, 포탄은 금속 깃이 달린 대형 석궁식 화살 모양의 물건이었고, 포수는 불을 붙인 막대기를 점화 구멍 속에 밀어 넣어 대포를 발사했다.

14세기에 나타난 대표적인 포였던 '봄바드Bombard'라고 불리는 거대한 대포는 포신이 짧고, 주로 청동이나 철로 주조되었다. 약 300파운드가 넘는 큰 돌멩이나 납덩어리를 발사하기 위해 포신을 거의 채울 만큼 많은 화약을 사용했다. 포신이 긴 대포를 개발하고 돌멩이가 아닌 철포탄을 날리기 시작하면서 비로소 대포는 위력을 발휘하고 공성전에서 매우 효과적인 무기로 사용하게 되었다. 15세기에 중세의 성곽들은 대포 공격에 서서히 무너져 내리기 시작했다.

그러나 가공할 만한 파괴력에도 불구하고 대포는 전장에서 큰 역할을 발휘하지는 못했다. 워낙 무거워 전장까지 옮겨 설치하기란 여간 어려운 일이 아니었다. 사륜마차 위나 토루 혹은 두꺼운 목제 포좌 위에 설치하더라도 적이 공격해오지 않으면 소용이 없었으며, 또한 적의 급습을 받을 때 극도로 취약했다. 그리하여 진정한 의미의 야전포가 나오는 데까지는 대포의 기동성과 발포속도 및 사정거리 · 정확도 등에 있어서 상당한 수준의 기술에 대한 발전이 요구되었고, 이러한 문제는 17세기 후반기에 이르러서야 어느 정도 해결되었다.

이와 같이 화약무기가 처음 등장하여 그것이 전장에서 제대로 활용되기까지는 오랜 기간이 걸렸다. 17세기 말경까지 약 3~4세기 동안은 구식무기와 혼용했던 과도기였고, 그 후에야 비로소 화약무기가 전장을 지배하게 되었다.

DIGEST

33

WORLD WAR

# 모르가르텐 전투: 보병이 기병을 무너뜨리다 (1315년)

13세기 말까지 유럽인들 가운데서 십자군 원정의 값진 군사적 교훈, 즉 승리를 위해서는 보병과 기병의 긴밀한 공조체제가 필요하다는 것을 제대로 깨달은 이는 드물었다. 유럽 내에서 여전히 중기병이 승리를 거두었기 때문이다. 그러나 14세기에 들어서자 약 1,000년간 맹위를 떨친 기병의 몰락을 의미하는 일련의 사건들이 발생하기 시작했다. 창병 또는 궁수들로 구성된 보병이 기병과의 싸움에서 이기는가 하면, 대포 지원을 받은 보병이 기병을 무찌름으로써 전술상 대변화가 일어나기 시작한 것이다.

유럽의 중기병이 가장 큰 충격을 받은 첫 번째 사건은 1315년 모르가르텐 Morgarten 전투에서 일어났다. 기병 위주로 편성된 오스트리아 원정군은 농민으로 이루어진 스위스의 창병들에게 마치 푸줏간의 고기처럼 도륙 당했다. 스위스 군 2,000명과 오스트리아 군 5,000명간의 소규모 충돌이었으나, 이 전투는 보병이 기병을 무너뜨린, 전쟁사에 새로운 이정표를 세웠다.

스위스 보병은 과거로 돌아가 마케도니아 방진과 같은 대형을 유지하면서 싸운, 당시 유럽에서는 유별난 군대였다. 그러나 그러한 고전적 대형만으로 성공한 것은 아니었다. 그들의 특수성은 오히려 그들이 사용한 주무기였던 미늘창halberd에 있었다. 2.4m 길이의 이 창은 머리에 날카로운 못과 낫 및 갈고리를 달고 있어 적을 찌르고, 베고, 끌어내리는 3중 기능을 발휘했다.

스위스 보병은 산악인들로서 유난히 팔 힘이 좋아, 미늘창을 적 기병에게 내리치고 갑옷과 투구를 절단한 다음 힘차게 끌어내렸다. 또한 그들은 최고의 기강과 단결력을 보이며 아무리 이상한 지형에서도 밀집대형을 공고히 유지한 채 잘 싸웠다. 기병에 둘러싸인 상태에서는 서로 등과 등을 맞댄 이른바 '고슴도치' 대형을 유지하고는 미늘창을 사용해 용맹스럽게 싸웠다.

스위스의 창보병들.

1315년 11월 오스트리아 군 지휘관 레오폴트 대공Duke Leopold은 스위스 군을 향해 알프스 산맥의 좁고 비탈진 길에서 정찰을 실시하지 않은 채 앞으로 전진만 했다. 그러던 중 전위의 기마병들은 스위스 군이 설치해놓은 돌무더기 장애물을 발견하자, 그것을 치우기 위해 말에서 내렸다. 이는 보병이 할 일이었지만, 그들은 맨 후미에 따라오고 있었기 때문에 별 도리가 없었다. 바로 그 순간 도로 상단 숲속에 매복해 있던 스위스 군은 준비한 돌과 통나무를 일제히 굴러내린 다음 보병 밀집대형을 진출시켰다. 기습을 받은 오스트리아 군의 선두부대는 사정없이 미늘창에 도륙되었고, 영문도 모른 채 후속하여 도착한 부대들도 좁은 공간에서 기동성을 상실한 채 우왕좌왕하다가 미늘창 공격을 당했다. 도망하기도 어려운 상황에서 어떤 기마병은 무시무시한 미늘창에 맞아죽느니 차라리 인접한 호수에 뛰어들어 자살하기도 했다.

수적으로 우세한 기병이 적절히 무장되고 잘 훈련된 보병에게 완패한 이 전투 후에도 유럽인들은 기병의 쇠퇴를 인정하려 하지 않고, 패배의 원인을 불리한 지형과 무능한 지휘 탓으로 돌리는 경향이 있었다. 그러나 스위스 보병은 1339년 라우펜Laupen의 보다 활짝 트인 전장에서도 봉건영주들의 기병대를 여지없이 무너뜨리고 보병의 위력을 유감없이 발휘했다. '100명의 기병은 1,000명의 보병보다 값지다'는 중세의 유행어는 더 이상 통하지 않았다.

스위스 보병은 전투에서 돌파할 수 없는, 억센 털을 세운 고슴도치와 같은 막강한 방어력을 과시했을 뿐만 아니라, 민첩한 기동성을 갖고서 공격을 할 때도 매우 효과적이었다. 그들은 전투대형으로 집단행군을 하고, 군악에 보조를 맞추어 행군한 최초의 현대식 군대였다.

스위스 보병은 약 150년 정도 서유럽의 다른 나라로부터 스포트라이트를 받았다. 그도 그럴 것이 특별히 위대한 지휘관이 없는데도 지극히 단순하면서도 효과적인 전술체계로 매번 성공을 거두었기 때문이다.

그러나 처절한 패배를 당하지 않고 과학기술 진보에 따르는 심각한 도전을 받아보지 않은 사실이 스위스인들에게는 오히려 방심의 요인이 되었다. 그들은 더 이상 전법 발전을 위한 노력을 기울이지 않고 전술적 승리를 전략적인 것으로 연결하지 못해 주도적인 정치세력으로 자리 잡지 못했다. 그 대신 스위스 보병들은 유럽 여러 곳에서 용병으로 활약했다. 그것도 유럽 군대가 전반적으로 보다 효율적인 군사제도와 유능한 지휘관을 겸비하고 화약무기를 사용하기 시작함으로써 자연히 스위스 군의 전술체계는 인기를 잃었다.

DIGEST

34

WORLD WAR

# 크레시 전투:
## 영국 장궁이 프랑스 석궁을 제압하다 (1346년)

중세를 상징해온 중장기병을 격파하는 방법을 터득한 민족은 스위스인들만이 아니었다. 14세기 유럽의 다른 지역에서도 기병에 대한 도전적 시도가 있었다. 특히 두 강대국 프랑스와 영국은 두 나라 간 백년전쟁(1337~1453)을 통해 기병 대 보병 간 힘 겨루기 실험을 여러 번 가졌다.

백년전쟁의 원인은 본래 영국이 노르만 왕조 성립 이후 프랑스 땅에 영토를 소유한 데서부터 분쟁의 불씨를 안고 있었다. 그러다가 프랑스 카페 왕조의 샤를 4세에게 아들 자손이 끊기면서 왕위 계승권을 둘러싸고 본격적인 싸움이 벌어지게 되었다.

프랑스에서 귀족들의 천거를 받아 샤를 4세를 계승한 자는 그의 조카 필립 6세였다. 그러자 영국 왕 에드워드 3세는 자신의 왕위 계승권을 주장하고 나섰다. 그의 모친이 샤를 4세의 누이였기 때문이다. 그리하여 친조카와 외조카 간에 전쟁이 벌어지게 되었다.

그러나 그것만이 유일한 전쟁의 원인은 아니었다. 신성로마제국과 교황의 권위 쇠퇴, 기사도 정신의 타락, 두 왕국의 강국으로의 발돋움, 양국 간 무역과 제해권 및 서유럽 지배권 경쟁 등 다른 요인이 있었다.

크레시 전투에서 최초로 사용된 대포.

백년전쟁은 1337년에 개시, 몇 차례 대규모 격돌이 있었지만 에드워드 3세가 스코틀랜드와의 국경 소요사태를 진정시키고 프랑스에 대한 본격적인 대규모 침공준비를 마친 1346년까지 결정적인 전투는 없었다.

전쟁 약 50년 전에 영국인들은 장궁을 개발했다. 그것은 스위스의 미늘창과 함께 봉건기병 시대와 화약무기 시대의 중간단계에서 중요한 역할을 한 양대 무기였다. 장궁은 물푸레나무를 재질로 한 약 1.8m 길이의 긴 활이었다. 보통 200m의 사거리에서 대단히 정확도가 높고 그 두 배까지 날릴 수 있었다. 프랑스 석궁과 비교할 때 사거리 2배, 발사속도 3배에 이르고, 무엇보다도 정확도가 높았다. 단 한 가지 큰 약점은 제대로 기술을 익히는 데 오랜 시간이 소요된다는 점으로, 그 때문에 영국 아닌 다른 나라에서는 그것을 주무기로 삼지 못했다. 훌륭한 궁수가 되는 데는 평균 6년이 걸렸다.

인구 및 경제력에서 당시 영국은 프랑스보다 뒤져 있었다. 이 점을 모를 리 없는 에드워드는 수적 열세를 극복하기 위해 질적 준비에 박차를 가하고, 봉건군대에 추가하여 용병을 모집함으로써 병력을 증강시켰다. 그 방법은 다소 모험적인 봉건귀족들과의 계약을 통해 이루어졌는데, 귀족은 일정기간 계약된 숫자의 병력을 양성하여 왕에게 제공하는 대신 왕으로부터 계약된 금액을 보상받는 제도였다. 이런 방법으로 충원된 영국 군은 시종들까지 포함하여 약 35,000명으로 구성되어 해협을 건너 침공했다.

7월 영국 군은 코탕팅Cotentin 반도에 무사히 상륙했다. 그 후 노르망디 공국을 횡단하고 센 강 방면으로 유유히 진출했다. 프랑스 군의 느린 병력 출동과 정찰 태만은 에드워드에게 완전히 작전 주도권을 넘겨주었다. 그리하여 센 강에 이어 솜 강을 도하하는 데 성공하고, 8월 25일에는 퐁티외 지방의 크레시Crecy 숲 언덕에서 휴식을 취했다. 사실상 영국 군은 배들을 영국으로 돌려보내고 퇴로를 확보하지 않았기에 만일 프랑스 군이 효과적인 공격을 가해오면 쉽게 고립될 처지에 있었다.

크레시 숲은 필립 군대가 주둔한 약 14km 거리에 있는 곳으로, 에드워드는 그곳에서 전투를 결심했다. 휘하 병력은 12,000명으로 적보다 적다는 것을 잘 알지만 그들의 사기는 충천했다. 그때까지 전투에서 프랑스 군에 패한 적이 없었기 때문이다. 26일 아침에 그는 적절한 방어 위치를 직접 선정했다. 약 300m 길이의 산등성이를 중앙으로 하고 우익을 마을과 강을 끼고 있는 곳으로 자리 잡아 측방을 보호하고 적 기병에 의한 돌파를 어렵게 했다.

에드워드는 말과 짐마차를 뒤쪽 숲 가까운 진지에 남겨놓고 중기병을 경사진 곳에 배치했다. 궁수들 주력부대는 중기병 부대 사이사이에 배치했으나, 전체 궁수와 기병의 비율은 2 : 1로 궁수가 많았다. 에드워드 자신은 산등성이의 가장 높은 곳에 위치하여 아브빌Abbeville에서 다가올 것으로 예상되는 프랑스 군의 접근을 굽어보면서 지휘했다.

한편 필립은 진격명령을 내렸으나 영국 군의 위치를 잘못 알았으며 그날 오후 늦게야 영국 군을 찾아 방향을 돌렸다. 그의 군대는 왕 직속 기사들과 스위스 용병 석궁수 6,000명의 최정예 병력을 포함한 약 40,000명 정도 규모였다. 그러나 필립을 비롯한 지휘관들이 무능한데다가 갑자기 행군방향을 돌린 데서부터 프랑스 군 대열은 몹시 흐트러졌다.

필립은 다음날로 전투를 연기하는 것이 좋겠다고 판단했으나 이미 심각한 상황이 벌어진 뒤였다. 비탈진 길을 지나가다가 선두부대가 영국 군과 마주치자 그때부터 프랑스 군은 어떤 대형을 취할 새도 없이 아수라장이 되고 말았다.

주로 중기병을 핵심으로 하여 구성된 프랑스 군 3개 부대는 드디어 영국군과 똑바로 대치하고 공격할 태세를 갖추었다. 그들은 완전히 저물어가는 해를 마주보는 위치에 있었다. 전투에서 해를 보고 공격하는 것만큼 불리한 것은 없다. 바로 이 점을 에드워드는 최대로 활용했다.

수적으로 우세한 프랑스 군은 일단 함성을 지르면서 요란스럽게 진격했다. 영국 군은 조용히 기다리다가 장궁 사정거리 내에 들어오자 일제히 시위를 당겼다. 석궁을 사용할 준비도 안 된 상태에서 공격을 받자 스위스 용병들은 혼란에 빠졌다. 이어서 영국 군 대포공격을 받고 프랑스 군은 공포에 질렸다. 대포가 전장에서 상당히 중요하게 사용되기는 이번이 처음이었다. 대포는 천둥소리를 내며 포탄을 날렸다. 포탄의 효과는 결정적인 것은 아니었으나, 소리의 위력은 프랑스 군의 기세를 충분히 제압하고도 남았다.

이 싸움에서 결정적인 것은 장궁으로서 그것은 수많은 프랑스 군을 도살했다. 영국 군 화살은 낭비되지 않고 모든 화살이 말이나 병사에게 꽂혔다. 프랑스 군 선두는 영국 군과 근거리 접전을 이루기 전에 대학살을 당하고, 이어서 파도처럼 진격을 거듭하고 무려 15차례나 연속공격을 퍼부었지만 그 결과는 자살공격에 지나지 않았다. 산등성이를 향해 필사적인 돌격을 감행할 때마다 그들은 그들이 직접 볼 수 없는 방향으로부터 적 화살공격을 받고 쓰러져 갔다. 용감한 자들이 영국 군 중기병 전열까지 접근하더라도 그때 그들은 보다 힘이 넘치는 영국 군에게 당할 수밖에 없었다.

그날 전체 전투과정을 내려다보고 있던 에드워드는 밤새 부하들을 무장한 채로 유지시켰다가 이튿날 아침 일찍이 예비대까지 투입하여 과감한 반격을 실시함으로써 전투를 종결지었다. 영국 군은 하루 종일 전장을 청소하며 보냈다.

이 싸움은 잘 훈련되고 새로운 무기와 새로운 전술에 숙달된 보병이 훌륭한 지휘관의 지휘로 야지에서 중세 기병부대를 격파한 대표적 전투다. 이로써 아드리아노플 전투 이후 약 1,000년간 전장을 지배해 온 기병의 시대는 완전히 종지부를 찍고 보병의 시대가 활짝 부활했다. 문화적으로 르네상스를 맞던 시기에 전법도 르네상스를 이루게 되었다고 할 수 있다.

DIGEST
35
WORLD WAR

# 아쟁쿠르 전투:
## 화살로 기병대 격파 (1415년)

크레시 싸움 이후에도 백년전쟁은 지속되었다. 영국이 주도적인 군사강국으로 부상하고 여러 전투에서 대체로 영국 군이 우세를 보였다. 그러나 백해무익한 전투가 많았으며, 시간이 지날수록 원정군에 대한 프랑스의 지구전 전략은 효과를 거두었다. 또한 영국과 프랑스 양국 다 왕정의 불안정과 교체를 거듭하는 가운데 전쟁의 국면과 성격은 자주 변했다.

1415년 늦여름, 아쟁쿠르 싸움은 야심가였던 영국 왕 헨리 5세가 잃었던 땅에 대한 권리를 주장하면서 프랑스에 대한 공격을 재개함으로써 발발했다. 그동안 양국 간에는 잃거나 얻었던 땅들이 많았으며, 그런 곳은 늘 분쟁의 소지를 안고 있었다. 헨리 5세는 센 강 동쪽 프랑스 북부지방 칼레Calais와 그 일대를 찾고자 했다. 1204년 존 왕이 잃어버린 노르망디 공국의 영토를 완전히 회복하겠다는 것이다.

헨리 5세가 침공을 위해 끌어모은 병력은 궁수 보병 8,000명과 중기병 2,000명, 모두 10,000명이었다. 8월 14일 영국 군은 노르망디 해안에 상륙하고 동쪽으로 진출, 약 1개월 만에 센 강 하구 하르플루Harfleur를 함락시키고 전초기지를 마련했다. 그 후 칼레를 향한 공격 경로에서 솜 강을 제외하고는 크게 문제가 되는 방해물은 없었다. 솜 강 상류에서 적절한 장소를 찾아 도하를 완료한 것은 10월 19일이었다. 그러나 그동안 영국 군은 가을비로 인한 질병 환자가 많이 생기고, 약 500km의 행군으로 지칠 대로 지쳐 있었다.

아쟁쿠르에서 맹위를 떨친 영국 궁수 보병들.

이때 프랑스 군은 내륙 깊이 들어온 영국 군을 압도적인 병력으로 제압하겠다는 계획을 수립하고 아쟁쿠르 요새 가까운 곳에서 전투대형을 갖추었다. 10월 25일 양군은 약 900m 거리를 두고 대치했다. 프랑스 군은 약 25,000명으로서 주로 중기병이었으나 그들 가운데 일부만이 말을 타고 있었고, 대부분은 말을 타지 않은 채 마치 보병처럼 행동했다.

4시간 동안 양측은 움직이지 않았다. 헨리 5세는 프랑스 군이 선제공격하기를 원했다. 한편 프랑스 군도 헨리 5세가 퇴각하리라 판단, 그때를 노리며 공격을 미루었다.

헨리 5세는 전투를 결코 피하자는 것은 아니었으며, 어떻게 하면 유리한 위치에서 싸울 수 있을까를 노렸던 것이다. 그러다가 최종적으로 결심한 것은 선제공격으로 적을 화나게 하여 그들의 균형을 무너뜨리는 방법이었다.

약 300m 거리에 좁혀 들어갔을 때 영국 군 궁수들은 화살을 날려보내기 시작했다. 그러자 헨리 5세가 예상한 대로 프랑스 군은 공격채비를 서두르며 먼저 양측방 말을 탄 중기병들이 돌격을 실시해오고 이어서 말을 타지 않은 중기병들도 공격해왔다.

그러나 프랑스 기병들은 영국 군 궁수들이 쏜 불화살을 견디지 못하고 말 머리를 돌려 돌아가다가 후속해오던 도보 부대와 충돌하는가 하면, 전체적으로 너무 밀집된 공간에서 무기를 제대로 사용할 수 없는 지경에 이르렀다.

이 전투에서 영국 군은 크레시 전투처럼 장궁의 위력을 최대로 발휘했을 뿐만 아니라, 궁수부대 전면에 날카롭게 깎은 막대기들을 꽂아놓음으로써 적 기병대의 돌격을 저지하는 데 큰 효과를 거두었다.

궁수들은 기병대를 맞이하여 잘 싸우도록 훈련을 받았다. 그러나 프랑스 기사들은 불리할 때 말들이 본능적으로 숙영지로 회귀하려 한 점을 무시한 채 무리하게 돌격을 강요함으로써 재앙을 초래했다. 화살 공격으로부터 죽음과 낙마를 피해 달려온 기병들은 다시 막대기 장벽 때문에 넘어지거나 정지되곤 했다.

프랑스 기병대가 퇴각하기 시작하자 영국 궁수들은 소나기처럼 화살을 쏘아댔다. 기병대의 패주는 자신들의 혼란으로만 끝나지 않고 후속하던 '말을 안 탄 중기병'들에게 영향을 주었다. 그들 행군대열에 난입한 말들은 병사들을 쓰러뜨리고 그들의 진격을 크게 방해했다.

이때 영국 군 주력부대는 신속히 진격하여 밀집된 프랑스 군과 육박전을 전개했다. 이 육박전에서 영국 군은 헨리 5세의 통제를 받으며 싸웠던 데 반해 프랑스 군은 강력한 지휘관 없이 우왕좌왕하며 싸웠다. 더구나 프랑스 군은 영국 군보다 짧은 창을 갖고 싸워 불리했으며, 갑옷의 무게는 훨씬 무거워 매우 둔하게 움직였다. 전세가 불리해지자 프랑스 군 내에는 공포심이 확산되고, 이윽고 제1전열이 쉽게 무너졌다. 그 뒤 제2전열, 제3전열이 지원했지만 서로 뒤엉키기만 하여 엄청난 학살을 당하고 말았다.

이 전투는 크레시 전투의 교훈을 재확인시켜주었다. 말을 탄 기사에 대해 기강이 잘 잡힌 보병이 준비되어 있으면 승리할 수 있다는 것이다. 그밖에 이 전투는 한계상황에서 승패를 결정하는 것은 정신적 요인이라는 점을 보여주었다. 기나긴 행군에 지쳐 있었지만 영국 군은 프랑스 군과는 달리 왕이 그들과 함께 있다는 사실에서 정신적인 일체감을 이루고 커다란 용기를 발휘함으로써 승리한 것이다.

DIGEST

36

WORLD WAR

# 콘스탄티노플 함락: 투르크인들이 유럽의 대포기술을 도입하다 (1453년)

서유럽의 전쟁기술이 백년전쟁 중 가파른 발전을 이루고 있을 때, 남동쪽의 비잔틴 제국은 투르크인들과의 충돌에서 잇달아 패배하고 쇠망의 길에 들어섰다.

투르크인들은 중앙아시아에서 팽창하는 몽골 세력에 쫓겨 아라비아와 동지중해 지역으로 진출, 비잔틴 제국을 공격하게 되었다. 셀주크 왕조가 몰락한 뒤 새로운 지도자로 부상한 오스만Osman 세력이 급팽창하여 오스만 제국을 건설했다.

오스만투르크인들은 적의 분열 때문에 손쉽게 팽창할 수 있었다. 이미 십자군 전사들이 콘스탄티노플을 유린했을 때 서유럽과 비잔틴 제국의 관계는 금이 갔고, 종교적으로도 서유럽은 동방정교를 고집하는 비잔틴에 대해 도움을 줄 수 없다는 입장이었다.

투르크인들은 세력을 팽창하고 메메트 2세가 술탄(오스만 제국 황제)이 되자, 드디어 오랜 숙원사업인 콘스탄티노플 공략작전을 시작했다. 그는 콘스탄티노플을 포위하기 위해 약 22km의 성벽 내에서 수비하는 약 7,000명에 대해 무려 10만 명의 병력을 동원했다. 투르크 군은 술탄에 대한 절대적 충

콘스탄티노플 성곽 유적지.

성을 바치고 고도의 훈련과 엄격한 기율로 다져진 당시 유럽의 어느 적보다 우수한 군대였다. 주력부대는 정예의 기병대와 보병대로 구성되었으나, 그 밖에 포병 · 공병 · 해병 · 갑옷제작 · 대장장이 · 병참 · 군악 등 각 분야별로 전문화 부대를 보유하고 근대식 병과들의 협동작전을 구사했다.

콘스탄티노플에서 투르크인들은 전쟁사상 하나의 이정표를 세웠다. 그것은 최초로 대포를 사용해 요새를 파괴하고 그 도시를 함락했다는 점이다.

투르크인들은 화포의 혁명적인 의미를 유럽인들보다 더 빨리 파악하고 있었다. 본래 대포 기술은 크리스트교도들로부터 스페인의 이슬람교도들에게 전해지고, 다시 스페인을 통해 북아프리카로, 그리고 다시 투르크인들에게 전파되었다.

투르크인들은 성벽을 부수는 데 대포만큼 적합한 수단이 없다는 것을 확신하고 최고의 대포를 개발하는 데 역점을 두었다. 콘스탄티노플의 삼중 성벽은 중세 요새들 가운데 가장 튼튼한 요새로서, 웬만한 대포로는 효과가 없었기 때문이다.

사실상 당시 최고의 대포는 비잔틴 제국에서 먼저 개발할 수 있었다. 1452년 우르반Urban이라는 헝가리 기술자가 콘스탄티누스 황제를 찾아와 그러한 대포 제작을 제의했다. 그러나 황제는 값이 비싸다는 이유를 들어 그 제의를 거절했다.

그러자 우르반은 보스포러스 해협을 건너 메메트에게 접근했고, 이때 술탄은 우르반이 요구한 액수의 4배까지 지불하고 가능한 모든 방법을 동원하여 지원함으로써 결국 1453년 초에는 원하던 최대의 대포 제작에 성공했다.

이 거포는 포신의 길이 8.2m, 구경 0.9m로서 450kg 이상의 돌덩이를 1마일 정도 날려보냈다. 이 포를 운반하는 데는 병력 200명과 황소 60마리가 필요했다. 포성이 워낙 커서 발사실험을 할 때 약 19km 떨어진 곳에 있던 임산부가 유산을 했다고 한다. 이 대포는 사용 중 파열되고 말았으나 별 문제가 되지 않았다. 그보다 작지만 최신의 대포들을 동원하여 포격의 위력을 한껏 발휘했기 때문이다.

투르크인들은 성벽 가운데 가장 취약한 곳을 골라 6주 동안 쉬지 않고 집중적인 포격을 가했다. 대포는 발사 후 열을 식혀야 하기 때문에 하루에 7회 이상 발사하지 못했다. 수비군들은 밤낮 없이 성벽 뒤에 방책과 토루를 쌓아 올리며 온 노력을 기울였다. 그러나 계속되는 무자비한 포격에 견디지 못해 결국 콘스탄티노플은 함락되고, 그와 동시에 비잔틴 제국은 멸망했다.

콘스탄티노플 함락은 군사강국으로서 투르크인들의 대약진을 의미하는 서곡이었다. 그들은 이어서 그리스와 세르비아를 완전히 정복하고 동부 지중해와 근동 일대를 지배했다.

투르크인의 승리에서 흥미로운 점은 유럽인은 대포기술을 먼저 개발하고도 그 가치를 충분히 인식하지 못함으로써 오히려 적에게 당하고 말았다는 것이다.

DIGEST

37

WORLD WAR

# 샤를 8세의 이탈리아 침공: 용병군대를 쓰러뜨리다 (1494년)

15~16세기 유럽 전쟁사에서 주도적인 역할을 한 나라는 영국 · 프랑스 · 스페인 3국으로서 이 3국은 유럽 내에서 일어난 주요 민족 간 또는 왕조 간 전쟁에 대부분 개입했다.

부유한 나라 이탈리아는 나폴리 · 베네치아 · 밀라노 · 피렌체 · 교황령(로마) 등 다섯 군소국으로 분할되어 있었다. 그러나 15세기 말에 내전으로 혼란을 겪게 되자, 각각 복잡한 동맹관계의 인접국 군대를 불러들이는 바람에 1494~1559년 이탈리아 전쟁의 소용돌이에 말려들게 되었다. 이 전쟁에서 각축전을 벌인 주요 강대국은 프랑스와 스페인이었다.

1494년 프랑스 왕 샤를 8세는 약 65,000명의 대군(보병 40,000명)을 거느리고 알프스 산맥을 넘어 이탈리아에 침입했다. 그는 거의 저항을 받지 않고 피렌체를 점령하고 로마로 진격한 뒤, 이듬해에는 나폴리까지 함락하고 베네치아와 밀라노 연합군에게 승리를 거둠으로써 전 이탈리아를 수중에 넣었다.

그러나 이 침략은 모든 이탈리아 군소국들뿐만 아니라 나폴리를 자기 소유라고 주장하는 스페인 왕, 북부 이탈리아와 알프스 무역로의 안전에 지대

북부 이탈리아의 파비아 싸움(1525). 화승총을 든 흰옷의 군대가 방진을 펼친 모습이 보인다. 합스부르크 가의 칼 5세가 프랑스의 프랑수아 1세 군을 패퇴시켰다.

한 관심을 갖고 있는 신성로마제국 황제 등을 자극해 전쟁에 끌어들임으로써 전쟁을 확대시켰다.

한편 스위스 용병들은 이 전쟁을 돈을 벌 수 있는 호기로 반기고 이편저편에 가담하면서 무차별 전투를 벌였다.

초기에 샤를 8세의 혁혁한 승리는 이른바 '콘도티에레(용병대장) 전쟁시대'의 막을 내렸다는 점에서 큰 의의가 있었다. 이탈리아의 각 군주는 용병대장과 계약을 맺고 그에게 전쟁을 맡겼는데, 일반적으로 용병대장은 전투를 피하고 기동훈련을 하는 식의 부드러운 전쟁을 진행시켰다. 그러나 샤를 8세의 군대는 질풍처럼 몰아치고 대살육전을 전개함으로써 콘도티에레 군대를 격멸했다.

여기서 이탈리아인들은 크게 충격을 받았다. 유명한 정치사상가 마키아벨리는 불후의 저서 《군주론》과 《전술론》을 통해 후세 정치인들과 군인들에게 국가안보를 위해서는 군사력 육성과 군사개혁을 소홀히 하면 안 된다는 교훈을 강조했다. 특히 용병이나 원병이 아닌 국민군대의 필요성, 보병 · 포병 위주의 군사력, 결전을 통한 승리 추구 등을 역설했다.

샤를 8세는 이탈리아를 휩쓸고 다니면서 최신의 대포 기술을 선보였다. 가벼운 청동포를 개발하여 그것을 보병부대 행군속도에 맞추어 이동하는 야포로 사용하려는 노력을 시도하고, 포탄도 돌맹이 대신에 금속뭉치를 사용한 것은 포술을 한 단계 높인 중요한 발전이었다.

그러나 아직까지는 성벽 공격용 대포를 개발하는 데 치우쳐 있었다. 기동성 있고 신속하게 발사할 수 있는 야포는 17세기가 되어서야 본격적으로 나오기 시작했다.

샤를 8세.

이탈리아 전쟁 초기에 나타난 또 하나의 두드러진 특징으로는 '아퀴버스arquebus'라는 화승총 사용을 들 수 있다. 이 총은 종래의 것보다 가벼우면서 사거리는 늘어나고 정확성이 높아졌을 뿐만 아니라, 화승-발사장치를 개발하여 발사방법이 한결 편리해졌다. 화승에 불을 붙여 점화하는 대신에 방아쇠를 이용한 화승-발사장치에 의한 자동점화가 가능하게 됨으로써 발사의 효율성이 높아진 것이다.

1503년의 체리놀라 싸움에서 스페인의 곤살로 데 코르도바의 보병대는 화승총 부대를 적절히 활용해 창병과 기병 위주로 편성된 프랑스 군을 크게 격파했다. 이 전투는 참전병력이 적고 정치적 의미도 별로 없는 전투였으나, 전쟁사적으로는 소총보병 시대의 개막을 알린 서곡이었다.

1525년의 파비아 싸움에서 스페인의 화승총 부대는 프랑스 기병에게 승리함으로써 또다시 그들의 우수성을 확실히 입증했다.

이탈리아 전쟁은 이탈리아 정치체제를 완전히 무너뜨렸을 뿐만 아니라 용병군대와 기병의 한계를 드러내고 소총보병대의 위력과 대포의 등장에 따르는 보병 · 포병 · 기병 협력의 필요성 등을 입증했다.

DIGEST

38

WORLD WAR

# 레판토 해전:
## 16세기 최대 규모 해전에서 떨친 화력의 힘 (1571년)

15~16세기 유럽인들은 그 이전 시대보다 비교적 외국인들로부터 침략을 덜 받고 자유롭게 살았다. 그들 가운데는 새로운 세계를 향해 바다로 진출하는 자들이 부쩍 늘어났다. 부자가 되고 싶은 욕망, 크리스트교를 전파하고자 하는 열기, 또는 미지의 세계에 대한 호기심 등 여러 가지 동기와 함께 항해술 및 해군력의 발전은 유럽 열강들의 신세계 정복 경쟁을 부추겼다.

그 경쟁에서 가장 앞선 나라는 스페인으로서, 콜럼버스의 신대륙 발견 이후 16세기 초에 멕시코의 아스테크 제국과 페루의 잉카 제국 등을 정복했다. 스페인인들은 다른 나라보다 기술적으로 우수한 배와 대포를 갖고 인디언들의 배를 제압했으며, 지상에서는 석궁 · 화승총 · 대포 등으로 인디언들을 공포에 떨게 했다.

한편 스페인을 비롯한 유럽이 대서양에서 세력을 팽창시키고 있을 때, 지중해에서는 오스만투르크 제국이 콘스탄티노플을 함락시킨 이후 서쪽으로 세력을 뻗치면서 북아프리카 연안 일대를 장악하기 위한 팽창정책을 계속 밀고 나갔다. 그 결과 지중해를 놓고 유럽 세력과 오스만투르크 제국 간의 충돌은 불가피했다.

1566년 술탄으로 즉위한 셀림 2세Selim II는 드디어 1570년에 베네치아 소유령인 키프로스 섬을 공격했다. 베네치아가 약 100년을 지배해온 곳으로, 동지중해의 지배를 상징하는 곳이었다.

베네치아는 로마와 스페인에 도움을 요청했다. 교황 피우스 5세는 신성동맹(가톨릭 동맹)을 향해 투르크족을 격퇴하고 크리스트교 세계를 보호하자고 호소했다. 이탈리아 도시국가들은 오랫동안의 상호 적대관계로 말미암아 협조 요구에 미온적이었다. 그러나 스페인 왕 필리페 2세는 교황의 호소에 매우 적극적이었다. 나폴리와 시칠리아의 왕으로서 그는 베네치아의 쇠망을 은근히 바랐었지만, 키프로스의 상실은 곧 스페인의 지중해상 권익에 치명적인 결과를 가져오기 때문에 우선 베네치아를 돕기로 결심했다.

1571년 5월 베네치아 · 로마 · 스페인 3국은 스페인 왕의 이복동생인 오스트리아의 돈 후안Don Juan을 사령관으로 하는 단일 함대를 편성했다. 그 후 이 함대는 다른 여러 유럽국들도 개별적으로 선박과 승무원들을 파견함으로써 민족주의를 초월한 '십자군 함대'로 발전했으며, 8월 말 메시나에 집결, 9월 16일 출항했다. 당시 투르크 함대는 코린토스 만의 레판토에 집결해 있었다.

크리스트교 함대는 200척 이상의 갤리 선, 6척의 갈레아스 선, 24척의 대형 수송선, 그리고 50척의 소형선으로 구성되었다. 알리 파샤Ali Pasha가 이끄는 투르크 함대는 250척의 갤리선, 40척의 갤리오트 선(소형 갤리 선), 그리고 20척의 소형선으로 구성되었다.

당시 해전술은 배끼리 부딪치고Ramming, 배에 기어올라Boarding 싸우는 것이 전부였다. 기어올라 싸우는 전투병력은 크리스트교 측 20,000명, 투르크 측 16,000명이었다. 노를 젓고 항해하는 데 투입된 선원들은 이보다 훨씬 많아 각각 64,000명과 72,000명이었다.

레판토 해전에서 사용된 전함은 갤리 선으로서 페르시아 전쟁 중 살라미스 해전(BC480)에서 사용된 것과 큰 차이가 없었다. 당시 갤리 선은 길고 협소하며, 갑판이 하나인 배로서 길이 약 150피트와 무게 170톤쯤 되었다. 배 양쪽에 30개씩 60개의 노를 설치하고, 각각의 노에는 4~6명의 선원을 배치

그리스 중서부 코린토스 만 북쪽 해안에 있는 레판토 앞바다에서 16세기 유럽 최대의 해전이 벌어졌다.

하는데 노예들을 많이 활용했다. 바람이 좋을 때는 바람의 힘을 이용하기 위해 돛을 사용했으나, 갤리 선은 기본적으로 노를 저어 항해하는 배였다.

양측 갤리 선은 근본적으로는 똑같은 유형이나 몇 가지 차이가 나는 점이 있었으며, 그 차이가 상당히 중요한 결과로 나타났다. 크리스트교 갤리 선은 뱃머리에 5문의 대포를 올려놓았고, 약간 작은 투르크 갤리 선에는 3문이 있었다. 그리고 크리스트교 함대만 보유한 갈레아스 선은 각각 약 30문의 대포를 보유했다. 갈레아스 선은 갤리 선보다 약 2배의 크기로서, 느리기는 하지만 많은 병력을 싣고 많은 포를 운반했다. 그러나 이런 포들은 작은 포들로서 배를 격퇴시키기보다는 사람을 죽이는 데 사용되었다. 크리스트교 전투 병력들은 화승총으로 무장한 데 반해 투르크 병사들은 주로 활로 무장되어 있었다. 이와 같이 크리스트교 측이 기술적으로 우위를 차지하고 있었다.

10월 7일 아침 양측 함대는 레판토 서쪽 약 40km 떨어진 곳에서 서로의 시야에 들어오면서 공격준비를 갖추었다. 양측은 8km 전선에 뻗쳐 대치했고, 10시 30분부터 교전을 벌여 정오경에는 주력부대가 완전한 교전상태에 들어갔다. 갈레아스 선이 투르크 갤리 선에 대포를 쏘고 전열을 흐트러뜨렸지만 결정적인 것은 아니었다. 3시간의 난전이 벌어지는 동안 크리스트교의 항해술과 병사들의 무장이 우위라는 사실이 점차 입증되고 투르크 측이 패색을 보이기 시작하자, 그들 갤리 선에서 노를 젓던 크리스트교인 노예들이 반란을 일으켜 투르크와의 싸움에 가세했다. 육지와 가까운 곳의 투르크 함대는 해안으로 도주하고 크리스트교 측 좌익에서의 승리는 완벽했다.

중앙에서의 전투는 다소 시간을 끌었지만 결국 크리스트교 측이 승리했다. 두 기함 간의 격렬한 싸움에서 많은 투르크인들은 화승총에 쓰러졌다. 돈 후안은 투르크의 기함을 쇠갈퀴에 걸어 잡아당기고 군기를 빼앗았다. 그리고 알리 파샤의 목을 벰으로써 승리를 결정지었다.

우익은 보다 긴 투르크 전열에 눌려 초기에는 매우 고전했다. 그러나 예비대 지원 이후 반격하기 시작했고, 중앙 전투의 패배를 뒤늦게 알고 투르크인들은 도주했다. 4시경에 모든 전투는 끝이 났다.

이 전투에서 투르크 측 손실은 막대했다. 53척의 갤리 선이 격침되고 117척과 대포 274문이 포획되었다. 15,000~20,000명이 전사하고, 크리스트교인 노예는 10,000명이 죽고 15,000명이 해방되었다. 한편 크리스트교 측은 13척의 갤리 선과 7,566명을 상실하는 데 불과했다.

이 전투를 통해 크리스트교들은 단합하고 투르크의 지중해 위협을 제거하는 데 성공했다. 그러나 그들의 지중해 장악은 오래 가지 못했다. 투르크인들은 곧 새로운 함대를 건설했고, 17세기까지는 그곳에서 활동을 이어갔다.

이 전투는 약 17만 명의 병력을 동원하여 바다에서 격돌한 16세기 유럽의 최대 규모 해전이었으며, 화력으로 승부가 결정난 최초의 해전이었다. 동시에 갤리 선 시대의 최후 전투였다. 양측 함대는 거의 육군처럼 싸웠다. 그들 지휘관들은 육군이었고, 지상에서의 경험을 기초로 한 전술을 적용했다. 범선과 포술의 발전에 의해 대양에서 본격적으로 해상세력을 겨루는 해전의 양상은 레판토 이후에 나타난 것이었다.

DIGEST

39

WORLD WAR

# 스페인의 무적함대 아르마다 패배: 영국 해군, '프로테스탄트 바람'을 등지고 싸워 이기다 (1588년)

16세기 유럽에서는 포르투갈 · 스페인 · 네덜란드 · 영국 · 프랑스 등이 강력한 해상무역 강국으로 등장했다. 과거 해외무역은 주로 지중해를 거쳐 동방으로 연결하는 육로에 의존했으나, 이제는 지브롤터 해협과 대서양을 이용한 해상무역로들을 발견하고 신세계를 개척하는 사업에 많은 유럽인들이 참여했다. 그리하여 이른바 탐험의 시대가 개막되었다.

탐험의 시대에서 가장 선구적인 나라는 포르투갈이었다. 이 나라는 크고 빠른 선박 제조기술과 항해술을 발전시키는 데 있어 어느 나라보다도 적극적이었다. '항해왕자'로 알려진 헨리 왕자(1394~1460)는 전 생애를 항해기술 발전에 봉사했다. 항해술을 전공하는 대학을 창설하고 탐험가들에게 막대한 자금을 지원했다. 그의 후원으로 바스코 다 가마는 희망봉을 돌아 인도로 가는 항로를, 그리고 페드로 카브랄은 남미의 브라질을 발견했다. 이후 포르투갈은 일약 강국으로 등장하고, 수도 리스본은 세계적인 상업도시로 부상했다.

그러나 포르투갈은 선구자로서의 특권을 오래 누리지 못했다. 강력한 지도력이 결여된 포르투갈은 점차 기울기 시작하더니, 결국 1580년에는 스페

스페인 군함(왼쪽)과 영국 군함(오른쪽).

인에게 합병되고 말았다.

포르투갈보다는 한발 늦게 탐험에 참여했으나 포르투갈을 합병한 뒤 스페인은 막강한 해군을 보유하고 최강 해상국으로 올라섰다. 16세기 말 스페인 왕 필리페 2세는 스페인 · 포르투갈 · 네덜란드 · 프랑쉐-콩테 · 밀라노 · 나폴리 · 시칠리아 · 사르디니아 · 북아프리카 일부 등과 중남미의 거대한 식민지를 통치했다. 식민지로부터 들어오는 금은괴의 양은 실로 막대했다. 필리페는 야심가로서 세계 정복까지는 아니더라도 유럽 통일을 원했고, 종교적으로는 프로테스탄티즘을 용납할 수 없다는 입장이었다.

그러한 필리페에게 가장 큰 장애는 영국이었다. 영국이 프로테스탄티즘을 굳건히 지키고 있을 뿐만 아니라, 스페인의 신대륙 독점에 대해 가장 세차게 도전하고 있었기 때문이다.

16세기 초 영국은 비록 경제적으로 낙후되고 탐험 및 무역에 저조했지만, 후반기에 들어서면서 해군력 확보와 함께 신세계 탐험에 큰 관심을 쏟기 시작했다. 영국 해군은 짧은 시간에 큰 발전을 이루었는데, 그것은 대서양 가장자리에 위치하여 노를 사용하는 배가 아닌 범선으로 바다를 개척했기에 가능한 일이었다.

영국 왕 헨리 8세는 갈레온 위주로 해군을 조직, 현대적인 해군의 발단을 이루었다. 갈레온은 3~4층 갑판과 3~4개의 돛을 갖추고 무역과 군용으로 사용되는 400톤급 이상의 대형범선이다. 군용은 화물갑판에 장전식 대포를 장착하여 무서운 공격력을 발휘했다.

헨리 8세의 딸 엘리자베스 여왕이 재위하던 기간(1558~1603)에 영국과 스페인의 적대감은 최고조에 달했다. 엘리자베스는 해군력을 강화하는 한편, 영국 선박의 스페인 선박에 대한 약탈활동을 방치함으로써 스페인을 자극시켰다. 그러자 필리페 2세는 갤리 선을 갈레온으로 교체, 해군력을 보다 강화하고 영국을 침략할 계획을 세우기에 이르렀다.

스페인의 전략은 네덜란드에 주둔한 파르마 공Duke of Parma의 부대로 덩케르크와 칼레 지역에서 도버 해협을 건너 영국을 침공하는 한편, 거대하게 구축한 아르마다 함대로 하여금 제해권을 장악하고 영국 침공작전을 보호한다는 것이다. 1588년 5월 25일 영국 해협을 향해 출발한 아르마다의 규모는 거대했다. 총 137척 중 65척은 대형 갈레온이었다. 갤리 선과 갈레아스는 각각 4척에 지나지 않았다. 그러나 아르마다에 장착된 대포들은 대체로 사거리가 짧았다. 이는 레판토 해전의 영향을 받은 것으로서, 스페인인들은 아직도 포격 후 신속하게 배에 기어올라 전투를 전개하는 해전의 모습을 그리고 있었다. 30,000명의 병력 가운데 약 2/3는 기어올라 싸울 목적으로 준비된 것이었다.

한편 플리머스Plymouth에 정박한 영국 함대는 총 197척이었는데, 34척은 여왕의 배이고, 163척은 개인 소유였다. 갈레온의 숫자는 아르마다와 대등했다. 그러나 전반적으로 기동 및 관리가 용이한 소형 배들과 정확하고 신속하게 포격을 가할 수 있는 선원들을 많이 보유했으며, 배 위에서 육박전을 펼칠 병력을 따로 갖지 않은 점 등은 아르마다와의 중요한 차이였다. 한 마디로 영국 군의 해전개념은 대포에 의존한 것이었다.

스페인의 전술은 단거리에서 적을 포격해 돛에 손상을 입히고 접근하여 쇠갈퀴로 적선을 끌어당겨 올라타 싸우는 것이었다. 반면 영국 군의 전술은 먼 거리에서부터 적선에 포격을 가해 적선을 침몰시키는 것이었다. 그래서 그들은 보다 가볍지만 사정거리가 긴 포탄을 사용했다. 당시 기술로는 무거우면서도 사정거리가 긴 포탄을 날리기는 불가능했다.

기상 악화로 2개월을 기다린 후 7월 하순 드디어 아르마다는 영국 함대를 향해 진격했다. 영국 군은 플리머스 항구를 박차고 나왔다. 영국 군 지휘관 드레이크Francis Drake는 해전에서 명성을 떨친 인물로서 함대를 잘 이끌었다. 그는 일단 바람이 불어오는 쪽을 차지하기 위해 갈지자를 그리며 함대를 신속하게 움직였다. 그리하여 바람을 등지고 싸우는 위치를 계속 지키고 전투를 주도했다. 이른바 '프로테스탄트 바람'이라는 남서풍이 계속 불어온 덕분이기도 했다. 아르마다는 바람에 의해, 그리고 영국 함대의 압력에 의해 영국 해협으로 올라갔다.

영국 군은 우수한 기동성과 사정거리가 긴 대포를 활용하여 적 후미를 따라가며 매일같이 공격을 퍼부어댔다. 함대를 4개의 소함대로 나누어 조직적으로 일제사격을 가하며 공격했다. 그리고 몇 척의 화선火船을 보내 아르마다에 큰 혼란을 주기도 했다. 영국 군이 안전한 거리에서 날린 가벼운 포탄으로는 적선을 침몰시키지는 못했다. 그러나 아르마다의 포탄이 다 떨어지자 영국 함대는 가까이 접근하여 적선들을 침몰시킬 수 있었다. 아르마다는 많은 부서진 배들을 이끌고 표류하다시피하면서 스코틀랜드 북쪽으로 도주하고 또한 폭풍을 만나 참변을 당하고 말았다. 본국으로 귀환한 배는 심하게 부서진 상태의 53척에 불과했다.

영국 군의 아르마다에 대한 승리는 해전술에서 획기적 전환점을 이룬 것이었다. 그러나 이 전투 이후 영국이 곧 최강 해상국으로 등장했다거나 스페인 제국이 금방 몰락한 것은 아니었다. 큰 승리 후 자주 일어나듯이 영국 해군은 자만했고, 그동안 스페인은 놀랍도록 짧은 기간에 새로운 아르마다를 재건했으며, 그리하여 상당기간 더 해상강국의 면모를 유지할 수 있었다. 이 전투를 통해 스페인 해군은 오히려 거듭났다고 할 수 있다.

# 이순신 장군의 한산도 해전:
## 거북선의 조선기술은 서양보다 250년 앞섰다 (1592년)

16세기 유럽 해전에서 우리는 갤리 선의 시대가 막을 내리고 새로이 갈레온과 범선의 시대가 개막되었음을 알 수 있었다. 그런데 동시대의 동양 해전을 살펴보면 서양에서의 발전보다 훨씬 더 혁신적인 사건이 일어났음에 놀라지 않을 수 없다. 1592년 조선의 이순신 장군은 세계 최초의 철갑선인 거북선을 제작하여 한반도 남쪽 바다에서 일본해군을 대파했던 것이다.

일본 정권을 장악한 도요토미 히데요시는 1592년 조선을 침략했다. 조선을 거쳐 명나라까지 점령한다는 원대한 팽창정책의 첫 단계였다. 그 후 한반도는 7년 동안 전쟁의 소용돌이 속에 빠지게 되는데, 임진壬辰년에 일어난 이 전쟁을 우리는 '임진왜란'이라고 부른다.

한민족은 일본의 전쟁준비를 사전에 충분히 간파할 수 있었음에도 불구하고 당쟁을 일삼고 있다가 기습적 침략을 당해 처음부터 속수무책이었다. 그 결과 조선의 정규군이라 할 수 있는 관군은 제대로 싸워보지도 못한 채 20일 만에 수도 서울이 함락당하고 2개월 만에 평양까지 잃고 말았다. 그러자 조선 각 지방에서는 향토를 지키고자 의병들이 들고일어나 비정규전으로 일본군에 대항했다. 이후 전쟁은 의병들에 의한 지구전 형태를 띠게 되나 일본

한산도 대첩.

군은 무자비하게 전 국토를 유린하고 말았다.

육전에서 조선군이 참패하고 만 것은 기본적으로 무기에서 도저히 일본군의 상대가 될 수 없었기 때문이다. 조선군은 활을 사용한 데 비해 일본 군은 명중률 · 발사속도 · 살상효과 등에 있어 월등한 위력을 가진 조총으로 무장하고 있었다. 일본은 포르투갈로부터 화승총 제조기술을 받아들여 조총을 제작하고 그 성능과 전술적 효율성을 높이는 데 꾸준히 노력해왔다. 물론 당시 화승총이 절대적 무기가 될 수 없었다는 점은 서양과 마찬가지이다. 그러나 그것을 절반 정도가 보유한 군대와 그것을 전혀 구경하지도 못한 군대 간에는 사기 면에서 엄청난 차이가 날 수밖에 없었다.

육전에서 일본 군이 승승장구하는 것과 달리 해전에서는 이순신 장군이 남해안에서 일본해군에 대해 연전연승했다. 그 결과 일본해군은 서해로 진입할 길이 막혔고 육군 또한 전략적 후방이 불안하여 평양에서부터 후퇴할 수밖에 없었다. 그리고 조선정부로부터 지원요청을 받은 명나라는 서해로부터의 위협을 받지 않는 가운데 쉽게 원병을 보낼 수 있었다.

조선 · 명 연합군의 형성으로 일본 군은 수세적 입장으로 바뀌었으며, 결국 그 후 전쟁은 장기화하고 쌍방 사이에 공방 및 소강상태를 거듭하다가 1598년 도요토미의 사망으로 일본 군이 철군함으로써 임진왜란은 막을 내리게 되었다.

당시 해전술은 주로 배끼리 부딪치고 갑판 위에 올라 싸우는 전술에 의존했다. 그러나 조선군 군함은 일본 군에 비해 방향전환이 용이한 특징을 지녔

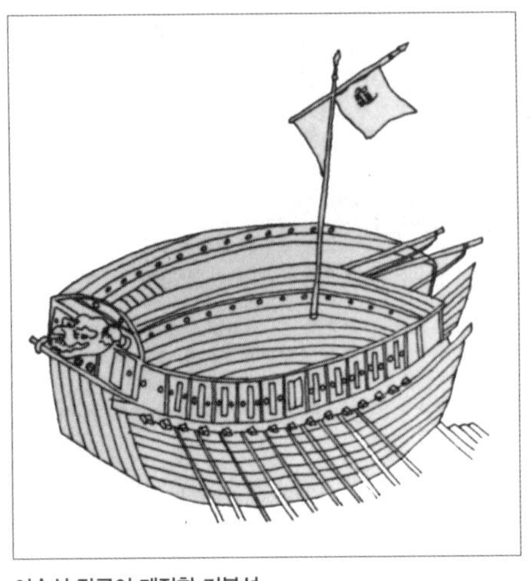

이순신 장군이 제작한 거북선.

을 뿐만 아니라, 전술적으로도 대포를 보유하고 포격을 실시함으로써 해전에서 절대적 우세를 나타냈다. 조선군의 대포는 다양했으며, 최대형의 경우 구경 17cm, 무게 8kg의 포탄을 4km까지 날릴 수 있었다. 일본 군이 고작 조총이나 도검刀劍으로 함상 백병전을 벌이는 데만 관심을 두고 대포를 보유하지 않은 것은 치명적인 약점이었다.

해전에서 조선군은 남해상의 합포 · 적진포 · 당포 · 한산도 · 부산포 등에서 일본 군을 대파했다. 그 가운데도 가장 결정적 승리를 거둔 곳은 한산도 해전이었다.

이순신은 마치 후퇴하는 듯한 행동을 취해 적선들을 한산도 앞바다로 끌어냈다. 그리고는 그의 함대를 학이 날개를 펼친 듯이 학익진을 갖춘 다음 일제히 포격을 실시한 후에 적을 포위 · 섬멸했다. 이 해전에서 조선군은 극히 짧은 순간에 적선 66척을 격침시키는 대승을 기록했다. 수십 척의 적선을 파괴하는 데 있어서 가장 큰 역할을 한 무기는 물론 거북선이었다.

이순신 장군이 직접 설계하여 감독 제작한 거북선은 임진왜란 초기에 모두 3척이었던 것으로 알려져 있다. 거북선은 조선함대의 주력선인 판옥선의 평탄한 갑판 위에 아치형의 철판 덮개를 씌우고 그 위에 송곳칼들을 설치함으로써 적에 의한 보딩을 막고, 또한 사방에 난 대포구멍을 통해 포격을 실시하고 궁수들도 불붙은 화살을 날려 공격할 수 있게끔 만들어졌다. 길이 약 30m, 폭 9m, 높이 7m의 이 전함은 서양 갤리 선처럼 노를 이용하는 선박으로서 좌우에 각각 10개씩의 노를 갖추었다. 뱃머리는 거북 머리를 하고, 유황을 태워 벌어진 입으로 안개를 토하도록 하여 적을 혼란케 했다.

거북선은 여러 가지 점에서 이순신 장군의 천재성을 나타냈다. 우선 갤리선을 보기 어려운 당시 동양에서 그는 갤리 선과 같은 원리로 항해했다. 그리고 10문의 대포로 막강한 파괴력을 발휘하고, 나아가 철갑에 의해 과감한 적진 돌파를 가능케 한 것은 그야말로 어느 곳에서도 찾아볼 수 없는 독창적인 작품이었다.

해전사에서 이순신의 철갑선은 서양보다 무려 250년이나 앞선 것이었다. 그가 죽은 뒤 그의 기발한 아이디어는 일단 과거 속으로 묻히고 말았다. 그러나 산업혁명 이후 각국의 해군들은 철갑선을 제작하게 되고 그것을 주력선으로 하여 해전을 수행해왔다.

이순신 장군은 상상력이 대단했을 뿐만 아니라, 그것을 실제 전쟁 수단으로 활용하여 세계 해전사에서도 빛나는 한 페이지를 장식한 위대한 제독이었다.

# 구스타프의 군사개혁과 브라이텐펠트 전투:
## 근대전의 아버지 구스타프 (1631년)

군사적으로 중세에서 근대로의 본격적인 전환은 17세기에 이루어졌다. 창이 화승총으로 교체되고 중기병대의 모습은 전장에서 사라졌다. 전투대형은 밀집대형에서 점차 선형으로 바뀌었다. 또한 포병이 야전에서 크게 활용되기 시작했다.

그 가운데서도 가장 괄목할 만한 발전은 화승총의 개선이었다. 무게가 과거 6.8~11kg에서 5kg으로, 길이가 1.2m로 줄어져 화승총은 한결 가볍고 다루기 쉬워졌다. 발사속도도 분당 2발 이상을 유지하는 수준으로 빨라졌다. 부싯돌에 의한 발사장치가 고안됨으로써 발사는 기후변화에 덜 영향을 받게 되었다.

한편 17세기의 전쟁에서 큰 변화 가운데 하나는 군 규모의 확장이었다. 스페인의 필리페 2세가 서유럽을 장악했을 때, 그의 군대는 4만 명에 불과했으나, 이제 작은 나라도 그 정도 규모의 군대를 유지했다.

군 규모의 확장과 기술의 변화를 전장에 어떻게 적용시킬 것인가? 이는 군 개혁가들의 최대 관심사였다. 17세기 초기에 가장 큰 공적을 남긴 자는 스웨덴 왕 구스타프Gustavus였다.

구스타프는 어린 시절부터 전쟁학에 깊은 관심을 가지고 고대 그리스의 군인 · 문필가인 크세노폰의 회고록 《아나바시스anabasis(大陸行)》를 읽었다고 한다. 이 책을 가리켜 리들 하트는 '모든 군사저술 가운데 최고의 책'이라고 극찬한 바 있다. 구스타프는 모든 군사문제를 과학적으로 연구했다. 그는 르네상스 정신으로 군사문제에 접근한 최초의 군인이었다.

1611년 17세에 왕위에 오른 구스타프는 곧 덴마크 · 폴란드 · 러시아와 전쟁을 치르며 실전경험을 쌓고, 선친으로부터 물려받은 엉성한 군대에 전면적인 수술을 가해 유럽 최고의 군대를 만들었다. 그의 업적 중에는 근대전의 효시를 이룬 것이 많아 그를 '근대전의 아버지'라고 부른다.

첫 번째 업적은 최초의 국민군을 창설한 점이었다. 그는 대규모 용병부대를 끌어모을 자금의 여유가 없어 '사지가 튼튼한 18세에서 30세 사이의 용감한' 스웨덴인 가운데 4만 명 이상의 신병을 모집했다. 수송이나 군수품 제조업에 종사하는 자들은 군복무를 면제했다. 그러나 턱없이 부족한 병력의 보충을 위해서는 여전히 용병을 이용하지 않을 수 없었다.

둘째, 화력과 기동성을 대폭 살리는 전술체계를 개발했다. 총병銃兵과 창병槍兵의 비율을 종래의 1 : 3에서 1 : 1로 증가시켰다. 즉, 기본 전투단위대대를 216명의 창병과 192명의 총병으로 구성, 화력을 강화했다. 화승총은 다른 나라 것보다 무게를 가볍게 했다. 또한 공성포와 달리 운반하기 용이한 가벼운 야포들을 개발했다. 포의 길이 1.2m에 전체 무게 280kg이며 1.3kg짜리 포탄을 날린 작은 포는 전투 시 언제나 보병을 따라갔다. 이 포는 한 마리의 말 또는 세 사람에 의해 운반 가능했다. 기병은 경기병 위주로 편성하고 권총 · 기병검 · 화승총 등으로 무장토록 했다.

셋째, 강인한 훈련을 통해 보병 · 기병 · 포병의 질을 향상시키고, 세 병종 간 팀워크에 의한 최대의 전투력을 발휘케 했다. 6열 종심대형을 지키는 총병들은 3개열씩 동시에 일제사격을 실시하여 화력을 집중했다. 그러는 동안 창병들은 총병을 보호하다가 육박전을 전개할 때는 결정적인 공격을 가함으로써 총과 창의 공격력을 효과있게 결합시켰다.

넷째, 그는 통일된 군복을 지급하고 계급에 따르는 견장을 도입하여 군기

스웨덴 국왕 구스타프 아돌프. 신교도로서 페르디난트 2세를 도와 30년전쟁에 투신, 북유럽을 장악한 그는 유럽 최강의 군대를 만든 근대전의 아버지였다.

를 잡고 사기를 북돋았다. 그밖에 병참부를 조직하고 무기를 표준화하여 국가가 무기조달에 대한 모든 책임을 맡았다. 복지 차원에서도 각 대대에 한 명씩의 군의관을 배치하고 군 병원을 유지하기 위해 모든 포획 물자에서 1/10을 따로 적립했다.

구스타프의 개혁을 보면 결코 새로운 아이디어들은 아니었다. 그러나 그는 당대의 수준 높은 과학기술을 전쟁과 군대에서 최고로 활용하는 기술에서 천재적이었다.

1630년 가톨릭의 합스부르크 세력이 한창일 때 구스타프는 군대를 이끌고 북부 독일해안에 상륙함으로써 30년전쟁에 뛰어들었다. 프로테스탄트를 보호한다는 명분과 함께 발트 해로부터 적의 위협을 제거하고 발트 해를 스웨덴의 호수로 만들겠다는 야심찬 행동이었다.

그는 넓디넓은 독일 땅에서 전쟁을 하면 비록 작은 군대를 거느리고도 적의 허점을 공격하여 승리할 수 있다는 자신감에 차 있었다. 적은 10만 명으로 병력이 우세했지만 질적으로는 결코 두려워할 만한 수준이 아니었기 때문이다.

독일 내에서 프로테스탄트를 지지하는 귀족들은 겁이 많고 비관적이어서 구스타프에게 큰 도움이 되지 않았다. 따라서 그는 첫해에는 기지를 보강하고 병력증원을 위해 노력하면서 다음해 전투를 준비했다.

1631년 9월, 드디어 신성로마제국의 연합군과 구스타프의 스웨덴 동맹군은 라이프치히 북쪽으로 8km 떨어진 브라이텐펠트에서 전투를 벌였다. 구스타프의 군대는 42,000명, 가톨릭 군대는 35,000명이었다. 프로테스탄트 군대 가운데 24,000명은 스웨덴인들로서, 오랜 훈련과 여러 전투를 통해 구스타프의 전술을 완전히 터득한 병사들이었다.

구스타프의 전술대형은 T자형을 유지하고 총병과 창병을 절묘하게 결합했다. 그리하여 구스타프의 여단은 '장벽과 삼각보루의 모습으로 이동하는 작은 요새'라는 평을 받았다. 한편 70세의 노장 틸리Tilly가 지휘하는 가톨릭 군대는 일률적으로 50열로 구성된 단단한 밀집대형으로 정렬하여 중앙에 보병, 양익에 기병을 배치했다.

전투 시작부터 가톨릭 군대의 병력 열세가 분명했다. 대포의 숫자도 26문 대 54문으로 열세했다. 한 차례 포격을 할 때마다 적으로부터 약 3차례의 포격을 받았다. 포병공격에 이어서 구스타프는 신속하게 기병대와 T자형 보병대형을 유연하게 운용하면서 협동작전의 진가를 유감없이 발휘했다. 이에 대해 틸리 군은 기병대를 활용하고 보병집단으로 구스타프 군을 수차례 공격했지만 모두 실패했다. 이 전투에서 틸리 군은 약 21,000명의 병력을 잃고 대포를 모두 빼앗겼다. 구스타프 군의 손실은 틸리 군의 1/10에 불과했고, 그것도 주로 최초 포격전이 전개될 때 발생한 것이었다.

군사적으로 볼 때 브라이텐펠트 싸움은 구스타프 군이 마치 로마 군단처럼 유연한 대형을 유지하고 싸움으로써 그리스 방진처럼 빽빽한 밀집대형으로 싸운 틸리 군에 대해 대승을 거둘 수 있었다. 정치적으로 이 전투는 30년 전쟁의 전 과정에서 중요한 전환점을 이루고 북유럽에 대한 합스부르크가의 지배를 막는 데 결정적인 기여를 했다. 이는 모두 위대한 개혁가이자 전사였던 구스타프에 의해 이루어진 것이었다.

DIGEST

42

WORLD WAR

# 30년전쟁: 프로테스탄트와 가톨릭 사이의 최종전쟁 (1618 ~ 1648년)

17세기 전반기 유럽의 대전 30년전쟁은 처음에는 같은 크리스트교인 가톨릭과 프로테스탄트 사이의 전쟁으로 시작되었으나, 나중에는 전쟁 당사국 간에 명확한 구분이 어렵고 거미줄처럼 복잡한 이해관계로 얽혀 싸우는 전쟁으로 변하고 말았다. 주무대는 독일이었으며, 전쟁 결과 프랑스와 스웨덴의 승리, 그리고 합스부르크 세력의 패배에 따른 베스트팔렌 조약으로 유럽 지도는 크게 바뀌게 되었다.

뛰어난 장군이었던 구스타프가 1632년 죽은 다음 30년전쟁의 여러 전장에서는 어느 누구도 명쾌한 승리를 얻지 못하고 지지부진한 상태를 끌기만 했다. 작센과 기타 프로테스탄트 국가들이 가톨릭 편에 가세하는가 하면, 프랑스가 같은 가톨릭 국가인 스페인에 선전포고함으로써 종교적 선을 긋기가 어려워지고, 각국 간 적대 및 동맹관계는 복잡하면서도 자주 바뀌었다.

전쟁기간이 길어서 주요역할을 한 인물들도 여러 차례 바뀌었다. 베른하르트 · 베이너 · 페르디난트 2세 · 조지 윌리엄 · 리슐리외 등이 주무대에서 활약하다가 후기에는 마자랭 · 톨스텐선 · 앙지앵 · 튀렌 등으로 교체되었다. 대체로 1639년 이후부터는 프랑스와 스웨덴이 오스트리아와 스페인을 제압했다. 프랑스의 튀렌은 전술적으로 화력과 기동을 잘 결합시킨 위대한 전략가로서의 명성을 떨쳤다.

30년전쟁으로 독일은 황폐화되었다.

수많은 전투를 거치고 평화협상을 위한 노력 끝에 전쟁은 대단원의 막을 내렸는데, 가장 이익을 본 나라는 프랑스였다. 프랑스는 국경을 피레네 산맥과 라인 강 일부까지 확장하고 유럽에서 가장 강한 군대를 보유하게 되었다. 독일 내 여러 공국들은 그들 상호 간 또는 외국과 동맹을 맺고 독자적 역사를 갖게 되었다. 이제 신성로마제국의 황제는 오스트리아의 통치자에 불과한 존재가 되었다. 독일에서 브란덴부르크 · 프로이센이 강대해지기 시작한 것은 이때부터였다.

30년전쟁 중 대규모 군대가 독일 전역에 걸쳐 작전을 펼쳤기 때문에 가장 큰 피해를 받은 것은 독일인들이었다. 전 국토가 황폐화되고 학살과 질병이 난무했다. 군기 빠진 군대가 지나갈 때마다 약탈 · 강간 · 방화 · 살인이 그치지 않았다. 토머스 홉스가 '역겹고 짐승 같고 덧없었다'고 표현한 대로 당시 사람들의 삶은 힘들었다.

독일 내에서 모두 800만 명이 목숨을 잃었다. 보헤미아 인구가 1618년에는 200만 명이었으나, 1648년에는 70만 명으로 줄었다. 절반가량의 가옥이 소실되고 양과 우마 등 가축은 모두 사라졌다. 사람들은 기아로 허덕이고 거지와 부랑자들이 득시글거렸다. 그래도 군대는 안전했기 때문에 수많은 여자들과 어린이들이 부대를 따라다녔다. 군인 아내들은 창녀나 집시족으로 전락했다. 30년전쟁은 전쟁사에서 참혹하기로 손꼽히는 전쟁이다.

30년전쟁은 종교전쟁으로서 최종적인 것은 아니지만, 프로테스탄트와 가톨릭 사이의 공식적인 전쟁으로서는 마지막 전쟁이었다. 독일 내에서 30년간 프로테스탄트와 가톨릭은 서로 상대방을 말살시키려 했으나, 결과적으로는 서로 지치고 절망한 나머지 서로 관용을 베푸는 식으로 끝났다. 두 종파 간의 오랜 싸움은 종교문제의 진정한 해결을 가져오고, 신앙의 자유를 개인의 권리로 인정하게 되었다.

DIGEST

43

WORLD WAR

# 30년전쟁 이후 제한전쟁:
## 평화스럽게 진행된 전쟁들 (17~18세기)

일반적으로 전쟁사의 흐름을 보면 대전쟁 이후에는 소전쟁시대로 접어들었음을 알 수 있다. 전후 평화조약과 강국들에 의한 전쟁 억제노력이 상당기간 주효했기 때문일 것이다.

유럽에서 대전이었던 30년전쟁과 나폴레옹 전쟁 사이의 약 150년 동안에 일어난 전쟁들의 특징은 한마디로 제한전쟁이었다. 이 기간에도 전쟁은 자주 일어났으나, 그 규모 · 목적 · 수단 등에서 여러 가지로 제한적인 전쟁양상이 나타났다.

이렇게 된 데는 여러 가지 요인이 있다. 먼저 군주를 비롯한 지배자들은 30년전쟁이 너무 잔인했던 데다가 무자비한 약탈과 파괴행위를 일삼은 군인들을 방치한 데 대해 책임을 느끼고 전쟁을 자제하는 방향으로 정책을 펴기 시작했기 때문이다.

이른바 이성의 시대the Age of Reason에 들어선 당시 유럽의 분위기는 법과 질서를 존중하고 폭력을 배척해야 한다는 사상이 주류를 이루었다. 따라서 전쟁은 국제정책 결정자들의 합리적 사고의 범주 내에서 고려되었으며, 그 결과 전쟁에 참여하는 사람들의 숫자도 옛날보다 훨씬 줄었다. 다수의 시민

17~18세기 기병들은 말 양육과 마초 수집에 주로 시간을 보냈다.

들은 전쟁이 일어났을 때 별로 관심을 갖지 않아도 될 만큼 당시 전쟁의 규모 및 영향은 작았다.

군대는 각국의 경제성장 우선주의 정책에 밀려 생산 분야에서 별로 가치 없는 사람들로 충원되었다. 그리하여 군대가 게으른 귀족 출신 장교들과 죄수나 사회 밑바닥 출신의 사병들을 위한 직장처럼 전락하자, 각국 정부는 군대의 질이 너무 떨어지는 것을 막기 위해 외국용병들을 고용하기 시작했다.

용병제도에 대해서는 그 단점보다도 장점을 높이 평가하는 경향이 있었다. 즉, 용병 한 사람은 첫째, 아군 한 사람을 증가시키고, 둘째, 적 한 사람을 줄이고, 셋째, 자국인 한 사람을 생산 분야에 종사하도록 하여 세금을 내게 함으로써 한꺼번에 세 사람의 몫을 한다는 식으로 계산했다.

그러나 용병을 유지하는 데는 훈련 · 장비 · 봉급 등으로 고액의 비용을 지불해야 했고, 따라서 한 명의 용병을 상실하게 되면 손해가 이만저만이 아니었다.

바로 이 문제 때문에 전술은 크게 제약을 받게 되었다. 부싯돌 장치 화승총의 등장과 함께 전장에서 용병들의 주무기는 종래의 창에서 화승총으로 교체되었다. 그런데 이것을 제대로 익히는 데는 2~5년의 기간이 필요했으므로, 용병을 상실하게 되면 그 자리를 메우는 데 그만큼 긴 시간이 소요되었다.

만일 전투를 벌인다면 두 부대가 나란히 서서 화승총 사격으로 한판 승부를 겨루게 될 것이고, 그 장면을 구경하는 사람들은 명쾌한 판정을 내릴 수 있을지 모른다. 하지만 전투 결과 패자 측 지배자는 다수의 용병 상실로 엄청난 재정손실을 감수하지 않으면 안 될 것이다. 그래서 손실을 막기 위해 당시 지배자들은 전투보다는 기동을 선호했고, 훌륭한 지휘관들은 이기기 위해 싸우기보다는 지지 않기 위해 싸웠다.

성곽의 발전 또한 17~18세기 전쟁양상에 큰 영향을 끼쳤다. 적국을 침입하는 경우 일차적으로는 요새화된 국경지역에서 너무 지체됨으로써 큰 승리를 기대하기가 어려웠다. 더구나 보급조달을 창고에 의존한 결과, 군대는 공격하면서 창고를 건설해야 하고, 창고로부터 3~4일 행군거리 밖에서는 작전이 어려웠다.

성곽 공격 시 절대적으로 우세한 병력을 이끌고 온 공격자 측은 주로 연병장에서 기동하는 것과 같은 방식으로 접근하여 큰 포위대형을 취했다. 이런 장면은 대단한 구경거리를 제공했다. 루이 14세는 숙녀들을 초대하여 그 같은 광경을 잘 바라볼 수 있는 장소에서 잔치를 벌이고 바이올린 연주와 함께 왈츠 춤을 즐기곤 했다. 방어자 측은 만일 외부지원을 기대할 수 없다면 끝까지 버티기보다는 출혈을 피하고 항복하는 것을 당연하게 생각하는 분위기였다. 공격자 측도 방어자 측에게 적절한 순간에 항복을 할 수 있도록 명예로운 조건을 제시하는 것이 상례였다. 이런 교묘한 행동을 취하기란 결코 쉬운 일은 아니었지만, 당시 군사학교들은 요새를 사수하기보다는 명예롭게 항복하는 절차에 대해 더 많은 시간을 할애하여 교육했다.

만일 요새를 수비하는 사령관이 끝까지 저항하다 실패하게 되면, 점령군은 수비대에 대한 살육은 물론이고 전도시를 약탈하는 권리를 부여받은 것처럼 행동할 수 있었다는데, 실제로 이런 일은 발생하지 않았다.

마지막으로 정치 지도자들은 야전사령관들에게 거의 재량권을 주지 않고 엄격하게 통제했으며, 전장에 나타나서 그들의 일거수일투족을 간섭했다.

전략이 없었던 것은 아니지만 17~18세기 사령관들은 적을 격멸하는 전투를 수행하지 않고 그것을 피하는 전략으로 싸워야 했다.

# 올리버 크롬웰:
## 청교도주의적 철기병들 (1599 ~ 1658년)

영국은 다른 유럽 강국들과는 달리 30년전쟁으로부터 비교적 초연한 거리를 유지할 수 있었으나, 1642년에 내란이 발발함으로써 큰 변혁을 겪게 되었다.

오래 전부터 영국 왕 찰스 1세Charles I와 의회 간에는 적대관계가 형성되어 왔다. 왕을 지지하는 세력은 왕권을 강화하고 보다 공격적인 대외정책을 추구하려는 데 반해 의회주의자들은 청교도들과 결탁하여 더 자유롭고 능률적인 의회제도와 양심에 따라 종교를 선택할 자유, 그리고 가톨릭 성향이 비교적 약한 종교국가를 원했다. 왕이 의회를 해산하고 정치적 · 종교적 탄압과 함께 중세 부과로 밀어붙이자, 드디어 많은 의회주의자들은 독재에 항거하기 위해 무기를 들고 일어섬으로써 내란이 폭발하고 말았다.

내란 초기에 왕당파와 의회파 양측 다 군대의 면면은 별로 보잘것없었다. 영국 군은 직업군적 요소라고는 전혀 찾아볼 수 없는 군대였다. 전통적으로, 상황에 따라 급히 편성되었다가 상황이 끝나면 해산되는 군대였다. 전국적으로 모집하기도 하고 지방민병에 의존하기도 했는데, 후자의 경우에는 자기 향토를 떠나 싸우려 하지 않는 것이 큰 문제였다.

초기에 왕당파의 기병대가 약간 우위를 보였으나, 그러한 우위는 올리버 크롬웰의 등장으로 이내 사라지고 말았다. 1642년 43세였던 크롬웰은 본래 군사적 경험이 없었으나, 대지주 신분과 열렬한 청교도 자격으로서 기병대장을 맡아 의회파에 합세했다.

서투른 경험으로 초전에 실패를 맛본 크롬웰은 군사문제를 깊이 숙고하게 되었다. 보다 효율적으로 전쟁을 수행할 수 있는 방법은 없을까? 농부에게 총만 쥐어주고 군인이라고 부르는 그러한 오합지졸의 집단에게 승리를 기대한다는 것은 상식적으로 있을 수 없는 일이었다.

왕의 기병을 무찌르기 위해 크롬웰은 직업군인으로 구성된 기병대 조직 및 훈련에 착수했다. '소수의 정직한 대원들이 다수보다 낫다'는 철학에 의거하여 엄격한 선발과정을 거쳐 기병대를 모집했다.

바탕이 우수하고, 청교도주의에 입각한 기율과 맹렬한 훈련을 받은 크롬웰의 군대는 곧 영국에서 가장 잘 싸우는 '철기병'으로 세상에 알려지게 되었다. 이 군대는 정기적으로 보수를 받는 직업군대였으나 결코 용병군대는 아니었다. 그는 돈보다는 전쟁목적에 부합하는 사명감을 갖고 지원한 정직한 사람들의 집단인 직업군대와, 오직 돈벌이에만 연연하는 용병군대를 확연히 구분했다.

크롬웰의 철기병은 1644년 마스턴 무어Marston Moore 전투에서 기고만장한 왕당파 군대를 깨고 대승을 거두었다. 이후 의회는 크롬웰에게 막강한 권한을 부여하고 철기병 방식을 도입하여 전군을 개편하도록 했다.

그리하여 크롬웰은 '신모델 군New Model Army'을 편성했다. 신모델 군은 보병 12개 연대와 기병 9개 연대로 구성되고, 각 연대 인원은 1,000명 정도 되었다. 이때 군인들이 입은 유니폼이었던 진홍색 상의redcoat는 19세기 말까지 영국 군의 전통적인 군복이 되었다.

보병 내에서 총병과 창병의 비율은 2 : 1 정도였다. 화승에 의한 발사장치는 부싯돌 발사장치로 교체되었다. 총병들은 전투 시 종래의 금속투구 대신에 테가 넓은 모직 중절모를 착용했다. 또한 방어무장보다는 보다 신속한 사격동작을 위한 복장을 갖추었다. 총병을 보호하는 임무를 수행하는 창병은

크롬웰의 신모델 군 지휘관 토머스 페어팩스 장군.

마름모형 촉이 달린 4.9m의 장창과 칼을 지녔고, 무거운 방어용 갑옷을 걸쳤다. 보병연대는 보통 6열 종대대형을 유지하고 전투했다.

기병들은 화승총 · 권총 그리고 칼로 무장하고 때때로 도끼까지 지니고 싸웠다. 그들은 가벼운 갑옷이나 가죽으로 된 코트를 입었다. 전투가 시작되면 양측방에 배치된 기병대는 처음에는 화승총을 이용하다가, 가까운 거리에 이르면 권총과 칼을 주로 사용하며 돌진했다. 한편 1개 연대 규모가 있었던 용기병들은 주로 정찰 · 수송 그리고 주요지점 엄호와 같은 임무를 수행하고, 때때로 말에서 내려 기병대를 지원하는 소총수 역할을 했다.

1645년 신모델 군은 네이즈비Naseby 전투에서 대승을 거두고 크롬웰은 총사령관으로 임명되었다. 이어서 48년 프레스턴, 50년 던바, 51년 우스터 전투에서 혁혁한 전공을 세우고 드디어 왕당파의 무장저항을 종식시켰다.

1649년 크롬웰은 반혁명의 뿌리를 뽑기 위해 찰스 1세를 처형하고 왕정을 폐지시켰다. 그리고 '코먼웰스Commonwealth'라고 부르는 공화국 수립을 선언했다. 그러나 자유선거를 실시하지 못하고 출범한 공화국은 군대에 기반을 두고 권력을 장악한 크롬웰의 독재정치로 흘렀다.

입헌주의자였던 그는 결코 독재자가 되기를 원했던 사람은 아니었다. 그러나 분열된 영국의 특수한 상황에 직면하여 본의 아니게 독재자의 길을 걷게 되었다. 1653년 의회를 해산하고 그 자신이 호국경의 지위에 올라 호국경 통치를 시작했다. 스코틀랜드와 아일랜드의 적대 세력 그리고 그밖의 반란세력을 진압하면서 보다 강력한 철권정치를 폈다. 55년에는 전국을 10개 군구軍區로 나누고, 각 군구를 군정장관으로 하여금 통치케 하는 군사독재를 실시했다. 57년 의회가 〈겸허한 청원과 권고〉를 그에게 제출, 왕위에 오를 것을 요구했으나 그는 이를 거절하고 58년 사망했다.

크롬웰은 개혁주의자로 기병대의 조련사이자 지휘관, 그리고 전략가로서 빛나는 명성을 떨쳤으나, 정치가로서는 실패하여 영국 역사에 군사독재의 오점을 남겼다.

DIGEST

45

WORLD WAR

# 보방의 축성 및 공성술:

## 과학기술 도입에 앞장선 공병감 (1633 ~ 1707년)

17세기 후반기 유럽 내 군사개혁가들은 이성과 과학을 존중하는 시대적 사조에 영향을 받아 과학 기술적 지식을 군사 분야에 적용하는 데 심혈을 기울였다. 그 가운데서도 가장 크게 활약한 사람으로는 프랑스의 보방Sebastien Le Prestre de Vauban(1633~1707)을 꼽을 수 있다.

청년장교 시절 보방은 루이 14세에 대한 반란에 가담했다가 포로로 붙잡힌 전력이 있었다. 그러나 그 후 전향하여 루이 14세에게 절대 충성을 맹세하고 사망하기 몇 개월 전까지 프랑스 군 내에서 최고요직을 두루 역임했다.

보방은 반세기의 군대생활에서 약 50회의 공성전을 실시하고, 1,000여 개의 요새와 항만시설을 설계 · 감독했다. 오늘날 공병감에 해당하는 직책을 오래 맡은 그는 축성과 공성으로 프랑스 곳곳을 동분서주하면서 생애를 보냈다. 보방은 군사발전뿐만 아니라 학문적으로도 응용수학 및 응용과학 분야에 크게 기여하여 1696년 영국 과학원으로부터 저명한 과학자에게 주는 상을 받았다. 오늘날에는 통계학의 선구자였다는 평가를 받기도 한다.

17세기 후반기 이후 대규모 기동전이나 대전투를 구경할 수 없었던 시대에는 전통적인 명장들의 출현을 기대하기 어려웠다. 일반적으로 각국은 전략적 가치를 지니는 지역을 요새화하고 방어하는 데 주력했던 만큼 보방과 같은 요새 전문가들의 역할이 컸다.

요새 전문가 보방.

보방은 요새 축성에 있어서 여러 가지 새로운 아이디어를 도입했다. 첫째, 돌보다 주로 흙으로 축성했다. 돌벽은 포격을 당할 때 파편이 튀어 위험하나 흙벽은 안전하며 쉽게 쌓아올릴 수 있어, 비용이 저렴한 이점이 있었다. 둘째, 성의 외형을 과거의 원형에서 정다각형으로 발전시켜 사각을 없애고 교차사격이 가능하도록 했다. 그리하여 공격하는 적으로부터 성곽의 모든 부분을 보호했다. 셋째, 주성곽에만 의존하지 않는 종심방어를 취했다. 전까지의 모든 축성에서 부속물들은 주성곽의 위용을 돋보이게 하는 데 주안점이 두어졌으나, 보방은 그러한 개념을 과감히 배척하고 그 대신에 외곽에 소규모의 보루와 장애물들을 추가로 건설했다. 따라서 적은 원거리에서부터 공격을 시작해야 했다. 한편 수비군은 바깥 보루가 함락된다 하더라도 주보루에서 사격을 가할 수 있었다.

보방의 업적에 대해 "그의 축성술은 독창적인 것이 아니다", "그는 하나의 장인에 불과하고 모든 아이디어는 루이 14세로부터 나왔다", "요새 대다수는 신축된 것이 아니고 오래된 요새들을 개량한 것에 불과하다"고 말하는 사람도 있다. 그러나 어떤 하나의 방어체제와 상호 지원체제를 이루지 못해 개별적으로 산재한 요새들을 취사선택하고 질서를 잡은 그의 공로에 대하여는 누구나 인정하는 편이다. 그는 역사상 최초로 지리적 조건과 보급 및 통신망을 고려하여 국가 전체적 차원에서 요새의 전략적 역할을 파악한 전략가였다.

보방은 축성 못지않게 공성 분야에서도 전쟁사에 큰 공헌을 남겼다. 불필

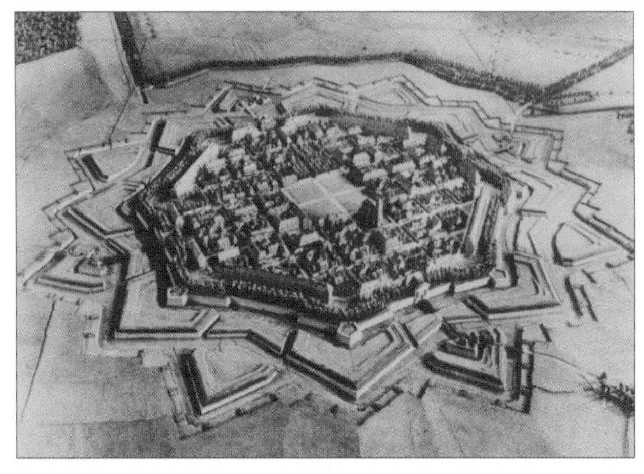
보방의 성곽 설계도.

요한 출혈을 극도로 싫어한 그는 포위군의 피해를 줄이며 요새를 점령하는 방법으로 평행진지에 의한 공성법을 정립했다. 이는 방어사격에 노출되는 무모한 돌진을 피하고 조직적으로 서서히 진행하는 것이다. 먼저 공격부대는 방어 측의 사정거리에 이르면 엄폐물을 이용하여 적절히 몸을 숨기고 있다가 그 선으로부터 공병이 요새를 향해 '갈 지之 자'를 그리며 접근호를 파기 시작한다. 어느 정도 거리에 이르면 접근호와 수직이며 성벽과 평행한 평행호를 판다. 평행호에는 보병병력과 장비를 투입시킨다. 같은 방법으로 제2, 제3 평행호를 구축, 전진하여 성곽 가까이 제방에 이르게 되면 높은 토루를 쌓고 공격한다. 이 공성법의 특징은 전진부대를 보호하기 위하여 임시 축성 · 참호 · 토루를 사용하는 것으로서, 18세기에 유행했다. 러일전쟁 때 일본 군도 이 방법으로 여순요새를 함락시켰다.

보방은 축성 및 공성분야에서 현저한 공헌을 남기고, 그 당시의 과학기술을 응용하여 군사개혁과 전쟁술 발전을 실현시키는 데 있어 선도적 역할을 했다.

DIGEST

46

WORLD WAR

# 스페인 왕위계승전쟁, 말버러 장군:
## 다국적군 지휘, 프랑스를 격파하다 (1701 ~ 1714년)

스페인 왕위계승전쟁은 스페인 왕 카를로스 2세 이후 왕손이 끊기자, 유럽 주요국들끼리 왕위계승권을 둘러싸고 일어난 전쟁이다. 프랑스와 신성로마제국 오스트리아는 서로 계승권을 주장했다. 다 기울어가고 있었던 당사국 스페인은 프랑스와 결탁하고 카를로스 2세 사후에 루이 14세의 손자를 펠리페 5세로 왕에 즉위시켰다. 그러자 오스트리아는 즉각 군대를 출정시키고, 여기에 영국과 네덜란드가 가세하여 연합군을 편성함으로써 1701년부터 1714년까지 전쟁이 벌어지게 되었다.

연합군을 지휘한 사람 가운데서 가장 유명한 장군은 말버러 공Duke of Malborough(John Churchill)이었다. 과묵하고 다소 친해지기 어려운 성격이었으나, 휘하 병사들에겐 헌신적인 관심을 기울인 그는 무엇보다도 매우 복잡한 상황을 처리해야 했던 연합군 사령관으로서는 최고 적임자였다.

말버러가 거느린 다국적군은 참으로 통제하기 어려운 군대였다. 네덜란드 장군들은 그의 실력을 인정하려 하지 않았다. 단지 왕실과 가까운 배경으로 최고사령관에 올랐다고 생각하며 극히 비협조적인 태도를 보였다. 실제로 그는 앤 여왕과 절친한 사이였던 부인의 덕을 크게 입었다.

뿐만 아니라 그는 의회로부터도 호응을 받지 못했다. 상비군 자체를 자유에 대한 위협으로 여기고 있던 풍토에서 신병모집이 결코 용이하지 않았는데, 의회는 군의 요구사항을 까다롭게 조사하고 자주 제동을 걸곤 했다.

영국 군은 재력 있는 대령이 연대병력을 모집하고 무장시켰다. 사병 대부분은 천민 출신들로서 사기가 낮았다. 군대 내 행정처리가 부정부패로 만연되어 있고 장교들 급여와 군량 및 장비를 횡령하는 사건들이 비일비재했다. 말버러는 부정부패를 척결하는 데 최선을 다함으로써 앤 여왕으로부터 절대적 신임을 받았다. 덕분에 그는 전쟁을 지휘할 때 누구로부터도 간섭을 받지 않고 최대로 재량권을 행사했다.

1704년 말버러는 군편성에서 창병을 제거했다. 17세기 후반기에 개발되어 일부 사용된 총검을 모든 화승총 병사들에게 착검하도록 하여 그들이 창병 역할까지 동시에 수행하도록 했다. 이로써 착검 사용을 훨씬 늦게 한 프랑스 군보다 전술적으로 우위를 차지하게 됐다.

전쟁 초기 상황은 여러 가지로 프랑스와 동맹군 측이 유리했다. 중앙에 위치한 그들은 파리에 단일사령부를 두고 지중해에 이르는 모든 접근로를 확실히 장악했다. 말버러의 연합군은 공조작전을 펼치기가 어렵게 분할되어 있는데다가 방어해야 할 곳이 많았다. 네덜란드 장군들은 연합군 주력을 본국 가까이 배치하기를 원했으나, 북쪽 전선 못지않게 남쪽의 이탈리아 지역이 중요하다는 점을 고려하지 않을 수 없었으며, 게다가 북동쪽에서 위협을 받고 있는 오스트리아를 간과할 수도 없었다. 그리고 지중해를 장악하기 위해서 영국 함대를 투입하지 않으면 안 되었다.

그러나 승리란 전 전선에 걸쳐 균형을 유지하는 것만으로 보장되는 것이 아니므로 말버러는 어느 한 곳의 결전장을 선택하기로 결단을 내렸다. 그는 오스트리아에 대한 위협을 제거하고 동시에 오스트리아와 공조하여 라인 강 저지대에서 프랑스 군을 격멸한다는 계획을 수립했다.

1704년 프랑스 · 바이에른 동맹군 57,000명은 다뉴브 강변 울름에서 빈으로 육박했다. 위기의 오스트리아 군을 구출하기 위해 말버러는 신속히 움직였다. 그는 5월 16일 네덜란드에서부터 40,000명을 이끌고 라인 강을 따라 내려와 6월 10일 다뉴브 강에서 오이겐Eugen 휘하의 오스트리아 군 30,000명과 합세했다. 이 순간 연합군은 유럽에서 가장 노련한 두 지휘관이 결합함으로써 싸우기 전에 이미 전략적 우위를 점한 것이다.

블렌하임 싸움. 말버러 장군이 최대의 승리를 거둔 싸움이다.

그러한 우위는 말버러의 결단과 성공적인 장거리 행군으로 이루어낸 것이었다. 그는 적과 우군을 동시에 속이며 부대를 이동시켰다. 먼저 코블렌츠에서 모젤 강 쪽으로 이동한다고 말하여 네덜란드인들을 기만시킴으로써 그들의 방해를 피했다. 코블렌츠에 도착한 다음에는 주요장비와 보급물자를 라인 강 수로로 보내고 알자스 지방으로 진출하려는 듯한 행동을 취하면서 적을 속였다. 그러자 프랑스 군은 급히 알자스 지역에 병력을 증강시켰다. 속임수를 연출해 온 말버러는 라덴부르크에서 부대를 라인 강 동쪽 네카르 강을 건너 다뉴브 강을 향해 신속히 진출시켜 오이겐 군과 합세했다.

이 눈부신 행군은 사실 이른 봄부터 준비된 것이었다. 말버러는 미리 독일인 관리들로부터 허락과 지원을 받아내고 군량과 보급품을 철저히 준비시켰다. 징발한 물건들에 대해서는 그 값을 즉석에서 지불했기 때문에 말버러 군대는 현지주민들과 전혀 마찰을 겪지 않았다.

말버러는 병사들에게 충분한 음식과 피복을 제공했으며, 그런 다음에 엄격한 기강을 요구했다. 말버러 이후 영국 장군들은 그의 리더십을 귀감으로 삼아 언제나 보급과 충분한 준비를 중시하고 결코 졸속작전을 전개하지 않는 것을 전통으로 생각해왔다.

말버러와 오이겐 두 명장의 협력은 연합군의 가장 큰 자산이었다. 오이겐은 공식적으로는 말버러와 동격이었으나, 지휘통일을 위하여 말버러의 전략을 전적으로 따랐다. 오이겐은 모험을 좋아하는 반면 상상력은 부족했으나, 말버러처럼 뛰어난 전략가를 만나면 기꺼이 존중할 줄 아는 인물이었다. 한편 말버러도 매우 겸손한 사람이었기에 두 사람은 서로 신뢰하고 존경했다.

말버러는 프랑스 군이 라인 강을 건너기 전에 먼저 바이에른 군을 공격하고 이어서 지원하러 올 프랑스 군을 맞아 격멸하고자 했다. 그러나 바이에른 군을 지휘한 막스 에마누엘은 말버러의 전략에 말려들지 않겠다는 듯이 전투를 피하며 계속해서 프랑스 군의 지원을 기다렸다.

드디어 8월 12일 프랑스와 바이에른 군은 다뉴브 강 상류의 블렌하임에서 약 6km에 걸쳐 진을 친 채 네벨 강을 사이에 두고 연합군과 대치했다. 그러나 네벨 강에서 약 900m 뒤에 위치함으로써 방어의 이점을 제대로 살리지 못했다. 그들은 기습공격을 받을 가능성에 대해 전혀 대비하지 않아 연합군은 장애물을 방해 없이 통과하여 쉽게 접근할 수 있었다. 만일 프랑스 군 사령관 탈라르가 부대를 좀 더 강둑에 근접시켜 놓았더라면 연합군 도강작전은 매우 어려웠을 것이다. 블렌하임 전투에서 명장 말버러는 탈라르와 같은 어리석은 장수로부터 도움을 받아 큰 승리를 엮어낼 수 있었다.

13일 아침 실시한 말버러의 기습은 성공적이었다. 아무 저항을 받지 않고 네벨 강을 건넌 연합군은 삽시간에 유리한 위치를 차지한 뒤에 보병과 기병이 긴밀하게 협조하여 공격했다. 기병이 선두에서 공격하고, 보병은 그 뒤에서 넓게 포진하여 일제사격을 가하면서 접근한 뒤 총검을 사용하며 백병전을 전개했다. 하루 종일 전투에서 연합군은 프랑스 군을 거의 괴멸시켰다. 연합군은 12,000명의 손실을 입은 데 비해 프랑스 군은 14,000명의 포로를 포함하여 46,000명의 병력과 대포 60문을 잃었다.

이 전투 후 루이 14세는 유럽 지배를 위한 모든 계획을 중단했고, 프랑스 군대는 1세기 후 나폴레옹이 등장할 때까지 침체에서 벗어나지 못했다. 한편 과거 두 세기 반 동안 거의 잊혀졌던 영국 군은 강군으로 거듭났다.

DIGEST

47

WORLD WAR

# 젠킨스의 귀 전쟁, 오스트리아 계승전쟁: 프리드리히, 유럽 최고의 군대 거느리다 (1739 ~ 1748년)

1713년 스페인 왕위계승전쟁의 마무리 수순으로 체결된 위트레흐트 조약 이후 유럽은 한 나라의 지나친 세력을 어느 정도 예방하면서 세력균형에 의한 평화시대를 한동안 누렸다. 하지만 무역과 식민지 문제는 다시 일부 지역에서 갈등과 긴장을 유발시켰다. 지브롤터 · 지중해 · 서아프리카 · 아메리카 · 인도 등이 바로 그러한 곳이었다.

스페인 령 아메리카 식민지에서 밀수에 관여하게 된 영국 상인들은 스페인 해안경비대로부터 가혹한 대우를 받고 본국정부에 억울함을 호소했다. 또한 1738년 영국 의회에서 레베카 호 선장 젠킨스Robert Jenkins는 1731년 서인도에서 스페인 경비대에게 한쪽 귀를 잘렸다고 보고했다. 이 사건은 영국에서 곧 정치 쟁점화되고 반스페인 여론을 조장시켰다. 이리하여 드디어 영국은 1739년 10월 스페인을 상대로 '젠킨스의 귀 전쟁'을 시작했다. 한 인간의 '귀'가 원인이 된 유별난 전쟁이 일어난 것이다.

이 전쟁에서 영국 함대는 카리브 해에서 스페인 함대에게 크게 패했다. 양국은 카리브 해가 아닌 여러 곳에서도 해전을 벌였고, 양국 간의 해군 경쟁은 이 전쟁이 끝난 후에도 계속 이어졌다.

호엔프리드베르크 전투(1745)에서의 프리드리히 대왕.

한편 영국과 스페인의 관계악화는 연쇄적으로 영국과 프랑스의 관계를 악화시켰다. 프랑스는 스페인 범선을 이용하여 상품을 아메리카에 수출했고, 영국의 값싼 밀수품은 프랑스 시장을 침식하고 있었기 때문이다.

유럽의 식민지전쟁은 1740년에 대륙 내의 큰 분쟁이었던 오스트리아 계승전쟁으로 연결되었다. 오스트리아의 카를 6세가 죽고 23세의 딸 마리아 테레지아가 즉위하자, 독일 여러 군주들은 이를 부정하고 합스부르크 가의 영토를 분할하는 데 관심을 둠으로써 전쟁이 벌어지게 되었다.

가장 먼저 행동에 나선 독일 군주는 프리드리히 2세(대왕)였다. 그는 호엔촐레른 가의 권리를 주장하며 1740년 12월 슐레지엔을 침입했다. 슐레지엔은 프로이센에 경제적 · 전략적으로 매우 중요한 지역이었다. 이후 영국은 오스트리아와 동맹관계를 맺고, 프랑스 · 스페인 · 바바리아는 프로이센 편에 가세하여 싸우게 되었다. 그러나 양편 다 동맹 내에서 각국 간 복잡한 이해관계로 별로 보잘것없는 결속력을 보였다. 프랑스는 프로이센 지원을 표방했으나, 합스부르크 제국과 싸운다는 명분 외에 다른 이유가 없었다. 영국도 오스트리아 편을 선언했으나, 결코 군대를 파견할 만큼 적극적인 것은 아니었다.

그런데 18세기의 전쟁기술은 대체로 수준이 낮았다. 이성을 중시하고 자기만족을 누리던 시대에서 전략가들은 과다한 전투와 섬멸전을 기피하고 포위 기동하는 데 역점을 두었다. 질이 떨어진 병사들로 충원된 군대는 탈영을 예방하기 위해 고된 훈련과 엄한 기강 확립이 요구되었으나, 장교들에게는 무사안일과 부정부패가 몸에 배어 있었다.

이런 상황에서 군사적 천재인 프리드리히 2세와 그가 이끄는 막강한 군대는 강한 힘을 발휘할 수 있었다. 프리드리히는 호엔촐레른 가의 선조들로부터 행정적 · 사회적 조직이 튼튼한 정부와 막강한 군대에 기반을 둔 절대왕정과 군국주의의 전통을 상속받았다.

대왕은 군의 중추인 장교들을 애국심이 높은 프로이센 귀족출신들 가운데서 선발하고, 병사들은 인구가 워낙 적었기 때문에 대부분을 국외에서 끌어모았다. '융커'라고 불린 귀족들은 특권을 받은 대가로 기꺼이 장교 복무를 지원했다. 모든 융커 가문들은 최소한 한 명의 아들을 사관학교에 보냈다. 이들을 최대로 활용하여 대왕은 프로이센 군을 유럽 제1의 군대로 만들었다. 그는 병사들에게 전쟁보다 장교들을 더 두려워하도록 하는 기강과 훈련을 통하여 최고의 전쟁기계를 만들어냈다.

무자비한 군사훈련에는 두 가지 확고한 목적이 있었다. 첫째, 대부분 질이 낮은 외국용병으로 구성된 군대를 통제하는 데는 강제력 외에 다른 방법이 없다는 것이다. 둘째, 당시 전쟁에서 승리의 관건은 기동성에 달려 있었는데, 기동성은 엄격한 훈련 아니고는 결코 향상시킬 수 없다는 것이다. 그리고 무기 사용도 고도의 훈련으로 기민한 동작을 취하게 함으로써 화력을 증대시키는 결과를 얻어냈다. 프리드리히는 "프로이센 군은 움직이는 포대다… 다른 어느 군대보다 화승총을 세 배는 빨리 장전할 수 있다. 따라서 다른 군대보다 세 배나 우세하다"고 자신 있게 말한 적이 있었다.

슐레지엔을 전격적으로 점령한 프로이센 군은 몰비츠 싸움(1741)과 호엔프리드베르크 싸움(1745)에서도 승리하고 슐레지엔 점령을 완전히 기정사실화했다. 이 전쟁을 통해 프로이센은 당당히 유럽 강국으로 부상했다. 1748년 마리아 테레지아는 슐레지엔 상실을 인정함으로써 전쟁은 종지부를 찍었다. 그러나 그것은 잠시의 휴전에 지나지 않았으며, 1756년 프로이센과 오스트리아는 다시 7년전쟁에서 맞싸우게 되었다.

DIGEST 48 WORLD WAR

# 프리드리히 대왕과 7년전쟁: 로이텐 전투는 기동과 결단의 걸작품 (1756 ~ 1763년)

전쟁이 계속되는 동안에도 사람들은 일반적으로 평화를 정상적인 것으로, 전쟁을 예외로 간주한다. 그러나 1750년대 프로이센인들은 달랐다. 절대군주 프리드리히 대왕 치하에서 그들은 오히려 전쟁을 통해 안전을 얻을 수 있다는 신념을 가졌다. 인접 국가들에 대한 두려움 때문에 대왕의 팽창야욕은 큰 지지를 받았다. 그리하여 프로이센 군대는 늘 전쟁준비를 갖추고 있었다.

슐레지엔의 합병에 따르는 영토 확장과 1740년의 200만에서 1752년의 400만으로 늘어난 인구증가는 프리드리히 대왕으로 하여금 보다 전쟁정책 위주로 나라를 끌도록 했다. 그는 전쟁이 불가피하다고 판단되면 충분한 군사력과 기동성을 전략의 요체로 하여 선제권을 장악하고 적 영토에 대한 과감한 공격을 하는 데 주저하지 않았다.

직접 총사령관직을 맡은 그는 연중 약 절반을 야전부대를 방문하는 데 보냈으며, 훈련 및 군기를 강화하고 군대의 질을 대폭 개선시켰다. 그는 연대장이었던 그의 아우에게 직무 태만을 이유로 부대 내에서 근신하도록 하는 벌을 내릴 만큼 엄격했다. 행군 · 보급 · 장비 · 전술 등 모든 분야에 대해 대왕은 철저히 감독했다. 병력도 계속 증강시킨 결과 그가 즉위했을 때 8만 명이던 것이 1756년에는 15만 명으로 증가했다.

7년전쟁은 불안한 평화시대에 외교혁명이라고 부를 만큼 동맹관계에 극적인 변화가 발생하면서 야기되었다. 각국은 동맹관계를 크게 바꾸었다. 영국 대 프랑스, 그리고 오스트리아 대 프로이센의 숙적관계는 변함이 없으나, 오스트리아 계승전쟁 때 생긴 불신으로 말미암아 각국은 서로 동반자들을 과감하게 바꾸기 시작한 것이다. 전에 프리드리히 편을 든 프랑스는 전통적으로 적대시해온 합스부르크 가의 오스트리아와 손을 잡았다. 한편 영국의 권익을 방어하기를 꺼리는 오스트리아에 대해 불만을 품은 영국은 프로이센과 동맹을 맺었다. 또한 프리드리히를 증오한 러시아는 영국과 결별하고 프랑스 · 오스트리아 동맹에 가입했다.

이러한 파트너 바꾸기로 가장 어려운 처지에 빠진 나라는 프로이센이었다. 대륙 내에 동맹국을 두지 못한 프로이센은 오스트리아 · 프랑스 · 러시아 동맹세력에 둘러싸이게 되었다. 3국의 인구를 다 합하면 프로이센의 15배나 되었다. 동맹국 영국은 해상과 식민지에서 전쟁에 종사하느라 프로이센에 대해 직접적인 군사원조를 할 만한 여유가 없었다.

프리드리히 대왕은 위협을 극복하고 살아남을 수 있는 길은 선제공격밖에 없다고 생각했다. 적들이 규합하여 공격해올 때까지 기다린다는 것은 멸망을 자초하는 일이었다. 그는 내선작전의 이점을 활용하여 신속하게 군대를 이동시켜 하나의 적을 격파하고 그 다음에 다른 적을 향해 공격했다.

1756년 프리드리히는 마리아 테레지아가 프로이센에 대한 전쟁 결행을 위한 음모를 꾸미고 있다는 여러 가지 증거를 입수했다. 그러자 곧 전에 슐레지엔을 침략할 때처럼 선전포고 없이 이번에는 작센 지방을 침략하고 7년전쟁을 개시했다. 오스트리아가 볼 때는 침략전쟁이었으며, 프리드리히 입장에서는 물론 예방전쟁이었다.

그는 작센 지방을 쉽게 점령할 수 있었다. 작센 군대가 싸움을 피했기 때문이다. 그러나 점령하는 데는 성공했으나 결코 승리한 것은 아니었다. 오스트리아의 지연전에 말려들고 있었던 것이다. 프리드리히는 적이 전혀 예상치 못한 방법으로 나오는 데 대해 어찌할 바를 몰랐다. 1757년 프라하에서 그는 오스트리아 군을 무찔렀으나 그해 후반에는 훨씬 증강된 적을 만나 패하고 말았으며 러시아 군과의 전투에서도 다시 패했다.

이때 프로이센의 운명은 암담해 보였으나, 프리드리히에게 다행스러운 것은 첫째, 그의 군대가 여전히 질적으로 우수하고, 둘째, 적 지휘관들이 무능하다는 점이었다. 러시아 장군들은 겁이 많았고, 프랑스와 오스트리아 장군들은 대체로 너무 무능했다. 뿐만 아니라 프랑스는 대륙과 해상에서 양면전쟁을 수행해야 하므로, 프로이센만을 향해 전력투구할 형편이 못되었다. 한편 영국은 해상에서 눈부신 승리를 거두고 지중해와 대서양에서 프랑스 함대를 대파했다.

1757년 11월 프리드리히는 작센 지방의 로스바흐Rossbach에서 프랑스 · 오스트리아 동맹군에게 대승을 거둔 후, 12월에는 슐레지엔 지방의 로이텐Leuthen에서 오스트리아 대군을 격파하는 쾌거를 이뤘다.

로이텐에서 프리드리히 군대는 결코 유리한 상황에 있었던 것은 아니었다. 오스트리아 군은 84개 보병대대와 144개 기병대대, 총병력 7만 명과 210문의 대포를 보유하고 있었다. 이에 비해 프리드리히는 48개 보병대대, 128개 기병연대, 167문의 대포로 3만 6천 명의 병력을 거느리고 있었으니 정상적인 전투로는 이길 수 없었다. 그는 전에도 늘 그랬듯이 승리는 숫자로 결정되는 것이 아니라, 어느 쪽이 더 용기 있는가에 따라 결정된다는 사실을 부하들에게 강조하면서 자신의 전략을 믿고 용감하게 싸워줄 것을 당부했다.

프리드리히가 확신한 비장의 전략이란 이미 기원전 4세기에 그리스 테베의 장군 에파미논다스가 사용한 바 있는 사선진斜線陣 전법이었다. 한쪽 날개는 접어두고 그 대신 다른 쪽 날개를 최대로 이용하여 공격하는 것이다. 물론 이러한 포진은 적에게 노출시키지 않고 있다가 결정적인 순간에 실천에 옮길 계획이었다.

12월 4일 오스트리아 군은 북쪽의 니페른 늪지에서 로이텐을 거쳐 남쪽의 자그슈츠까지 뻗어 있는 약 9km 전선에 걸쳐 있었다. 전선은 길지만 결코 느슨한 방어태세는 아니었다.

로이텐에서 전투를 지휘하는 프리드리히 대왕의 모습.

12월 5일 프리드리히는 서쪽에서부터 곧장 오스트리아 군 진영에 대하여 수직으로 진격하는 모습을 보였다. 그 계획은 좌익으로 오스트리아 군 우익을 공격하는 체하다가, 주력을 보로나 고지 후방을 이용해 적의 긴 전선을 따라 은밀히 행군하여 적 좌익을 집중공격하는 것이었다.

프리드리히가 선봉부대를 내보내 오스트리아 군 우익을 공격하자, 그곳의 적 지휘관은 다급한 나머지 오스트리아 군 좌익에 도움을 요청했다. 프리드리히는 자기 계획대로 움직이는 적의 모습을 보고 쾌재를 올리지 않을 수 없었다.

프리드리히는 이제 주계획을 실행에 옮기기 시작했다. 4열종대를 2열종대로 바꾸고 지형과 안개를 이용하여 신속히 남쪽으로 행군했다. 그의 군대는 마치 사열을 받는 것처럼 정확한 작전행동을 통해 사선진 대형을 취했다.

오스트리아 지휘관들은 정면공격을 예상하고 있다가 느닷없이 남쪽에 나타난 프로이센 군의 모습을 보고 몹시 흔들렸다. 총사령관 카를은 우익으로 보낸 병력을 되부르는 한편, 로이텐과 자그슈츠 사이의 평야로 대대들을 잇달아 투입했다. 오스트리아 군은 결국 우왕좌왕하고 혼란스러운 상태에서 전투에 임하게 되었다.

프로이센 군이 로이텐을 함락시키는 동안 북쪽의 오스트리아 군은 그런

대로 잘 싸웠다. 그러나 주도권을 빼앗긴 상태에서 잘 싸우던 북군도 중앙 및 남쪽의 참패 소식을 듣고 나서부터는 그날 저물녘 모두 도주하고 말았다. 프리드리히는 사흘 동안 부근의 패잔병들을 철저히 소탕하고 약 2주 후에는 브로츨라프를 함락시킴으로써 슐레지엔 지방을 완전히 장악했다.

나폴레옹은 이 로이텐 전투를 가리켜 "기동, 작전행동, 결단의 걸작품"이라고 평가하고, "이 전투만으로도 프리드리히는 불멸의 명장이다"라고 말했다.

그러나 승리는 전술적으로는 확실한 것이었지만 전략적으로는 미흡했다. 전쟁은 이후에도 5년을 더 끌었고, 프로이센은 훨씬 더 강한 적과 싸워야 했다. 여러 전장에서 프리드리히는 뛰어난 지휘로 패배를 면했다. 대 프로이센 동맹국의 분열로 프로이센은 슐레지엔을 오랫동안 정복했으며, 유럽의 군사 강국으로 남게 되었다.

DIGEST

49

WORLD WAR

# 미국의 독립전쟁:
## 미국, 독립국으로 탄생 (1775 ~ 1783년)

영국의 식민지였던 미국은 1776년 7월 4일 세계를 향해 독립을 선언했다. 미국이 독립한 사실에 대해 흔히들 표현하기를 '미국의 혁명'이라고 한다. 그것은 신대륙 식민지로부터 독립하여 새로 탄생한 미국이라는 나라가 정치적으로 그 후의 세계사에 그야말로 혁명적 영향을 초래했기 때문에 매겨진 평가라고 생각된다.

군사적으로도 독립전쟁은 가히 혁명적이었다. 본래 영국 당국은 1763년경까지 캐나다와 미시시피 강 서쪽 땅에서 프랑스인들을 추방하고 대서양 연안 식민지에 대해 보다 확실한 장악과 함께 더 큰 부담을 요구하는 각종 세금을 부과했다. 영국은 설탕조례, 군대숙영조례, 인지조례, 타운젠드 조례 등으로 식민지 부담을 가중시킴으로써 프랑스 · 인디언 전쟁과 7년전쟁에서 치른 막대한 전비를 보충하고자 했다. 그 결과 빚어진 잦은 충돌사태는 1773년 보스턴 차 사건으로 확대되었고, 이 사건이 일어난 2년 뒤 매사추세츠 렉싱턴에서는 영국 군과 식민지인들 사이에 첫 무력충돌이 일어남으로써 마침내 독립전쟁이 개막되었다.

초기의 독립전쟁은 유럽인들에게는 몇몇 전투에서 겨우 몇 개 대대 정도

벙커힐 싸움. 독립 전쟁의 서전을 장식한 전투로서 정규군과 비정규군의 싸움이었다.

가 충돌을 벌인 사소한 분규쯤으로 받아들여졌다. 열렬한 독립주의자들은 수적으로 열세하고 아직도 많은 식민지인들은 영국 편에 있었기에 독립전쟁은 독립주의자들에게 처음부터 매우 불리했다.

독립전쟁을 모국에 대한 반란으로 여긴 사람들은 식민지 정책이 좀 가혹한 것은 사실이지만, 그렇다고 평화적 해결책을 찾지 않고 굳이 동족끼리 싸움을 벌이려는 데 대해 반대했다. 이들을 독립주의자들은 '왕당파'라고 불렀는데, 전체 식민지 인구의 1/3은 '왕당파'에 속했다. 그들은 1776년 독립선언 후에도 미국보다는 영국을 편들기 일쑤였다.

그러한 열악한 여건에도 불구하고 미국이 독립전쟁에서 승리한 데는 여러 가지 요인이 있다. 영국이 초기에 승리할 수 있는 호기를 현지 지휘관들의 무능 때문에 놓쳐버린 적이 한두 번이 아니었다. 그러던 중 1778년 프랑스가 미국 편에 가담하여 참전하게 된 이후로는 점차 지구전 양상으로 들어가게 되었다.

1780년까지 전투는 주로 뉴욕과 필라델피아를 둘러싼 공방전으로 벌어졌다. 허드슨 강으로 통하는 전략적 요충인 뉴욕은 수도 필라델피아에 큰 위협을 가할 수 있는 곳이었다. 큰 싸움으로는 1775년의 벙커힐 전투, 1777년의 새러토가 전투 등이 있지만, 대부분은 진지에 처박혀 지루하게 대치하거나 아니면 소규모 유격전으로 흘렀다.

영국 군은 제해권을 장악했지만 본국으로부터 병력과 보급품을 한없이 지원받을 형편이 못되기 때문에 더 이상 장기전으로 가면 제풀에 주저앉을 수밖에 없었다. 그래서 영국 군은 돌파구를 남부에서 찾고자 했다. 즉, 미군이 북부 방어에 치중하고 있으므로, 남부를 공격한 다음에 북진하면서 버지니아를 점령하여 조지 워싱턴 휘하의 미군을 남북 양쪽에서 압박을 가한다는 작전이었다.

1780년 5월 영국 군은 사우스캐롤라이나의 요충 찰스턴을 공격하여 크게 성공했다. 미군은 그때까지의 전투 중 가장 큰 피해를 입어 약 5,000명이 영국 군의 포로가 되었다. 영국 군은 캐롤라이나와 버지니아 전역을 휩쓸고 1781년 8월엔 체사피크 만 입구의 요크타운을 점령했다. 이로써 영국 해군은 이제 체사피크 만을 맘대로 드나들 수 있게 되었다.

영국 군이 남부를 유린하는 동안 별로 한 일이 없는 미군은 비상대책을 수립하지 않을 수 없었다. 본래 워싱턴은 뉴욕을 꼭 지키기만 하면 궁극적인 승리는 자기네 것이라고 믿고 있었으나, 만일 남부에서 패배하면 전군에 번져갈 사기저하를 우려하지 않을 수 없었고, 더욱이 프랑스 군 측의 강력한 요크타운 공격 주장을 받아들여야만 했다.

워싱턴은 비밀리에 대병력을 남쪽으로 보냈다. 동시에 프랑스 함대도 서인도제도를 떠나 체사피크 만으로 향했다. 1781년 9월 5일 프랑스 함대는 방심하고 있던 영국 함대를 급습하여 대승을 거두고 쉽게 제해권을 장악했다. 프랑스 배들은 이제 막 도착한 미군과 프랑스 군대를 신속하게 이동시켜 요크타운에 집결시켰다.

요크타운을 포위한 미군과 프랑스 군 총병력은 15,000명이었고, 이에 비해 영국 군은 약 그 절반 정도였다. 포위망 안에 갇혀 보급지원을 제대로 받지 못한 영국 군에게 유일한 희망은 뉴욕에서부터 구원군이 오는 것이었다. 그러나 뉴욕 주둔 사령관은 주저했고, 그러는 사이에 사태가 더욱 악화되자 결국 요크타운을 수비한 콘월리스Charles Cornwallis 휘하 영국 군은 10월 17일 항복하고 말았다.

요크타운 전투로 전쟁이 끝난 것은 아니었다. 영국 군은 아직도 뉴욕 · 찰스턴 · 디트로이트 등 주요도시를 장악하고 있었으며, 워싱턴에게는 전과를 크게 확대할 만한 여력이 없었다.

사실 양쪽 다 지칠 대로 지쳐 있었다. 다만 차이는 영국이 더 지쳤다는 데 있었다. 유럽에서는 이미 프랑스에 이어 스페인과 네덜란드가 영국에 대한 적대적인 선언을 했다. 영국 국내에서는 반전여론이 들끓었고, 정부 내에서도 이제 전쟁을 끝내자는 분위기가 일기 시작했다.

결국 영국 왕 조지 3세는 협상의 길을 택하게 되었다. 파리에서 참전국 대표들이 모인 가운데 강화회의가 개최되고, 1783년 9월 3일 드디어 강화조약이 체결되었다. 미국은 독립전쟁에서 이기고, 대서양에서 미시시피 강에 이르는 광대한 지역을 보장받은 독립국으로 탄생했다. 영국이 협상을 통해 얻은 것은 미시시피 강을 영국 상인들에게도 개방한다는 것과 전쟁 중에 미국이 몰수한 왕당파 재산을 되돌려준다는 약속이 전부였다.

DIGEST

50

WORLD WAR

# 프랑스 혁명과 군사개혁: 프랑스 혁명군은 모든 면에서 구군대와 달랐다 (1789년)

7년전쟁 후 전쟁에서 상당한 충격을 받은 프랑스는 기존의 전쟁방식과 군사제도에 대한 비판을 통해 몇 가지 중요개혁을 단행하기 시작했다.

기동성을 증대시키기 위한 방법으로 프랑스 포병은 그리보발Gribeauval의 아이디어를 받아들이고 대포의 포신을 단축시켜 무게를 가볍게 했다. 그리고 프리드리히 대왕의 아이디어를 도입하여 황소 대신 말이 대포를 끌게 했다. 또한 청동제 대포를 값싸고 보다 개량된 철제 대포로 거의 모두 교체했다. 행군 시 포병대는 보병과 보조를 맞출 만큼 기동성을 증대시켰다. 보병도 미국 독립전쟁의 영향을 받아 경보병의 이점을 깨닫고 그 숫자를 늘렸으며, 그들로 하여금 지형을 최대로 활용하도록 하고 주요역할을 맡도록 했다.

이러한 변화는 기동성과 화력 간의 협조 및 대형 등에 관한 전술개념의 변화를 둘러싸고 군사이론가들 간에 활발한 논쟁을 불러일으켰으며, 그들 가운데서도 폴라르Folard와 기베르Guibert가 제시한 이론은 프랑스 군의 대형 변화와 훈련에 가장 큰 영향을 주었다.

그리하여 새로 채택한 평행종대 대형은 종대 사이에 생기는 공간을 경보병으로 보완하면서 다양한 지점에서 횡대대형을 유지하고 있는 적에 대해 집중공격을 가함으로써 돌파를 용이하게 했다. 프랑스 군은 평소에 횡대에서 종대로 또는 종대에서 횡대로 신속히 전환시키는 기술을 맹훈련으로 다졌다.

공격과 기동성을 중시하는 전술의 영향을 받아 전략은 자연히 과감한 전투를 선호하는 방향을 택하게 되었다. 진취적인 지휘관은 주력부대를 여러 공격용 종대로 나누어 신속하게 움직여 적을 함정에 몰아놓고 전투를 강요할 수 있었다. 그리고 요새들을 무시하고 대담하게 적 수도로 진격하는 모험을 걸 만했다. 도로와 운하 등 보급로가 개발되고 농업 생산성이 증대됨에 따라 보급에 대한 큰 우려 없이 대담한 작전을 구사할 수 있게 되었다.

프랑스 혁명은 군조직에 있어서 보수주의를 무너뜨렸다. 혁명 이전까지 장교단의 2/3 이상이 귀족들로 구성되었으나, 이제 귀족들의 그러한 특권은 사라졌다. 1794년경 귀족 출신 장교들의 5/6가 군대를 떠났다. 장교단은 신분보다는 능력 있는 군인들을 환영하고 그들에게 상위계급으로 진급할 수 있는 문을 활짝 열었다.

혁명 열기에 넘치는 프랑스 군은 그 성격이 일변했다. 1793년 징집령으로 프랑스는 모든 젊은 청년들을 군에 소집하는 이른바 국민개병제도를 택했다. 그러나 혁명이 일어났을 때부터 이미 그들은 애국심에 불타 기꺼이 군에 입대한 많은 자원병으로 충원되어 있었다.

1792년 혁명의 불길이 번져오는 것을 두려워한 오스트리아와 프랑스 사이에 전쟁이 일어났다. 이른바 프랑스 혁명 전쟁이 시작된 것이다. 초기단계에서 프랑스는 정치적으로 혼란스러운데다가 군대가 훈련결여와 능력 있는 지휘관들 부족으로 북동부 국경지역에서 잇따른 패배의 고배를 마셨다.

그러나 프랑스인들은 용기와 열정으로 신속하게 혁명군대를 개선시켰다. 혁명군대의 진가는 1792년 북동부 국경지역의 발미Valmy 전투에서 발휘되었다. 프로이센 · 오스트리아 동맹군 측의 여러 가지 과오가 프랑스에 승리를 갖다 준 측면이 많이 있었으나, 보다 더 결정적인 요인은 혁명 열기에 넘치는 국민군대로서 프랑스 보병이 용기 있게 행동함으로써 승리를 얻어낼 수 있었다.

1792년 프랑스를 침공한 프로이센 군이 발미 싸움에서 진격을 저지당하고 있다.

발미 전투 후 자신을 얻은 프랑스는 대 프랑스 동맹에 대해 결사항전을 외치며 그야말로 전 국민이 무장하여 싸우는 대규모 국민전쟁 시대의 막을 올리게 되었다. 1793년 8월 23일 프랑스 혁명정부는 전국적으로 다음과 같은 유명한 징집령levee en masse을 선포했다.

> 젊은 청년들은 전투를 하고, 결혼한 남자들은 무기를 만들고 보급품을 날라라. 여자들은 천막과 군복을 만들고 병원에서 봉사하라. 어린이들은 천 조각을 줍고, 노인들은 광장에 나와서 전사들의 용기를 북돋우고 왕정에 대한 증오와 공화국의 단결을 위하여 연설하라.

그리하여 1794년 여름 프랑스 혁명군은 1백만 명에 달했다. 그 가운데 약 75%가 무장하고 있었는데 실로 방대한 규모였으며, 그들은 사회적 계급이나 직업 또는 출신 지역별로 모든 계층을 포함한 시민집단이었다.

시민군은 구군대와 같은 제식훈련을 결코 받지 않았다. 그러나 그들은 비교적 짧은 기간의 훈련을 통해 대대별 종대대형으로 공격하는 요령을 터득하고 전장에서 신속하게 기동했다. 무엇보다도 혁명군대가 누린 가장 큰 전술적 이점은 구습을 탈피하고 상황과 지형에 따라 새로운 전투방식을 좇는 융통성을 갖게 된 것이고, 이제 승리의 관건은 그러한 이점을 최대로 이용할 수 있는 위대한 지휘관이 있느냐 없느냐에 달려 있게 되었다.

DIGEST

51

WORLD WAR

# 불세출의 군사 천재: 전쟁의 신 나폴레옹 (1769 ~ 1821년)

1793년 이후 프랑스 군은 잇달아 승리를 거두었다. 그들의 전술은 단순하고 많은 인명손실이 따랐지만, 젊은 장교들과 정열적인 병사들로 모아진 군대에게는 적합한 전술이었다. 당시 전쟁은 경험과 기술보다는 용기와 의욕을 더 필요로 했기 때문이다.

경보병이 먼저 공격하고 이어서 포병이 전방에서 포격을 가한 후 젊은 장교들을 앞세운 주력보병이 총검을 꽂은 채 돌격했다. 이때 그들은 사기를 드높이기 위하여 함성을 질렀다. 프랑스 군은 뛰어난 지휘관들을 많이 배출했다. 그 가운데서 가장 걸출한 인물은 나폴레옹 보나파르트Napoleon Bonaparte였다.

나폴레옹은 1769년 지중해의 작은 섬 코르시카에서 태어났다. 그는 프랑스 사관학교를 졸업하고 포병소위로 임관했다. 많은 전쟁사 서적들과 루소J. J. Rousseau의 저술을 탐독했고, 군사적으로는 기베르Guibert의 저술로부터 가장 큰 영향을 받았다.

한편 프랑스 군인들은 혁명 후 시간이 지나면서 차츰 혁명정부에 대해 실망하기 시작했다. 처음에는 군대야말로 평등정신과 능력 위주이며, 공동이익을 위해 기꺼이 희생할 수 있는 최고의 이상을 펼치는 곳으로 생각했으나, 혁명정부가 차츰 부패하면서 군을 방치하고 또한 혁명 그 자체까지 부정하는 듯한 인상을 보여주자 군인들은 정부를 불신하기 시작했다. 바로 이러한 분위기 속에서 군사적 명성을 떨친 나폴레옹과 같은 인물이 정치적 야심을 품은 것은 어쩌면 자연스러운 일이었는지 모른다.

나폴레옹은 1796년 절세미인이며 미망인이었던 조세핀과 결혼했다. 극적으로 그는 결혼 이틀 후 이탈리아 군을 지휘하기 위하여 현지로 떠났다. 그의 나이 26세였다. 38,000명을 거느린 사령관이었지만 47,000명이나 되는 오스트리아 · 피에몬테 연합군과 싸워야 했다.

이때 그는 병사들의 사기를 돋우기 위해 다음과 같은 유명한 연설을 남겼다.

> "장병 여러분! 여러분은 헐벗고 굶주린 상태에 있습니다. 정부는 여러분들에게 많은 빚을 졌습니다만 아무것도 줄 수 없는 형편입니다. 이런 난관 가운데 여러분이 지금까지 보여준 용기와 인내는 참으로 감탄할 만합니다. 그러나 여러분은 아무런 조그만 영광도 얻은 것이 없습니다. 본인은 지구상에서 가장 비옥한 평야로 여러분을 안내하겠습니다. 풍요로운 지방과 부유한 도시 모두를 여러분은 마음대로 차지할 수 있습니다. 그곳에서 명예와 영광과 재산을 발견할 것입니다. 장병 여러분! 여러분에게 용기와 인내가 부족합니까?"

나폴레옹은 오스트리아 군과 피에몬테 군을 분리시키고 각각을 격퇴한 다음에 롬바르디 평야를 완전히 장악하기까지 12개월 동안 12차례의 승리를 거두었다. 신속하게 행군하고 유연하게 작전행동을 취하고 적의 취약 부분에 병력을 집중하여 연전연승했다. 이탈리아에서 프랑스 군의 사기는 하늘 높이 치솟고, 동시에 나폴레옹의 인기도 급상승했다.

이탈리아에서 군사적 명성을 떨친 나폴레옹은 자신이 대단한 존재라는 것을 깨닫고 보다 더 위대한 일을 하겠다는 야심을 품게 되었다. 그러나 1798년 또 다른 큰 승리를 기대하며 출정한 이집트 원정에서 넬슨에게 패배

나폴레옹 보나파르트. 알렉산드로스 대왕과 칭기즈 칸 이래 가장 위대한 장군일지도 모른다.

한 그는 1799년 군대를 버리고 허겁지겁 파리로 돌아왔지만, 곧 쿠데타를 일으키고 제1통령이 됨으로써 일거에 정권을 장악했다.

정치가로서도 그는 유능했으며 여러 가지 업적을 남겼는데 행정 · 법 · 교육 · 종교 등 모든 분야에 걸쳐 대개혁을 성공적으로 추진시켰다. 그는 뛰어난 의지와 지성을 갖춘 훌륭한 리더였다. 그는 모든 것에 열정을 쏟고 주변의 사람들을 확실히 장악하는 카리스마를 지닌 인물이었다.

제1통령으로서 그는 1800년 마렝고에서 다시 오스트리아 군을 격파하고 제2차 대프랑스 동맹을 와해시켰다. 그 뒤 1802년에는 영국과도 강화조약을 맺었다.

무엇보다도 그는 전략과 전술의 달인이었다. 그는 혁명군대의 장점을 최대로 살리고, 징집령으로 확보한 무장병력을 자유자재로 활용했다. 1806년부터 1814년 사이에 징집된 숫자는 200만 명에 육박했다.

나폴레옹은 그의 군대에 적합한 전투방식을 끊임없이 연구 발전시켰다. 타국 군대가 횡대대형을 고수하는 데 반해 그는 혼합대형을 택했다. 즉, 일부는 횡대로, 다른 일부는 종대로 배치하고, 지형과 상황에 따라 혼합대형을 다양하게 조합했다. 기본적으로는 작은 접전으로 적을 괴롭히면서 횡대대형을 유지한 부대로 적을 견제하고, 적의 취약한 부분을 향해 종대대형을 유지하면서 돌파하는 것이었다.

그는 최신정보를 수집하고 세심한 조사를 거쳐 작전계획을 수립했으며, 그 자신이 직접 최종명령을 내렸다. 기동 · 무기 · 보급 · 재정 · 점령지 정책 등 모든 분야에 걸쳐 그는 철저히 점검하고, 이러한 작업으로 며칠 동안 밤을 새우기도 했다. 그는 전투 전에 전투할 장소를 직접 살핀 후 여러 가지 준비를 했다. 그리고 적절한 시간을 포착하는 데 심혈을 기울였다. 그는 '승패는 단 한 수에 달려 있다', '그릇의 물을 넘치게 하는 것은 단 한 방울의 물이다'라는 그의 표현대로 결정적인 순간을 잘 포착하고 지형을 잘 이용하는 뛰어난 안목을 지녔다.

1804년 나폴레옹이 스스로 황제 제관을 쓰고 대제국을 건설하기 시작하자 영국 · 오스트리아 · 러시아 등은 제3차 대 프랑스 동맹을 구축했다. 1805년 작전을 개시하기에 앞서 그는 프랑스 군 편제를 전략적으로 발전시켰다. 영구적인 사단편제에 기초를 두되 새로이 2~3개 사단을 결합한 군단체계를 도입했다. 전투규모가 커지면서 군단 단위로 운용하고 군단장에게 최대의 작전권을 부여했다. 그 혼자서 대군을 지휘하기에는 한계가 있었기에 군단별로 임무를 부여한 것이다.

보급문제에 관한 한 나폴레옹은 원시적인 방법인 현지조달에 의존했다. 여기에는 여러 가지 복합적인 이유가 있었지만, 그 방법은 부대의 기동성을 증대시키고 사기를 유지하는 데 크게 기여했다. 그러나 그 폐단 또한 커서 후에 나폴레옹이 패배할 때는 바로 치명적인 요인이 되었다. 현지조달은 부유한 지역에서 가능한 일이었고, 그 방법으로는 한 곳에 오래 머물 수 없으며, 러시아처럼 빈촌이 많은 지역에서는 거의 불가능한 일이었다.

사람들이 나폴레옹을 전쟁의 신이었다고 부르는 것은 그가 단순히 적을 격퇴시킨 것이 아니라 적을 격멸시켰기 때문이다. 그러한 목적으로 그는 부대를 신속히 이동시켜 적 측방과 후방을 겨냥하고 공격했다. 이때 일부 부대는 정면에서 적을 견제했다. 이러한 나폴레옹 식 공격은 언제나 적 퇴로를 차단하기 때문에 적을 섬멸할 수 있는 가장 효과적인 방법이 되었다.

DIGEST

52

WORLD WAR

# 트라팔가르 해전과 넬슨 제독: 영국, 19세기 세계 바다를 장악하다 (1805년)

나폴레옹과의 전쟁 중 영국은 지상전보다는 해전에 더 몰두했다. 전통적으로 해군이 육군보다 더 강했기 때문이다.

당시 영국 해군은 전쟁준비가 잘 되어 있었던 데 반해 프랑스 해군은 유례없이 부실한 상태였다. 혁명에 흔히 수반되는 숙청에도 불구하고 육군은 열정과 숫자로 전투력을 유지할 수 있었으나, 해군은 그것만으로 훈련된 선원과 지휘관을 대신할 수 없었다. 쓸 만한 일반 해군병사를 양성하는 데는 최소한 6개월이 소요되고, 기술병사를 양성하는 데는 최소한 4년이 걸린다.

프랑스는 영국의 해상수송을 막아보려 했으나 모든 면에서 역부족이었다. 한편, 우세한 해군력을 가진 영국은 프랑스 해안을 봉쇄함으로써 프랑스 무역의 숨통을 옥죄어, 프랑스 함대로 하여금 항구를 박차고 나와 해전에 뛰어들도록 유도했다.

그 결과 1794년부터 1805년 사이에 영국 해군은 여섯 차례 큰 승리를 거두었다. 약 200년 전 스페인의 무적함대를 격파한 후 최대의 승리였다. 군함을 기술적으로 발전시킨 것은 없으나, 영국 해군은 전보다 훨씬 효과적인 전술을 터득하고 있었다. 첫째, 그들은 알기 쉬운 신호체계를 도입하여 지휘관

통제 하에 일사불란하게 해상전술을 펼칠 수 있는 역량을 갖추고 있었다. 둘째, 영국 해군에는 뛰어난 지휘관들이 많았다.

1794년 6월 1일 영국 군은 대서양 먼 곳에서 항해하던 프랑스 해군을 발견하고 그들을 공격함으로써 최초의 승리를 거두었다. '영광의 유월 초하루'라고 불리는 이날 영국 군은 전적으로 새로운 방식의 공격을 시도했다. 그들은 처음에는 바람이 불어오는 쪽을 확보한 다음에 사선진 대형으로 적을 덮쳐 적 전열을 절단했다. 그 후 영국 군은 바람을 안고 접근전을 벌였다. 적이 바람을 타고 도주하는 것을 방지하기 위해서였다. 해전술 발전에 있어 하나의 획을 그은 하루였다. 그때까지 일반적인 해전술은 양쪽이 마주보고 나란히 서서 각 선박이 차례로 질서 있게 포를 쏘아대는 것으로서, 어느 쪽도 뚜렷한 큰 승리를 기대하기 어려웠다. 이때 지휘관들은 적을 격파하기보다는 엄격한 정렬을 유지하는 데 골몰하기 마련이었다.

영국 군의 신전술은 1797년 세인트 빈센트 곶 해역에서 영국 제독 존 저비스 경Sir John Jervis과 넬슨Horatio Nelson 제독이 스페인 함대를 무찌를 때 다시 그 위력을 입증했다.

저비스 경은 영국 해군력의 기초를 다진 사람으로서 탁월한 전략가이자 행정가였다. 또한 그는 인재를 발굴하는 안목이 뛰어났으며, 넬슨의 비범함을 한눈에 알아보고 발탁한 인물이 바로 그였다.

넬슨은 1758년에 태어나 13세에 해군에 입대했다. 그는 세인트 빈센트 곶 해전에 참전하여 영국 해군이 좋아하는 접근전에서 용맹한 행동으로 완전한 승리를 거두었다. 저비스의 계획은 적 전열을 절단한 다음 그들이 합쳐지기 전에 뱃머리를 돌려 다시 공격하는 것이었다. 그러나 영국 전열 뒤쪽에 위치한 넬슨은 영국 군 선두가 시간 내에 뱃머리를 돌릴 수 없음을 깨닫고 신속하게 적 전열 사이에 뛰어들었다. 순간을 포착하고 명령 없이 대열을 이탈하여 독자적으로 취한 행동이었다. 자신의 배 1척에 74문의 대포를 장착한 넬슨은 적선 7척과 교전했으며, 그동안에 다른 함대가 돌아와 합류함으로써 영국 군은 대승을 거두었다.

넬슨은 1798년 나폴레옹이 대군을 거느리고 이집트로 건너가자 그를 추격

트라팔가르 해전에서 넬슨의 빅토리호(중앙 오른쪽)가 프랑스 함대를 격파하고 있다.

했다. 나폴레옹은 운이 좋았다. 이집트로 건너가는 중 폭풍 덕분에 넬슨의 공격을 피할 수 있었던 것이다. 이리저리 추격한 끝에 넬슨은 아부키르 만에서 프랑스 함대를 발견했다. 프랑스 제독은 그곳을 안전하다고 판단하고 닻을 내리고 있었다. 어두워질 때를 기다렸다가 넬슨은 프랑스 함대 뒤쪽으로 접근하여 기습공격을 가했다. 좁은 공간에서 프랑스 함대는 삽시간에 혼란에 빠졌고, 13척의 군함 가운데 단 2척만이 탈출했을 뿐, 나머지는 모두 격파되었다. 이후 영국은 지중해를 보다 확실히 지배할 수 있게 되었다.

나폴레옹은 육전에서 연전연승하고 있었으나 그의 마음속에 늘 영국 해군은 두려운 존재였다. 영국을 침공하려는 계획을 세웠다가도 해군력 열세 때문에 포기하지 않으면 안 되었다. 그러나 일단 브레스트와 툴롱 두 주요 항구에 대한 해상봉쇄를 돌파하기 위한 작전을 시도했다.

1805년 툴롱에서 프랑스 함대는 해상봉쇄 돌파에서 일시적으로 성공했다. 그러나 역으로 넬슨은 프랑스 군을 대양으로 끌어내 그가 원하는 해전을 벌일 수 있게 되었다. 넬슨은 프랑스 함대를 추격하여 10월 21일 트라팔가르에서 교전했다. 넬슨은 이 해전에서 영국 군의 전형적인 전술을 적용하여 적의 전열을 끊은 다음 뱃머리를 돌려 접근전을 벌였다. 그는 눈부신 작전 지휘로 적선 30척 가운데 18척을 나포하거나 침몰시켰다. 그러나 넬슨은 치열한 접근전을 벌이던 중 적탄을 맞고 쓰러졌다. 그날 넬슨은 그를 열렬히 따른 자랑스런 부하들이 대승을 거두었다는 소식을 듣고 조용히 눈을 감았다.

넬슨은 해전사상 매우 독창적이고 지적인 용맹한 제독이었으며, 탁월한 지휘관이었다. 범선 시대의 최후의 해전 중 하나인 트라팔가르 해전에서 영국은 프랑스 해군을 상대로 완벽한 승리를 거두고 제해권을 완전히 장악했다. 그리하여 넬슨은 나폴레옹으로 하여금 지상작전에만 한정시키도록 하여 결국 몰락의 길을 걷게 했으며, 영국은 19세기 내내 세계의 바다를 장악함으로써 영원히 해가 지지 않는 대제국을 건설했다.

DIGEST

53

WORLD WAR

# 아우스터리츠 전투:
## 프라첸 고지로 유인, 러시아 군 격멸
## (1805년)

황제 나폴레옹이 대제국을 건설하기 시작하자, 1805년 오스트리아 · 러시아 · 영국은 제3차 대 프랑스 동맹을 결성했다.

나폴레옹은 영국을 침략하고 싶어도 해군력 열세로 그렇게 할 수 없었다. 그래서 대륙에 대한 공세를 펼치기로 결심했다. 당시 그는 최상의 육군을 거느리고 있었다. 절반가량의 병사들이 실전경험을 가졌고, 그동안 강도 높은 훈련으로 전투력을 다졌으며, 재능 있는 젊은 장교들이 지휘했다. 9명의 원수들 가운데 가장 고령이 50세였고, 가장 젊은 사람이 32세였다.

오스트리아 · 러시아 동맹군 규모는 프랑스 군을 훨씬 능가하지만 그들은 흩어져 있었다. 따라서 나폴레옹은 그들이 합류하기 전에 선제공격으로 각개격파할 결심을 내렸다. 그는 라인 강과 도나우 강 유역을 축으로 하여 먼저 오스트리아 군을 격파하고 다음에 러시아 군을 격멸한다는 전략을 수립했다.

오스트리아 군은 이탈리아에 95,000명, 그리고 울름 지역에 72,000명을 배치하고 있었다. 나폴레옹은 이탈리아에서 마세나 휘하 50,000명으로 적을 견제하도록 한 후, 자신은 210,000명의 대군을 이끌고 9월 26일 라인 강을

아우스터리츠에서 전투준비를 하고 있는 나폴레옹 군의 모습.

건너 약 10일 만에 도나우 강에 도달했다. 그후 울름을 포위하여 크게 승리한 다음에 오스트리아 군으로부터 항복을 받아냈다.

이때 러시아 군은 이미 오스트리아에 발을 들여놓은 상태였으며, 프로이센도 프랑스에 대해 반기를 들 태세를 보였다. 나폴레옹은 울름 전역 후 병사들이 지쳐 있음에도 불구하고 공격이 최선의 방책이라는 생각으로 오스트리아의 수도 빈으로 진격했으며, 이어서 러시아 군을 사냥하기 위해 나섰다.

그러나 쿠투소프Mikhail Kutusov 휘하의 러시아 · 오스트리아 동맹군은 교묘히 전투를 피하며 지연전을 꾀했다. 시간은 그들 편에 있으니 러시아의 제2군, 프로이센 군, 그리고 이탈리아에 주둔하고 있는 오스트리아 군으로부터 증원을 받은 후 반격을 해도 늦지 않다고 생각한 것이다.

나폴레옹은 함정에 빠진 듯싶었다. 그 무렵 트라팔가르 해전에서의 패배 소식까지 전해 듣게 되니 더욱 난감했다. 그러나 그 어려운 순간에 역으로 함정을 놓는 생각을 했으니, 그는 참으로 군사적 천재였다. 유리한 지형을 찾아낸 다음 그곳으로 적을 유인하겠다는 생각을 한 것이다. 아우스터리츠 후방에서 적이 계속 증원되고 있다는 것을 간파한 나폴레옹은 바로 아우스터리츠 전방에서 행군을 멈추고 병사들을 쉬게 하는 한편, 적이 공격해오도록 미끼를 던졌다.

쿠투소프는 약 85,000명을, 나폴레옹은 73,000명을 거느리고 있었다. 그러나 나폴레옹은 전선의 우측을 엉성하게 노출시키고 쿠투소프가 공격해오도록 유인했다. 중요 지점인 프라첸 고지 후방에 예비병력을 숨기고 그곳에서 남쪽으로 흐르는 골드바하 강변에 약 40,000명의 병력을 노출시켰다. 쿠투소프가 약 2배나 병력이 많은 것처럼 착각하게끔 나폴레옹 군의 우측을 포위하도록 유혹하는 그야말로 정교한 작전계획이었다.

쿠투소프는 매우 신중했다. 나폴레옹 군의 병력배치가 아무리 엉성해도 군이 서둘러 공격할 이유가 없다는 식이었다. 그러나 동맹군 진지를 방문한 최고사령관 러시아 황제 알렉산드르 1세는 28세의 젊은 나이에 나폴레옹에 대한 승리를 눈앞에 둔 것처럼 믿었으며, 다른 아첨하는 부하들로부터도 부추김을 받아 12월 1일 진격을 결심하기에 이르렀다.

그날 저녁 러시아 군은 주력을 남쪽으로 이동시키고 다음날 새벽 공격을 개시했다. 나폴레옹은 자기가 구상한 계획 그대로 적이 움직이는 것을 보고 드디어 자신의 계획을 부하들에게 밝히고 만반의 태세를 갖추도록 명했다. 한편 그날 저녁, 쿠투소프를 포함한 러시아 고급장교들은 술에 취해 있었으니, 전투에 임하는 그들의 자세는 나폴레옹과 너무나 대조를 보였다.

이튿날 전투는 나폴레옹이 뜻한 대로 진행되었다. 러시아 군 공격은 조잡하고 엉성하기 짝이 없었다. 미끼로 내던져진 나폴레옹 군 우측은 적 공격을 잘 버텨냈으며, 그동안에 숨어 있던 중앙부대는 안개를 뚫고 나와 삽시간에 프라첸 고지를 점령하고 적을 두 쪼갰다. 프랑스 군 중앙은 방향을 돌려 남쪽으로 진출한 러시아 군을 포위하고 무자비한 공격을 가했다. 러시아 군은 일부만 포위망을 뚫고 달아났을 뿐 대부분은 탈출하지 못하고 살상당했는가 하면, 얼음 섞인 호수에 빠져 익사하거나 생포되었다. 북쪽의 러시아 군도 견디지 못하고 모두 도주했다. 이 전투에서 동맹군은 27,000명의 병력과 180문의 대포를 잃고 프랑스 군은 7,000명을 잃었다.

이 전투 후 오스트리아는 동맹국 대열에서 이탈했으며, 그 대신 프로이센이 새로이 동맹국에 가맹하고 나폴레옹의 전 독일지역 지배를 막아보려 했다. 그러나 1806년 예나와 아우엘슈테트 두 지역의 전투에서 프로이센 군 역시 괴멸되고 말았다.

1805~1806년 나폴레옹의 승리는 절정에 이르렀고, 이때 그는 사실상 유럽 대륙을 수중에 넣었다. 이제 한없는 정복욕을 가진 그에게 남은 문제는 어떻게 정복지역을 잘 다스리며 또한 영국과 러시아를 굴복시킬 것인가였으며, 결국 이 문제와 씨름하면서 그는 워털루 전투까지 10년을 보내게 됐다.

# 워털루 전투:
## 웰링턴과 블뤼허의 승리 (1815년)

나폴레옹의 몰락은 그가 지나친 야심가로서 쉼 없이 타국을 정복하려 한 데서 이미 예정된 일이었다. 유럽을 수중에 넣은 후 그는 대륙봉쇄령을 선포하고 영국과의 모든 교역을 금지시켰다. 그러나 그것은 영국이 바다를 장악하고 있는 한 비현실적인 정책이었다.

포르투갈과 스페인은 영국과의 밀무역을 계속하며 프랑스의 지배에 저항했다. 1808년 나폴레옹은 스페인 왕을 강제로 폐위시키고 자기 형 조제프 joseph를 왕위에 앉혔다. 이 사건은 스페인과 포르투갈 인들로 하여금 거국적 민족항쟁에 나서도록 했고, 졸지에 프랑스 군은 정규전 아닌 비정규전에 시달리지 않으면 안 되었다. 원정군을 증강시켜 보았지만 이베리아 반도에서 프랑스 군이 처한 상황은 결코 호전되지 않았고, 그러자 오스트리아와 독일 곳곳에서도 동요와 함께 저항운동이 일어나기 시작했다.

그럼에도 불구하고 나폴레옹은 연달아 무리수를 두어 1812년 러시아 정복을 위한 원정에 나섰다. 러시아에 침공해 들어가는 것은 결코 어려운 일이 아니었으나, 그 후 춥고 배고픈 땅에서 러시아 군의 초토작전에 견디지 못하고 나폴레옹 군대는 거의 자멸하고 말았다. 60만 명 가운데 무려 50만 명을 잃었는데, 포로가 10만 명이었으며 전사 및 동상으로 사망한 자가 40만 명이나 되었다. 간신히 본국으로 돌아온 그는 1813년 새로 군대를 일으켰으나 라이프치히 전투에서 제4차 대프랑스 동맹군에게 다시 패배했다. 그는 황제의 자리를 빼앗기고 그해 5월 엘바로 쫓겨났다. 엘바로 떠나는 배에서 나폴레옹을 존경하던 갑판장은 "우리 모두는 폐하가 다음번에는 좀 더 운이 좋기를 바라 마지않습니다"라고 말했다.

영국의 명장 웰링턴 장군.

그러나 나폴레옹은 1815년 3월 엘바 섬을 탈출, 다시 파리로 돌아와 이른바 백일천하 시대를 열었지만, 이미 재기불능 상태였다. 다른 유럽국들은 나폴레옹을 너무도 잘 알기 때문에, 그가 더 이상 전쟁을 원하지 않고 다만 프랑스를 통치하겠다는 그의 말을 믿지 않았다. 그리하여 다시 전쟁이 벌어지게 되었다.

나폴레옹 군대가 쇠퇴한 데 반해 다른 유럽 군대는 나폴레옹의 전법을 모두 터득할 만큼 충분한 경험과 훌륭한 지휘관들을 보유하고 있었다. 그들은 지지 않기 위해 싸우는 것이 아니라, 라이프치히에서처럼 프랑스 군을 격파하기 위해 보다 공격적인 연합작전을 구사할 수 있었다.

결국 1815년 6월 나폴레옹은 브뤼셀 부근의 워털루에서 영국의 명장 웰링턴Wellington과 프로이센의 명장 블뤼허Gebhard Leberecht von Blücher가 이끄는 동맹군에게 최후의 패배를 당했다. 워털루 전투가 끝난 뒤 웰링턴은 "나폴레옹은 구식으로 싸우고 우리는 신식으로 싸워 우리가 승리했다"고 자신있게 말했다. 나폴레옹과 같은 나이였던 웰링턴은 나폴레옹과의 마지막 전투에서 승리함으로써 명성을 떨쳤고, 영국인들은 그 사실을 대단한 자랑거리로 내세웠다. 그는 나폴레옹과 같은 번뜩이는 재능은 없었지만, 확신과 끈기를 갖

워털루 싸움. 1815년 6월 18일, 워털루에서 나폴레옹은 웰링턴 군을 맞아 분전했으나 블뤼허 군의 기습공격에 무너지고 말았다.

고 주도면밀하게 전쟁을 지휘하는 전형적인 영국식 명장이었다.

그러나 6월 18일의 워털루 전투를 살펴보면 웰링턴의 작품이라기보다는 프랑스 군의 실수가 전투에 결정적 영향을 미쳤음을 알 수 있다. 사실상 결전 3일 전 웰링턴과 블뤼허의 군대는 너무 멀리 흩어져 있어 두 군대 사이에 위치한 나폴레옹이 초기 이탈리아에서처럼 번개 같은 공격을 감행했더라면 동맹군은 큰 타격을 입었을 것이다.

6월 16일 전투에서 나폴레옹 본인은 리니Ligny에서, 그리고 부하 장수였던 네Ney 원수는 카트르브라Quatre-Bras에서 압도적인 승리를 거두었다. 그러나 나폴레옹은 그가 젊었을 때만 같아도 있을 수 없는 또 하나의 큰 실수를 저질렀다. 그는 리니 전투 후 프로이센 군을 끝까지 추격하여 웰링턴 군대를 지원하지 못하도록 섬멸했어야 했다. 사실 블뤼허는 그곳에서 낙마로 부상을 입고 정상적인 지휘를 못하는 상태에 있었다. 만약 나폴레옹이 그랬더라면 블뤼허의 군대가 18일 웰링턴을 지원하기 위해 워털루에 나타나지 못했을 것이다.

결국 실수와 태만으로 승리의 호기를 놓치자 나폴레옹은 워털루에서 연합작전을 펼친 영국 · 프로이센 동맹군에게 병력 열세로 패배하고 말았으며, 이로써 그의 운명에 최후의 종지부를 찍게 되었다. 나폴레옹은 돌아올 수 없는 먼 곳 남대서양의 세인트헬레나 섬으로 추방되었으며, 1821년 그곳에서 눈을 감았다. 향년 52세였다.

만일 나폴레옹이 워털루에서 실수를 줄였더라면 승리했을지도 모르지만 결과는 크게 달라지지 않았을 것이다. 왜냐하면 러시아와 오스트리아 대군이 그를 가만 두지 않았을 것이기 때문이다. 또한 비록 승리했더라도 프랑스 국민들은 더 이상 전쟁에서 견디지 못하고 나폴레옹을 지지하지 않았을지도 모른다. 나폴레옹 전쟁에서 프랑스 젊은이들은 약 20%가 목숨을 잃었다. 이 숫자는 총력전을 치른 1차대전 때의 25%와 엇비슷한 수준이었다.

# 조미니와 클라우제비츠:
## 《전쟁술 개요》와 《전쟁론》 집필하다 (1837년, 1832년)

나폴레옹 몰락 이후 유럽은 평화를 되찾고 비교적 오랜 기간 평화를 누렸다. 참혹한 전쟁을 경험한 각국 군주들은 도발을 자제하고 외교적으로는 메테르니히가 주도한 빈 국제회의를 정기적으로 갖고 열강 간에 세력균형과 협력을 도모하게 된 것이다.

평화를 구가하던 시대에도 각국은 어느 정도 전쟁 가능성을 대비하고 각국의 특수한 안보상황에 따라 군대를 편성 · 훈련 · 유지시켰다. 19세기 전반기 산업혁명과 인구의 폭발적 증가로 인한 변화의 물결은 유럽 각국에 점차 제국주의와 민족주의 바람을 불러일으켰다. 산업혁명의 영향을 받아 군대도 부분적으로 새로운 무기와 기술을 받아들이고 미래의 전쟁에 대한 대책들을 강구했다.

신기술에 따르는 변화를 어떻게 수용할지에 대해서는 아직 자신이 없었던 군사이론가들은 주로 나폴레옹 전쟁이 남긴 교훈을 분석하고 그것을 기초로 하여 전술을 발전시키는 데 주안을 두었다. 통상 군인들은 앞서 일어난 큰 전쟁으로부터 많은 가르침을 찾는데, 그런 점에서 19세기 유럽 군대는 나폴레옹의 그늘 속에 있었다고 할 수 있다.

조미니.

카를 폰 클라우제비츠.

나폴레옹 전쟁의 성격이 국민전쟁으로서 현대전의 발단을 이룬 만큼 그 전쟁에 대한 분석은 대단히 중요한 일이었다.

평화시대에 군사이론에 관심을 갖는 사람들은 드물고 별로 인기를 얻지 못했으나, 스위스 태생 조미니Henri Jomini(1779~1869)와 프로이센인 클라우제비츠Carl von Clausewitz(1780~1831)는 탁월한 군사사상가로서, 오늘날까지 높은 평판을 받고 있는 군사고전을 저술했다. 클라우제비츠의 대표적 저서 《전쟁론》은 그가 죽은 다음해인 1832년에, 그리고 조미니의 《전쟁술 개요》는 1837년에 출간되었다.

조미니는 파리에서 은행원으로 근무하던 중 나폴레옹의 이탈리아 전투에 관한 승전 벽보를 읽고는 프랑스 군에 입대했다. 나폴레옹의 제갈공명이 되겠다는 포부와 함께 시대를 초월하는 전쟁원칙을 발견하려는 원대한 꿈을 실현하기 위해서였다. 그러나 조미니는 그의 능력을 나폴레옹으로부터 인정받았음에도 불구하고 나폴레옹의 수석 참모 베르티에Berthier 원수의 방해로 말미암아 승진 및 출세하는 데 있어 벽에 부딪쳤다. 그러자 그는 1813년 러시아로 망명하여 러시아 장군으로 활약했다.

한편, 클라우제비츠는 베를린 사관학교에서 학교장 샤른홀스트 장군의 수

제자였으며, 예나 전투 이후에는 프로이센 군을 개혁하는 데 주도적인 역할을 했다. 워털루 전투에서 참모로 참전했던 그는 나폴레옹 전쟁이 끝난 뒤 1818년부터 수년간 사관학교 교장으로 재직했다. 이때 그는 강의를 할 수 없는 행정직이었음에도 불구하고 그의 전쟁이론을 글로 정리하여 유명한《전쟁론》을 집필했다. 이《전쟁론》은 탈고하기 전에 저자가 사망함으로써 그 유고를 저자의 부인이 출간한 일종의 미완성 작품이었다.

조미니와 클라우제비츠, 이 두 이론가는 이론적 접근방법과 핵심주제에서 많이 다르며 둘 사이에 끊임없이 논쟁이 벌어지기도 했다. 그러나 두 사람의 이론은 상호보완적인 부분이 많고, 최초로 현대전의 기초이론을 정립함으로써 당대뿐만 아니라 그 후 오랫동안 세계적으로 군인들의 사고에 지대한 영향을 미쳤다.

클라우제비츠의 저술은 너무 난해하여 오해의 소지가 있다는 것이 큰 약점이었다. 정치가의 동기와 인간의 심리적 현상을 깊게 분석하면서 전쟁의 본질을 다룬 그의 이론은 19세기 및 20세기 초까지는 주로 프로이센 군대에 이상한 방향으로 영향을 미쳤다. 프로이센 군은 클라우제비츠가 현실전쟁을 설명하기 위해 설정한 '절대전쟁'의 개념을 잘못 해석하고는 그것을 현실에 적용하려는 노력을 하나의 정책으로 삼다시피 했다.

그러나 오늘날 독일 아닌 영 · 미에서 더 많이 읽혀지고 있는《전쟁론》에 대하여 그런 식으로 이해하는 사람은 없다. 클라우제비츠 사상의 핵심은 그가 전쟁의 폭력성과 불확실성을 다루면서도 본질적으로 전쟁은 하나의 정치적 수단에 불과하다는 점을 갈파한 것이다. 즉, 최상은 외교적 해결이고, 전쟁은 최후의 수단이라는 것이다.

19세기에 프로이센을 제외한 대부분의 국가는 조미니의 이론을 크게 환영했다. 그는 전쟁수행에 대해 기술적으로 분석했으며, 일반적으로 군인들이 주로 갖는 관심 주제를 명쾌하게 정리함으로써 큰 호응을 얻었다. 그리하여 결정적 지점에 적시에 병력을 집중하라는 등 그가 강조한 전쟁원칙은 각국 군사교리의 기초를 이루었다. 특히 나폴레옹을 존경하는 많은 군인들에게 조미니는 마치 나폴레옹의 전도사처럼 보였다.

그러나 여러 가지 원칙과 도해를 통해 전쟁수행을 너무 과학적으로 다룬 나머지 다른 면을 간과한 것은 조미니 이론의 큰 약점으로 지적되고 있다. 엄격히 말해 복잡다단한 전쟁을 지배하는 절대적인 확실한 법칙이라는 것은 존재하지 않는 것이다. 전쟁에서 사람들은 너무나 많은 불확실하고 예상하지 못한 요인들로 말미암아 고민하게 마련이라는 사실을 간과해서는 안 될 것이다.

DIGEST

56

WORLD WAR

# 크림 전쟁:
## 현대 과학·기술의 중요성이 입증되다
## (1853 ~ 1856년)

나폴레옹 전쟁 이후 약 40년간 유럽 군대는 큰 전쟁 없이 주로 나라 안에서 질서를 유지하는 기능을 수행했다. 러시아와 프로이센은 아직도 대규모 군대를 거느리고 있었으나 나머지 국가들은 소규모의 직업군대에 의존했다.

1853년에 발발한 크림 전쟁은 상당히 긴 기간의 평화와 빈 회의의 협력 체제를 동시에 무너뜨렸다. 이 전쟁의 발단은 다 기울어가는 오스만투르크 제국에 대해 러시아가 야욕을 드러내고 제국의 일부 지역을 점령한 데서 비롯되었다. 러시아 황제 니콜라이 1세는 1848년 혁명으로부터 아무 영향을 입지 않고 헝가리인들의 독립운동을 성공적으로 진압한 데 자신을 얻은 나머지, 발칸 지역에서 보다 공격적인 정책으로 나왔다. 그와 같이 발칸 반도를 통해 직접 지중해로 진출하려는 러시아의 남진정책을 결코 좌시할 수 없었던 영국과 프랑스는 오스만 지원을 선언하고 1854년 6월 콘스탄티노플에 원정군을 파견하기에 이르렀다.

연합군과의 충돌을 두려워한 러시아는 일단 점령지에서 군대를 철수시켰다. 그러나 영국과 프랑스 정치지도자들은 여전히 러시아를 응징하기로 결의하고, 그해 9월 러시아 군이 주둔하고 있는 강력한 요새 세바스토폴을 공략하기 위해 요새 북쪽 30마일의 해안에 군대를 상륙시켰다. 19세기 최대 규모의 상륙작전이었다.

아무 저항을 받지 않는 가운데 상륙한 연합군은 세바스토폴을 향해 진격했다. 이때부터 크림 전쟁은 양측 공히 잇단 실수와 준비 부족, 무모한 지휘로 인한 실패를 거듭거듭 보여준 전쟁이 되고 말았다. 콜레라가 창궐하고, 가을 폭풍우가 심한 흑해지역에 대한 사전 지식은 물론, 지도 한 장 갖지 않고 적 상황을 제대로 파악하지 못한 채 출정한 연합군은 요새를 포위하는 데 너무 많은 시간을 소비했고, 그 사이에 러시아 군은 새로운 축성물들을 구축, 요새 방어를 강화시켰다. 연합군은 공성포가 도달할 때까지 한 달을 기다린 끝에 보루를 공격하기 시작했으나 큰 효과를 거두지 못했다. 이번에는 증원된 러시아 군이 반격을 시도했으나, 그들 역시 준비가 불충하여 실패했다. 발라클라바에서는 영국 근위기병이 무모하게도 러시아 포병부대를 정면공격하다가 참담한 실패를 맛보기도 했다.

그 후 러시아 군은 개인호를 여러 열로 배치하는 참호전으로 나왔다. 두 달 후에는 폭풍우가 불어닥쳤고 이로 인한 피해는 교전에 의한 것보다 훨씬 더 컸다. 참호들은 종종 물 속 깊이 잠기고 그 안에서 병사들은 각종 질병으로 고생했다. 진창 속에 누워 있는 환자들이 즐비했으며, 전투로 사망한 숫자보다 질병으로 사망한 숫자가 훨씬 많았다.

동계작전에 대한 준비 없이 겨울을 보내고 전쟁비용이 늘어남에 따라 각국 정부는 큰 부담을 안게 되었다. 영국 내각이 총사퇴하고 러시아 황제도 러시아 군대의 무력함에 홧병을 얻어 죽고 말았다. 이듬해 연합군 함대가 해안 일대를 완전히 봉쇄하는 데 성공한 이후 가을에 연합군은 드디어 세바스토폴을 함락시켰다. 모두 지쳐 있었으나, 오스트리아까지 러시아에 선전포고하고 나왔을 때 러시아는 마침내 연합군 요구를 받아들이기로 하고 백기를 들었다.

크림 전쟁은 성공보다는 실패가 많았던 전쟁이었으며, 연합군이 승리했다고 하나 어떤 큰 의미 있는 정치적 결과를 얻어내지도 못했다. 다만 그들은 러시아의 남진을 일시적으로 중단시키고 튀르키예의 몰락을 1세기 정도 늦

크림 전쟁. 이 전쟁은 전술지도, 병참체제, 통신 등이 치졸하여 러시아는 물론 영 · 프 연합군에게도 비참한 전쟁을 강요했다. 그림은 세바스토폴 요새의 포격 모습.

추는 데 성공했을 뿐이었다.

그럼에도 불구하고 간과해서는 안 될 것은 전쟁에서 과학과 기술은 중요한 역할을 했으며, 바로 이 분야에서의 우세로 연합군이 승리했다는 사실이다.

첫째, 연합군은 처음으로 총신에 강선이 있는 소총과 현대적인 총알을 사용함으로써 구식 활강 화승총을 사용한 러시아 군에 비하여 사거리 · 관통능력 · 정확도 등에서 압도적이었다.

둘째, 연합군 해군은 범선 아닌 기선을 이용함으로써 튀르키예와 크림 반도에 훨씬 용이하게 병력과 물자를 수송할 수 있었다.

셋째, 전신을 최초로 사용함으로써 연합국 정부는 각각 파리와 런던에서부터 현지 사령관과 교신을 했고, 종군기자들은 전황을 본국에 신속히 알릴 수 있게 되었다.

넷째, 이 전쟁은 의료부대를 크게 혁신시키고, 플로렌스 나이팅게일의 헌신적인 활동으로 간호체계를 발전시켰을 뿐만 아니라, 여성들의 전쟁 참여와 더불어 지위향상에 크게 기여했다.

또한 이 전쟁으로부터 앙리 뒤낭은 인도주의를 주창하며 국제적십자를 발족시켰고, 1864년에는 12개국이 최초로 일명 적십자조약이라고 일컫기도 하는 제네바 협약을 맺게 되었다.

DIGEST

57

WORLD WAR

# 남북전쟁: 전략적 철도 이용 (1861 ~ 1865년)

미국의 남북전쟁은 19세기의 전쟁사에서 매우 중요한 의미가 있는 전쟁이다. 미국이라는 나라의 입장에서 보면 두 이질적인 사회로 분할될 뻔한 위기를 이 전쟁으로 극복하고 명실공히 통일된 합중국을 유지할 수 있게 되었다. 세계전쟁사적으로 살펴볼 때 이 전쟁은 프랑스 혁명과 같은 대중의 열기를 지니고 산업혁명으로부터 지대한 영향을 받았다는 점에서 현대전쟁의 효시라고도 할 수 있다.

남북 간에 쟁점이었던 노예제도와 경제계획으로 말미암아 서로 간의 증오가 증폭되던 중, 1860년 대통령 선거에서 공화당 후보 링컨이 승리하자, 남부 11개 주는 미합중국에서 탈퇴하고 1861년 2월 제퍼슨 데이비스Jefferson Davis(1808~89)를 소위 '아메리카 연방'의 대통령으로 임명했다. 그리고 2개월 후인 4월 사우스캐롤라이나 주 포트섬터의 합중국 수비대를 '아메리카 연방' 군대가 공격함으로써 남북전쟁은 발발되었다.

처음부터 양측은 어떠한 양보도 있을 수 없었다. 북부에 통일 없이 평화가 있을 수 없고, 남부에 독립 없이 평화란 존재할 수 없었다. 그리하여 양측은 총력전 시대의 개막이 되는 큰 싸움을 벌였다. 정치 · 경제 · 사회 · 이념 등 모든 면에서 양측은 어떠한 양보도 하지 않는 '전부'를 목표로 하는 총력전을 펼쳤다.

그러나 처음에 양측은 다 상대의 의지를 과소평가했다. 대부분의 남쪽 사람들은 겁 많은 양키들에 대한 몇 차례 신속한 승리로써 전쟁을 끝낼 수 있다고 믿었으며, 한편 북쪽 사람들은 남쪽에는 분할을 반대하는 많은 사람들이 있어서 몇 차례 승리로 곧 그들 정부는 붕괴되리라고 낙관했다.

북부는 여러 가지로 확실한 이점을 누렸다. 북부 인구는 2,500만이었던 데 비하여 남부는 900만이었고, 그나마 그 가운데 300만은 흑인 노예들이었다. 북부는 거의 대부분의 산업시설과 철도를 소유했고, 연방정부하의 육군과 해군 및 대부분의 관공서를 장악하고 있었다.

그러나 남부도 나름대로 유리한 점을 살릴 수 있었다. 첫째, 지리적으로 매우 광활하고 황야가 많은 곳에서 침공군을 피곤하게 만들 수 있었다. 둘째, 그들은 북군처럼 반드시 이기는 데 목적이 있었던 것이 아니고, 북부로부터 양보를 얻어내 독립을 쟁취하기만 하면 되었다.

전쟁이 발발했을 때 양쪽은 군사력이 결여되어 있었기 때문에 거의 무에서 유를 창조하는 식으로 싸웠다. 시행착오를 반복하고 전장에서 학습을 쌓아갔다. 전쟁 전에 보유한 16,000명에 불과한 정규군은 인디언들을 상대로 변방지대에 배치되어 있었을 뿐, 장교들은 대군을 지휘할 수 있는 훈련을 전혀 받지 못했었다. 남북 양 정부는 처음에는 지원병들로 군대를 편성했으나, 나중에는 많은 병력소요 때문에 징병제도를 채택했다. 병사들은 주로 농촌 출신들이었고, 제대로 군사훈련을 받지 못한 채 전장에 투입되곤 했다.

최초에 대군을 편성, 훈련, 유지하는 데 양쪽은 다 엄청난 역경을 넘어야 했다. 전술훈련은 대부분 단순한 사격전을 위해 산개하는 것이고 가능하면 언제나 수목과 바리케이드 등 장애물을 이용하는 방법을 중시했다. 남북전쟁에서 전술상 가장 두드러진 특징은 바리케이드를 급조하거나 참호를 파서 그러한 장애물들을 이용했으며, 유럽 군대처럼 특별한 대형에 집착하지 않았다고 하는 점이다. 그 이유는 그럴 만한 훈련을 받지 못한 데 있기도 하지만 전장 자체가 삼림과 늪, 그리고 강 주위여서 특별한 대형이 어떤 효과를

참호 주위에 남부군이 설치한 철제 장애물들(철조망 장애물의 효시).

거두리라고 생각되지 않았기 때문이다.

장교들은 전쟁에 대한 예비지식이 결여되어 있었으며 정치인들은 더 심했다. 단, 남부 대통령은 예외였다. 웨스트포인트 출신으로 정규군에 복무하고 국방장관으로 재직한 경험이 있는 그는 적재적소에 인재를 기용하는 능력이 출중했다. 그러나 링컨 대통령은 군에 대해 아무것도 아는 게 없어 국회도서관에서 보내준 전쟁사 서적들을 부지런히 읽어야 했다. 그는 너무 자주 장군들에 대한 인사교체를 하는 바람에 인재를 놓치곤 했다. 하지만 시간이 지나면서 그는 성공적인 전시 대통령 및 전략가로 성장했으며, 그랜트Ulysses Grant(1822~85)와 같은 위대한 사령관을 발견하게 되었다.

전쟁 중 남부가 수도를 앨라배마 주의 몽고메리에서 버지니아 주의 리치먼드로 옮긴 것은 엄청나게 큰 실수였다. 리치먼드는 국경에서 가깝고 바다에서 쉽게 접근할 수 있는 곳이었다. 남군은 워싱턴과 거리를 멀리 둠으로써 북군을 피로하게 만들 수 있는 이점을 스스로 포기해버렸다고 볼 수 있다.

한편 첫해에 링컨은 메릴랜드와 미주리와 같은 전략적으로 중요한 경계지역을 정치적으로 장악하는 데 성공했으며, 그 결과 켄터키도 북부에 가입했다.

북부의 승리는 전략적 철도 이용, 남부에 대한 효과적인 해안 봉쇄, 주요

하천 장악 등에 기인하고, 그러한 요인들은 원천적으로는 북부의 공업기술과 경제력에 의해 뒷받침되었다고 할 수 있다. 여기에다 남부의 면화수출 금지조치는 남군의 어려운 상황을 설상가상으로 만들었다고 말할 수 있다. 남군 지도자들은 면화수출을 금지시킴으로써 그 폐해를 입게 된 영국과 프랑스가 자동적으로 개입을 하리라는 계산을 했으나 그것은 오산이었다. 그들의 조치는 오히려 북군의 해안봉쇄에 최대로 협조해주는 꼴이 되었고, 그들의 주수입 품목인 무기 및 탄약의 부족을 자초했다.

DIGEST

58

WORLD WAR

# 리 장군과 그랜트 장군:
## 남북전쟁 중 미국 최고의 군인들 (1861 ~ 1865년)

남북전쟁의 장군들에 대해 흔히들 말하기를 남군에 리Robert E. Lee 장군이 있어서 그들이 초기에 승리했고, 북군에 그랜트Ulysses S. Grant 장군이 있어 최종적인 승리가 가능했다고 한다.

남북전쟁 발발 시 육사 출신 가운데 장군 대열에 오른 사람은 아직 없었으나, 그들은 남군과 북군 지휘부를 장악하게 되었다. 전쟁에 참전한 총 800명의 육사 출신 중 남군에 가담한 인원이 300명이었는데, 우연히도 그들 중에는 우수한 장교들이 많았다. 남부 정부가 그들을 보다 적극적으로 활용함으로써 능력을 발휘하도록 한 데 비해, 북부에서는 육사 출신과 민간인 출신 지휘관들 간의 깊은 불신으로 말미암아 초기에 훌륭한 장교들이 출현할 수 없는 분위기가 형성되어 있었다. 이는 근본적으로 군대를 잘 몰랐던 링컨 대통령의 불찰에서부터 비롯된 현상이었다.

남부 대통령 데이비스로부터 두터운 신임을 받고 총사령관에 기용된 리 장군은 전쟁 발발 당시 53세로서 최고의 군인으로 알려진 인물이었다. 자신 있게 부대를 지휘하고 흐트러짐 없는 그를 따르는 남군들은 북군보다 훨씬 정열적으로 싸웠고, 그 결과 1861년과 1862년의 주요 전투들을 주도할 수

리 장군.

그랜트 장군.

있었다.

한편 링컨이 기용한 북군 총사령관 맥클레런George McClellan 장군은 리 장군의 상대가 되지 못했다. 그는 자신을 나폴레옹의 후계자라고 큰소리치면서도 실제 행동에 있어서는 나폴레옹과 정반대였다. 그는 자신감이 없었고, 언제나 적에게 끌려다니며 적을 과대평가한 나머지 선제공격을 두려워했다.

링컨은 멕클레런을 해임하고 그 후임자로서 포프John Pope, 번사이드Ambrose Burnside, 후커Joseph Hooker, 미드George Meade 등을 기용해 보았으나 모두 만족스럽지 못했다. 각각 장점이 없는 것은 아니나, 예하 지휘관을 장악하지 못하거나 또는 용감하지만 무모하거나 하는 등 결점이 커서 그들에게 큰 승리를 기대하기는 어려웠다.

그러다가 결국 1864년에 이르러서야 발견하게 된 적임자가 바로 그랜트 장군이었다. 전쟁발발 당시 39세의 연대장으로 출발한 그랜트는 3년 만에 총사령관에까지 오른 것이다. 무명의 장군으로서 주로 서부에서 활약하고 사일로Shiloh 전투에서는 너무 많은 인명 손실로 타격을 입었음에도 불구하고 동부에서 거의 찾을 수 없는 승리를 이루어내며 명성을 쌓은 끝에 총사령관에 발탁된 것이다.

그랜트 장군은 미국이 낳은 군인 중의 군인이었고 장군 중의 장군이었다. 그는 부하들을 깊게 배려하고 그들의 기술과 경험에 맞추어 적절한 명령을 내릴 줄 아는 인물이었다. 그는 매우 다양한 상황의 전투에서 소규모 군대에서부터 대규모 군대에 이르기까지 지휘경험을 한 유일한 장군으로서 이제 여러 군을 지휘하는 전략가로서 명성을 떨치게 되었다. 그는 예하 지휘관들을 잘 활용하여 단합된 군대를 이끌었다. 그리고 전략적 기동에 뛰어난 셔먼 William T. Sherman과 같은 장군과 팀워크를 이루었던 점에서도 리 장군에 비해 훨씬 유리했다.

리 장군은 뛰어났지만 휘하 지휘관들을 완전히 신뢰하지 못하고 인재를 발탁하는 능력에서 뒤졌다. 그가 부하장군들을 신뢰하지 못해 전투를 그르친 예로는 게티즈버그 전투가 대표적인 경우이다. 그곳에서 남군은 제대로 협조를 이루지 못한 결과 크게 패배했던 것이다.

리 장군은 그랜트 장군과 비교할 때 전투에서 이기는 기술은 갖고 있었지만 전쟁에서 이기는 전략을 생각하지 못했다. 그랜트가 전 지역을 놓고 작전을 구상하는 데 반해 리는 버지니아에 너무 집착했다. 수도 리치먼드를 지키기 위함이었다.

리는 나폴레옹처럼 자신의 능력에 의존했으나, 그랜트는 현대식 참모제도를 도입하고 적정을 보다 정확히 파악할 수 있었다. 리는 헌신과 용기 그리고 영웅주의에 입각한 최고의 정신력으로 싸웠으나, 18세기적 영웅으로서 현대전에서는 성공하지 못했다.

반면에 그랜트는 현대전을 이해하고 현대식 지휘를 함으로써 성공했다. 그는 산업화한 국가의 총사령관으로서 인적 · 물적 · 경제적 · 정치적 자원을 모두 동원하고, 한 가지 목표, 즉 남군을 격파하는 데 온 심혈을 기울인 끝에 최종적인 승리를 이끌어낸 현대전의 영웅이었다.

DIGEST

59

WORLD WAR

# 프로이센·오스트리아 전쟁: 후장식 강선소총 등장 (1866년)

나폴레옹에 의한 신성로마 제국 붕괴 이후 중부 유럽은 어느 한 나라에 의한 지배가 어려운 상황에 처했으나, 시간이 지나면서 프로이센과 오스트리아 두 강국이 게르만족의 재통일을 위한 주도권 잡기 싸움을 벌였다. 그러나 오스트리아는 게르만족 외에도 많은 이민족을 포함하고 있어 게르만족의 소원을 풀어주기에는 프로이센만 못했다.

프로이센은 '피와 철' 정책을 표방한 수상 비스마르크Otto von Bismarck를 따르며 그동안 개혁 · 육성해온 최고의 군대를 사용하여 덴마크(1864), 오스트리아(1866), 프랑스(1870)와 차례로 전쟁을 벌이고 또 잇따라 성공함으로써 독일통일을 이루게 되었던 것이다.

1861년에 등극한 황제 빌헬름 1세는 그의 야심적인 정치적 과업을 달성하기 위해 보다 강력한 군사정책을 추진했다. 신기술을 도입하고 대규모의 징집병을 훈련시키는 데 막대한 예산을 쏟아부었으며, 프로이센 육군 일반참모본부에 막대한 권한을 부여했다.

1812년 창설된 일반참모본부는 효율적인 군 관리를 위해 편성되었으나, 차츰 최고 두뇌 역할을 맡아 군의 모든 문제를 기획하는 것뿐만 아니라 결정

헬무트 폰 몰트케 장군.

하는 권한을 행사하게 되었다. 일반참모본부 출신 장교들은 쾌속도로 승진하는 특전을 누렸다. 1857년 참모총장으로 임명된 몰트케Helmuth von Moltke 장군은 황제를 정기적으로 알현하고 황제로부터 최고의 신임을 받았다. 그 바람에 수상 비스마르크와 가끔 알력이 생기기도 했지만, 그것은 어디까지나 하나의 지나가는 과정에 불과했을 뿐, 수상과 참모총장 그리고 국방장관 룬von Roon은 독일통일을 이루는 데 있어 주요 역할을 한 삼총사였다.

1864년 비스마르크는 덴마크가 과거 독일공국이었던 슐레스비히를 합병하려 하자, 게르만족의 민족주의를 부추기고 오스트리아와 합세하여 덴마크에 대한 손쉬운 승리를 거두었다. 그 뒤 그는 노련하게 홀슈타인을 배후 조종하고 그들로 하여금 오스트리아 군을 축출하도록 하는 데 성공함으로써 간단히 슐레스비히와 홀슈타인을 수중에 넣게 되었다.

다음 단계로 비스마르크는 독일연방 북부를 프로이센이, 그리고 남부를 오스트리아가 장악하는 방안을 공식적으로 제의했다. 그러나 오스트리아는 프로이센을 아예 동격의 나라로 인정하지 않는다는 식의 반응을 보이며 일언지하에 그러한 제의를 거절함으로써 두 국가는 곧장 전쟁에 돌입했다. 이때 프랑스는 두 나라 간 전쟁을 장기전이 될 것이라고 전망하며 적절한 시기에 개입하여 이익을 챙길 수 있으리라고 기대했다.

프로이센에게 상당히 불리한 점은 첫째, 독일연방 내 다른 국가들이 오스트리아 편으로 기울어 있고 둘째, 프로이센 영토가 동서 둘로 나뉘어 있으며 셋째, 보헤미아가 오스트리아 군의 베를린 진격을 위한 좋은 발판이 될 수 있다는 것이었다.

황제 빌헬름 1세와 프로이센 군 참모본부 요원들.

그러나 이상의 불리한 점들을 몰트케와 일반참모본부는 역으로 이용했다. 그들은 1개 군으로 하노버를 점령하여 우선 분할된 영토를 합한 데 이어, 1866년 6월에는 3개 군을 철도를 이용하여 신속하게 이동시켜 곧장 보헤미아에 집결토록 했다. 이때 오스트리아 군도 보헤미아 중앙으로 병력을 집결시켰지만, 1개 철도에만 의존한 결과 그 이동속도는 5개 철도망을 이용하는 프로이센 군에 비해 훨씬 뒤졌다. 내선작전의 이점을 살리려 했던 오스트리아 군 계획은 결국 시간에서 그 주도권을 빼앗김으로써 프로이센 군의 전장 내 집결과 외선작전에 말려들고 말았다.

전쟁 전 몰트케는 전략철도 건설을 강조하고 그것을 강력히 추진하는 정부정책을 주도했다. 프로이센은 1860년에 이미 3,500마일의 철도를 확보했다. 일반참모본부는 계속 증설한 철도를 이용하여 군대를 신속히 동원하고 전개하는 방법에 대해 체계적으로 연구했다.

프로이센 군의 속도에 밀린 오스트리아 군은 7월 3일 베네덱Ludwig von Benedek 왕자 휘하 215,000명(작센 군 25,000명 포함)이 쾨니히그라츠 요새 전방에서 200,000명의 프로이센 군과 전투를 벌이게 되었다. 그날 몰트케가 전신체계 고장으로 프로이센 군을 2개군밖에 집결시키지 못한 것은 오스트리아 군에게는 다행스러운 일이었다. 하지만 그날 하루 전투에서 오스트리아 군은 40,000명의 전사상자와 20,000명의 포로가 발생하는 참패를 당했다. 프로이센 군 손실은 오스트리아 군의 약 1/5에 불과했다.

전장에서 승패의 분기점을 이룬 중요한 요인으로는 두 가지가 있었다. 첫째, 오스트리아 군은 심리적으로 전투 전부터 이미 패배했다. 왜냐하면 사령관이 자신 없는 모습을 보이고 패배주의에 빠져 있었기 때문이다. 둘째, 프로이센 군 병사들이 보유한 소총이 기술적으로 오스트리아 군 소총을 압도했기 때문이다. 프로이센 군은 이미 1842년부터 요한 드라이제Johan Dreyse가 발명한 니들건needle gun이라고 불리는 후장식後裝式 강선소총rifle으로 무장하고 있었던 데 반해, 오스트리아 보병의 개인화기는 아직도 전장식이고 게다가 강선소총이 아닌 활강소총musket이 많았다. 니들건을 가진 프로이센 군은 훨씬 신속하고 정확하게 발사할 수 있었고, 또한 누운 자세에서도 쉽게 사격을 함으로써 대단히 중요한 이점을 누렸다. 오스트리아 군이 1발을 사격할 때 프로이센 군은 6발을 사격했다. 오스트리아 군은 포병과 기병에서 우세했지만 니들건의 화력을 감당하지 못해 프로이센 군의 평범한 정면공격에도 불구하고 크게 패배하고 말았다.

쾨니히그라츠 전투 후 빈으로 진출하는 것은 그렇게 어려운 일이 아니었다. 그래서 군부 내에서는 이 기회에 합스부르크 왕조체제를 완전히 무너뜨리자는 주장도 있었으나, 현명한 비스마르크는 황제를 설득하여 진격을 중지시키고 협상을 추진했다. 그는 오스트리아를 반드시 점령하지 않고도 독일통일을 달성할 수 있으며, 또한 프랑스와 러시아가 가만히 보는 앞에서 집안싸움으로 나라를 완전히 피폐하게 해서는 안 되겠다고 생각했다.

DIGEST

60

WORLD WAR

## 프로이센·프랑스 전쟁: 독일 통일 이루다 (1870 ~ 1871년)

프로이센 · 오스트리아 전쟁이 끝나자, 프로이센과 프랑스 양국은 다음번 자기들 차례의 전쟁에 대해 예상하고 그에 대비하는 본격적인 군비경쟁 및 전쟁계획에 착수했다. 프로이센은 독일 통일을 최대의 과제로 삼은 데 반해, 프랑스는 통일독일의 출현을 원하지 않았기 때문에 충돌은 불가피하리라고 내다본 것이다.

나폴레옹 3세와 국방장관 니엘은 프랑스 군을 프로이센 군 수준 이상으로 끌어올린다는 목표를 향해 많은 노력을 기울였다. 그러나 프랑스 국민들은 군 개혁을 적극적으로 지지하지 않았기에 군대는 국민과 유리된 집단으로 발전되고 장교단도 사회적으로 멸시되었다.

1870년경 프랑스 군은 기본적으로 직업군대로서 50만 명 수준이었으며, 위력적인 샤스포 강선소총으로 무장했고, 탄약과 보급품 사정도 결코 나쁘지 않았다. 그러나 전쟁계획과 참모업무에 있어서는 프로이센 군보다 한참 아래 수준이었다.

그들은 18세기와 마찬가지로 평시 최고 수준의 부대를 연대로 제한하고 그 이상의 부대는 전시에 편성한다는 뒤떨어진 개념의 편제를 운용했다. 훈련도 결여되고 계획 · 편성 · 보급 · 철도 · 동원 등을 위한 효율적인 참모제도가 전혀 확립되어 있지 않았다. 다만 지휘관들 가운데는 과거 식민지 전쟁 출신으로 용기 · 기개 · 순발력 등에서 뛰어난 사람들이 꽤 있었으나, 그들도 나이가 많은 것이 흠이었다. 나폴레옹 3세는 기본적으로 수비 위주의 계획으로 전쟁에 임했다. 하지만 전쟁이 일어나자 여론에 밀려 대책 없이 군대를 자르 지방으로 진격시킬 만큼 즉흥적인 면이 있었다.

한편 몰트케와 그의 일반참모본부는 1866년 전쟁에서의 실수를 심층적으로 분석한 다음에 여러 가지를 개선시켰으며, 특히 각 참모부서의 기능을 더욱 구체화하고 보다 효율적인 공조체제를 갖추었다. 몰트케의 계획은 프로이센 군의 속도를 이용하여 가능한 한 신속히 공격하는 것이었다. 그는 1866년 이후 프로이센 군 동원시간을 5주에서 18일로 절반 가까이 단축시켰다. 최초의 병력집중을 중요한 요소로 고려했으나, 그 후의 작전에 대해서는 융통성을 갖고 예하 지휘관들에게 최대의 권한을 부여했다. 프로이센 장군들은 임무만 명시된 명령에 의해 독자적 작전을 수행할 수 있는 능력들을 갖추고 있었다.

8월 2일 프랑스 군 사령부는 자르브뤼켄에 3개 군단을 집결시켜 싸움을 개시하도록 했으나, 그 후 어떻게 해야 할지에 대해서는 자신이 없었다. 라인 지방에 집결한 프로이센 군은 우익에 제1군, 중앙에 2군, 좌익에 3군을 배치했다. 몰트케는 3군을 국경 넘어 알자스 북부로 진격시킴으로써 프랑스 군 우익을 포위하기 위한 작전을 펼쳤다. 이후 전황은 결코 몰트케가 계획한 대로 순조롭게 진행되지는 않았다. 프로이센 군 각 군은 예기치 못한 사건들에 부딪히고 여러 가지 실수를 연발하면서 혼전을 벌였다. 그러나 프랑스 군은 프로이센 군보다 훨씬 더 허둥댔고, 무엇보다도 그들의 방어망이 무너지고 있는 데 대한 불안을 떨치지 못했다.

어느 편도 전쟁의 흐름을 제대로 통제하지 못하는 혼전 상황에서는 흔히 행운이 중요한 역할을 한다. 그러나 그 행운이라고 하는 것도 보다 용감하고 자신있는 편에 굴러들게 되어 있다. 프로이센 군은 때때로 프랑스 군보다 더 많은 사상자가 발생하는 전투를 치르기도 했으나, 어디까지나 자기들이 이

스당 전투에서 프로이센 군이 노획한 프랑스 대포들.

기고 있고 프랑스 군은 후퇴하고 있다는 생각으로 자신감에 차 있었다. 장교들은 서로를 본능적으로 이해하고 신뢰했다. 상관의 실책에 대하여 예하 지휘관들은 정보력과 충성심으로 무마하고 끝까지 따랐다. 병사들도 장교에 대한 신뢰로부터 여러 가지 실수를 기강과 용기로 보완했다.

국경지역에서 퇴각한 프랑스 군 주력부대는 9월 1일경 스당Sedan에서 프로이센 군에 포위되었다. 프로이센 군은 주로 포병화력으로 프랑스 군을 살상했다. 샤스포 강선소총 사정거리 밖에서 퍼붓는 위력적인 대포 공격을 받고 사면초가의 지경에 이른 프랑스 군은 이튿날 항복하고 말았다. 프로이센 군은 나폴레옹 3세를 포함한 104,000명의 포로를 잡았다.

스당 함락 소식과 함께 파리에서는 혁명이 일어나 제3공화국이 선포됨으로써 전쟁은 6개월을 더 끌다가 대단원의 막을 내리게 되었다. 32세의 내무장관 강베타Leon Gambetta는 파리를 끝까지 사수할 것을 선언했다. 프랑스인들은 프로이센 군의 파리와 메츠 포위에 맞서 끈질기게 저항했으며, 지방에서는 의용병들이 나서서 게릴라전을 펼쳤다.

그러나 공화정부의 결사항전에도 불구하고 프랑스는 조직적인 프로이센 군사력 앞에 결국 굴복할 수밖에 없었다. 1871년 1, 2월 파리와 기타 지역에서 활동하던 저항군은 모두 항복하고 말았다. 굶주림에 지치고 감기나 티푸스 등 병마로 시달리다가 죽은 자들이 전사자들보다 더 많이 나왔다. 빌헬름 1세는 베르사유 궁전에서 스스로 독일황제임을 선언하고, 이제 이름을 독일 군으로 바꾼 그의 군대는 파리 시가에서 개선행진을 벌였다.

이 전쟁으로 프로이센 군은 세계적 명성을 얻었으며, 많은 국가들이 프로이센 군의 일반참모본부와 같은 기구를 설치하기 시작했다. 통일독일은 프랑스로부터 확실히 유럽 제1군사강국으로서의 자리를 빼앗았으며, 그에 따라 세계적인 군사사상의 흐름도 프랑스로부터 독일로 바뀌게 되었다.

DIGEST

61

WORLD WAR

# 제국주의와 식민지 전쟁:
## 산업혁명 이후 식민지 쟁탈전 (1871 ~ 1914년)

1871~1914년의 기간은 유럽에서는 평화의 시대였으나 유럽 밖은 식민지 전쟁이 극에 달한 시대였다. 비스마르크의 훌륭한 외교정책 덕분에 유럽은 평화를 유지할 수 있었으나, 그 평화는 불안한 것이었다.

유럽 열강들은 대부분 고도의 산업혁명과 경제성장을 이루고 난 뒤 그 성장의 배출구를 해외에서 찾으며 식민지 쟁탈전을 벌였다. 기본적으로 자국의 이익을 최대로 추구하고자 하는 민족주의적 감정은 각국의 식민지 확장 정책인 이른바 제국주의 정책에 최대의 지지를 보냈다. 사상적으로도 찰스 다윈Charles Darwin의 《종의 기원》에 영향을 받아 '약육강식', '적자생존', '사회진화론' 등 매우 공격적인 주장들이 판을 치던 시대였다.

19세기 말 4반세기 동안 유럽 인구는 10년마다 10% 이상씩 증가했고, 산업화는 가속화되어 그 기간에 생산고는 4배 이상 늘어났다. 전기산업 · 화학산업 등 신산업이 등장하고 내연 엔진과 같은 새로운 동력원이 나타났다. 또한 알루미늄, 공기 압축 타이어, 무선전신 등이 새로 등장했다. 군비산업도 급신장하여 세계적인 무기제조회사 암스트롱Armstrong, 크루프Krupp, 크뢰조Creusot 등 거대 회사가 부상했다.

19세기 말 독일 에센에 위치한 '크루프' 무기제조회사에서 대포를 대량 생산하고 있다.

어느 열강도 다른 나라가 강해지는 것을 가만히 보고 있지 않았다. 새로운 위력적인 무기를 개발하고 무기생산력을 신장시키기 위한 경쟁은 가속화되고, 전략철도 건설과 군 규모 확장을 위한 경쟁 또한 뜨겁게 불이 붙었다.

영국과 미국을 제외한 모든 나라가 프로이센 · 프랑스 전쟁의 영향을 받아 독일식 징병제도를 채택했다. 그리하여 유럽 대륙 내 4대 강국이었던 독일, 프랑스, 오스트리아, 헝가리, 러시아는 각각 전시에 동원 가능한 병력이 평균 300만 명이나 되었다. 병력 · 장비 · 조직 등에 있어 유럽 대륙의 군대는 점차 동화되어갔다. 참모제도도 독일 것을 도입하고 참모장의 권한을 확장했으며 교육 및 훈련도 강화했다.

그와 같이 내부적으로 큰 긴장이 고조되어가고 있었음에도 불구하고 열강들은 일단 전쟁을 기피한 것이 주목할 만한 사실이다. 외부의 제국주의적 투기장에다 내부의 긴장을 방출하고, 약소 원주민들을 우선 상대하고 강자끼리의 싸움은 다음으로 미루고 보자는 식이었다. 그리고 열강들은 이탈리아와 독일 통일 문제 때문에 중단된 해외진출정책을 다시 속개하자는 분위기에 빠져 있었다.

유럽인들에게 주요 배출구가 된 곳은 아시아 · 아프리카 · 발칸 반도였다. 그 가운데 아시아 무대에서는 유럽 세력에 미국과 일본도 끼어들었다. 식민지 쟁탈전에 참여한 나라는 영국 · 프랑스 · 러시아 · 네덜란드 · 포르투갈 · 독일 · 이탈리아 · 벨기에 · 스페인 · 미국 · 일본 등 11개국이었고, 이 가운데 영국 · 프랑스 · 러시아는 일찍부터 꾸준히 식민지를 확장해왔고, 독일 · 이탈리아 · 벨기에 · 미국 · 일본 등은 뒤늦게 식민지 쟁탈전에 뛰어든 나라였다.

제국주의 정책은 경제적 · 전략적 이유에 근거를 두고 있지만, 민족 정서

적으로도 국가의 영광과 위신을 신장한다는 점에서 많은 사람들에게 호소력을 지녔다. 제국주의 정책을 구현하기 위해 전면에 나서는 자들은 상인 · 군장교 · 탐험가 · 선교사 · 언론인 · 정치가 등이었으나, 그들이 반드시 적극적인 제국주의자들이었던 것은 아니었다. 이윤을 추구하는 자본가들이 분명히 제국주의를 조장한 것은 사실이지만, 그보다 더 중요한 사실은 일반대중들이 제국주의에 대해 큰 갈채를 보냈다는 것이었다. 이는 본질적으로 민족주의적인 감정에서 우러나온 것이었다.

전략가들의 경우 식민지에서 해군기지 · 인력자원 · 전략자원 등을 추구함으로써 다음 전쟁에 대비할 수 있다고 생각할 수 있겠으나, 일반적으로 그러한 전쟁은 장기전을 구상하는 경우에 해당된다. 주로 단기 결전주의자들이었던 유럽 전략가들은 제국주의 정책을 그렇게 적극적으로 주장하지는 않았다. 다만 해군 전략가들은 머핸의 저서 《해군력이 역사에 미친 영향》(1890)의 출간을 계기로 각국의 식민제국을 보호하기 위해 대규모 전투함대를 보유해야 한다는 주장을 펼치고 제국주의 정책 지지에 앞장섰다.

DIGEST

62

WORLD WAR

# 기관총과 신무기 등장:
## 20세기 전쟁 양상을 결정짓다 (1883년)

1871~1914년 제국주의 시대에 열강들이 벌인 군비경쟁의 결과 각국 군대는 무기체계를 크게 바꾸게 되었다. 산업혁명에 힘입어 새로 등장한 많은 무기를 채택하게 된 것이다.

개개인이 휴대하는 소화기로는 오늘날처럼 강선소총(라이플) · 권총 · 카빈(본래 기병이 사용한 짧은 총신의 라이플)을 갖추었다. 라이플은 탄창으로 장전하는 방법이 개발되었으며, 구경이 좁아지고 탄환이 가벼워지고 일직선 형태의 탄도를 유지하며 보다 정확히 빨리 발사되는 성능을 유지하게 되었다. 또한 연발총 · 기관총 · 속사포 등이 등장하고, 이러한 무기들에 새로 도입된 무연화약은 총의 위치를 노출시키지 않음으로써 전장의 모습을 완전히 바꾸어 놓았다.

총기 가운데 무엇보다도 가장 위력적인 발명품은 기관총으로서, 이 총은 실제 그 후 전장을 지배하는 무기가 되었다. 1883년 맥심Hiram S. Maxim이 최초로 특허를 낸 기관총은 방아쇠를 당기고 있는 한 자동적으로 계속하여 장전 발사되는 총이었다. 분당 수백 발씩을 발사할 수 있는 이 총의 장점은 곧 널리 인식되어 군에 빠르게 확산 보급되었다. 그러나 총과 총가를 합친 무게

탄창 장전의 라이플 총(왼쪽)과 자동으로 장전되는 기관총(오른쪽).

가 보통 45kg 정도였기 때문에 공격보다는 방어용으로 적합하다고 볼 수 있는 이 총에 대해 당시 사람들은 공격 위주로만 생각하는 경향에 빠져 있었다.

대포는 지상용이든 바다에서든 모두 전장식에서 후장식으로 바뀌었다. 1890년에는 수압 완충기가 딸린 포가가 개발되었다. 1897년 프랑스에서 개발한 75밀리 대포는 그전의 야포에 비해 포탄 성능뿐만 아니라 분당 발사속도도 6~10발로 크게 향상되었다.

이러한 신무기가 내뿜는 화력에 대해 당시 공격 중시론자들은 무작정 돌격을 강요할 수 없다는 것을 깨달으면서도 기습적으로 공격하는 경우 어떠한 방어도 견디지 못하리라고 여전히 믿었다.

신무기는 공중에서도 출현했다. 일찍부터 영국 · 프랑스 · 독일에서 기구氣球가 발전되고 독일에서는 체펠린이 비행선을 발전시켰다. 1903년 라이트 형제가 최초로 하늘을 난 이후 비행기는 점차 공중에서 신속히 그리고 오래 날 수 있도록 개발되어갔으며, 군사적으로는 일단 정찰용으로 사용되기 시작했다.

20세기 초 최강의 전함이었던 영국의 '드레드노트 호'

해군경쟁을 벌이는 가운데 유럽 군함들은 보다 강하면서도 얇은 철갑을 사용하고 대형 대포를 장착했다. 1904년 영국은 전함 드레드노트Dreadnought 호를 진수시켰다. 10문의 12인치 대포를 장착한 17,900톤의 이 배는 화력 및 속도에서 과거 어느 전함보다 앞선 것으로서 2차대전 때까지 주력함의 모델이 되었다. 동력장치로 증기 터빈이 도입되고 석탄 대신에 석유가 이용되었다. 그밖에 수뢰정과 잠수함 개발은 재래식 해전의 양상을 일변시킨 것이었다.

이와 같이 군에 놀라운 수준의 과학기술이 도입되었음에도 당시 군의 큰 문제점은 간부들이 그러한 기술에 대한 인식이 뒤떨어진 채 아직도 낡은 사고방식에서 벗어나지 못했다는 사실이다. 제독들은 넬슨의 범선 시대로부터 이어받은 전통에 집착했다. 그런가 하면 육군 간부들도 여전히 나폴레옹 식 전술과 작전개념을 갖고 있었으며, 다만 화력증대로 인한 공격력 강화만 중시하고 방어력 증가에 대하여는 정신력으로 극복할 수 있다는 생각으로 일관했다.

프랑스의 군사이론가였던 뒤피크Ardant du Picq나 포슈Ferdinand Foch는 공격제일주의를 주장했다. 그들은 "신무기들은 결국 공격력을 증대시켰다"고 말하고 다만 화력 증대로 인한 정신력의 쇠퇴를 우려한 나머지 "승리는 왕성한 공격정신에 뒷받침된 공격력에 의해 얻을 수 있다"고 강조했다. 이러한 사상은 프랑스뿐만 아니라 다른 유럽국들도 공유했다. 그리하여 각국 참모본부는 1차대전을 준비하면서 한결같이 공격적인 작전계획만을 궁리했다.

기관총과 신무기 등장으로 인한 방어력 증대에 대해 이 문제를 진지하게 걱정하는 군인은 없었으며, 다만 폴란드의 민간인이었던 블로흐Ivan S. Bloch가 외로운 주장을 펼친 바 있다. 1898년 블로흐는 그의 저서《기술 · 경제 및 정치적 측면에서 본 미래의 전쟁》에서 새로운 화기로 말미암아 공격대형이 분산되고 방어가 강화되어, 엄청난 사상자가 발생할 가능성이 높은 참호전의 양상을 정확히 예견했다. 사실 블로흐 이전 미남북전쟁에서 이미 사람들은 산병호에 의존하는 방어전을 치를 경우 공격이 얼마나 어려운가에 대한 교훈을 충분히 배울 수 있었다. 하지만 유럽 군인들 가운데는 남북전쟁의 교훈을 곱씹으려 하거나 또는 블로흐의 주장을 귀담아 들으려 한 자들이 거의 없었다.

러일전쟁이 발발하기 2년 전이었던 1902년 블로흐는 사망했는데, 러일전쟁은 그의 주장이 얼마나 옳았는가를 여실히 입증했다. 병사들은 호를 파고 총탄세례를 피함으로써 공격은 큰 효과를 거두지 못했으며, 그에 따라 전투는 참호전으로 진행되고 양쪽에 엄청난 사상자가 발생하는 가운데 장기전화했다.

유럽 각국 군대가 충돌할 1차대전 전투 장소는 플랑드르 지방, 로렌 협곡, 폴란드 등이 되겠으나, 대전이 발발할 때까지 유럽 군인들은 신무기 출현에 따르는 신전술을 연구하지 못함으로써 큰 재앙을 맞게 되었다. 유럽에서 멀리 떨어진 미개발 식민지에서 주로 비정규전 성격의 전투경험만을 쌓은 그들은 남북전쟁이나 러일전쟁의 교훈에 눈을 감았으며, 또한 블로흐와 같은 사람들의 합리적인 주장에 대해 전혀 귀를 기울이지 않았다.

DIGEST

63

WORLD WAR

# 미국·스페인 전쟁:
## 미국의 카리브 해와 태평양 진출 (1898년)

남북전쟁이 끝난 1865년 이후, 미국 정규군 규모는 계속 감축되어 25,000명으로 축소되었다. 군대의 임무는 42개 주에 흩어져 주둔하면서 단순히 요새를 수비하고 서부 변방지대에서는 정부의 아메리카 원주민 격리정책을 집행하고 그들의 간헐적 습격을 막는 일 정도에 불과했다.

미국은 지속적인 철도개발과 서부확장 정책으로 원주민 땅을 모두 점령해 가면서 서쪽에 이른바 '프론티어Frontier(경계선)'가 사라지게 되고, 또한 19세기 말경 산업력이 충분히 강대국 수준에 오르게 되자, 미국 각계는 다른 나라처럼 식민지를 거느려야 한다는 제국주의적인 목소리를 높이기 시작했다. 여기에는 머핸A.T.Mahan(1840~1914 : 미국의 군인 · 역사가, 저서 《역사에 미친 해군력의 영향》)의 주장이 한층 더 불을 지폈고, 언론들은 보다 적극적인 대외정책으로 제국주의를 추구해야 한다는 식의 논설들을 서슴없이 내놓았다.

평화적인 하와이 합병은 미국의 태평양 진출을 용이하게 했다. 그러나 대서양으로 진출하는 데 있어서 그 관문인 카리브 해의 장악은 미국인들이 아직 이루지 못한 숙원사업이었다.

1898년 미국 전함 메인Maine 호가 쿠바의 아바나 항구에서 격침당한 사건

마닐라 만에서 승리한 듀이 제독의 기함 볼티모어.

이 발생하자, 이를 기화로 미국 내에서는 순식간에 스페인 세력을 미국 근해에서 축출하자는 여론이 전국을 휩쓸었다. 미국은 다른 전쟁에서와 마찬가지로 전혀 전쟁준비가 되어 있지 않은 상태에서 개전했다. 미국 · 스페인 전쟁은 이렇게 발발했다. 28,000명의 정규군 외에 다른 병력이 없었던 육군은 전쟁선포 후에야 지원군을 모집하고 원정군을 편성하기 시작했다. 다만 미국이 확신한 것은 그동안의 해군 육성 프로그램 덕택에 미해군이 쿠바 근해의 스페인 해군에 비해 월등하게 우세하다는 점이었다.

스페인의 세르베라 제독은 4척의 장갑 순양함과 3척의 수뢰정을 거느리고 쿠바의 산티아고에 머물러 있었다. 그가 산티아고에 남아서 해안방어에 몰두하는 동안 미해군은 전략적으로 훨씬 중요한 기동을 취할 수 있었다. 미해군은 관타나모 만을 쉽게 점령하고 그곳을 전진기지로 하여 해상을 장악했다. 7월 1일부터 미군은 1개 군단 규모가 산티아고에 상륙작전을 실시해 14일에는 그곳을 완전히 점령했다. 스페인 측 지상군 약 36,000명은 산티아고를 수비하고 있었으나, 이틀 만에 거의 전 해군을 잃고 고립무원 상태에서 2주일 만에 결국 항복하고 말았다.

그 후 8월 미군은 푸에르토리코를 점령함으로써 카리브 해에서의 전쟁을 마감했다.

한편 개전과 동시에 홍콩에 머물러 있었던 듀이George Dewey 제독 휘하의 해군파견대는 미해군차관 루스벨트Theodore Roosevelt의 명령을 받고 마닐라의 스페인 해군기지를 기습 공격했다. 그는 4월 30일 야간공격으로 쉽게 마닐라 만을 장악하고 스페인 군함을 모두 격파했다. 지상군이 준비되지 않은 상태에서 그는 제7군단이 도착할 때까지 기다리다가 8월 14일에야 마닐라를 함락시키고 전쟁을 종결지었다.

미국 · 스페인전쟁 결과 미국은 일약 새로운 강대국으로 급부상한 반면 스페인은 지는 해가 되고 말았다. 미국은 괌 · 푸에르토리코 · 필리핀 등 식민지와 보호령의 쿠바를 얻게 됨으로써 마한의 소원대로 카리브 해를 미국의 호수로 소유하게 되었을 뿐만 아니라 태평양 너머 아시아까지 세력을 뻗치게 된 것이다.

전후 1902년까지 필리핀에서는 아기날도Emilio Aguinaldo를 지도자로 하는 민족세력이 무장 독립운동을 일으킴에 따라 미국은 그것을 진정시키는 데 비싼 대가를 치러야 했다. 필리핀인들은 낮에는 미국통치자들에게 우호적인 태도를 보이고 밤에는 게릴라 활동을 전개하는 식으로 미국통치에 저항했다. 미군들은 그들이 장악하고 있다고 생각하는 마을에서도 매일 싸워야 했고, 본국에서는 반제국주의자들로부터 극심한 비판을 받아야 했다.

미국은 평정작전의 일환으로써 10만 명에 이르는 필리핀인들을 고용하고 10조 달러나 되는 막대한 자금을 투자했다. 제국주의는 이익만 가져오는 것이 아니라, 엄청난 책임과 비용을 수반한다는 사실을 절감하게 되었다. 또한 직업군인들에게는 고국을 떠나 제국을 지키기 위한 해외근무가 필수적인 중요한 경력이 되었다.

DIGEST

# 64

WORLD WAR

## 보어 전쟁:
### 무연화약과 자동소총 시대 예고
### (1899 ~ 1902년)

19세기 말 남아프리카에서 영국 군은 라이플이란 현대무기를 사용해 아프리카 최고의 전사들인 줄루Zulu족을 물리치는 데는 성공했으나, 그들의 지속적인 식민지 확장정책을 유지시키는 데 있어서는 또 다른 큰 식민지전쟁을 감당하지 않으면 안 되었다.

네덜란드의 이주민인 보어Boer인들이 모여 사는 보어 공화국에서 새로 발견된 트란스발 지방의 금광 노다지는 공화국과 영국 간에 긴장을 고조시켰다. 바로 문전까지 이른 대제국 영국이 그곳에 탐욕의 손길을 뻗치려 한 것은 그 시대의 조류로 볼 때 충분히 가능한 일이었다. 드디어 1899년 10월 보어 공화국 군대와 영국식민지 군대 간에는 전면전이 벌어지게 되었다. 물론 영국인들은 다른 식민지전쟁과 마찬가지로 그렇게 어렵지 않게 성공하리라는 생각을 가졌다.

보어 공화국에는 정규전을 수행할 만한 정규 상비군은 없고 다만 엉성하게 편성된 민병 조직이 있을 뿐이었다. 무장단체를 이끄는 지휘관들은 전략 · 전술에 관한 군사지식이 없고 엄한 군기를 유지시킬 만한 능력도 없는 자들로서, 다만 소속을 함께 하는 강인한 투사들을 대표할 뿐이었다. 민병들은 주로 어려운 환경에서 강인한 생활을 한 농부들이었으며, 모제르Mauser 소총으로 무장한 뛰어난 사격수들이었다. 그들은 잘 아는 지형을 십분 이용, 끈질기게 저항하며 소규모의 근접전에 강한, 그야말로 천부적인 게릴라전 감각을 지닌 사람들이었다.

보어인들은 말을 탈 줄 알면서도 전투 시에는 말에서 내려서 싸웠다. 그들은 또한 유럽의 많은 전문가들로부터 도움을 받음으로써 포술에도 능했다. 영국의 식민정책을 견제하는 다른 열강들은 노골적으로 개입하지는 않았지만 심정적으로는 보어인들 편에 있었으며, 암암리에 무기 및 군사기술을 수출했다. 보어인들의 가장 큰 약점은 조직력과 기강이 약한 것이었다. 지휘관이 작전에 들어가기 전에 제대로 점호를 취하기가 어려울 만큼 군기가 잡혀 있지 않았다. 그럼에도 불구하고 전투에서 적을 앞에 두고 도망가는 사건은 전혀 발생하지 않았기에 군기 이완이 전투수행에서 그렇게 크게 문제되지는 않았다.

한편 영국 군은 보어 군에 비해 조직 · 훈련 · 군기 등에서 우수한 군대였으며, 직업군인들이었다. 그러나 그들은 수적으로 열세할 뿐만 아니라 적과 지형에 대해 너무 몰랐고, 그런데다가 적을 너무 과소평가했다.

1만 명도 못되는 식민지 주둔 영국 군은 그 몇 배에 이르는 보어인들의 공격을 받고 레이디스미스 · 킴벌리 · 마페킹 · 콜렌소 등 전장에서 크게 패배했다. 무엇보다도 영국 군에게 치명적인 사실은 보어인들에게 거의 피해를 입히지 못한 채 그들만이 일방적으로 엄청난 인명손실을 입었다는 점이었다. 영국 군이 용감하게 싸웠음에도 불구하고 사상자가 많이 발생한 것은 그들이 사격술에서 보어인들보다 뒤진 데다, 또한 지형을 활용하지 않고 몸을 노출시킨 채 싸웠기 때문이다. 반면에 보어인들은 몸을 숨긴 채 사격을 하고, 순간적으로 노출되는 적의 팔다리를 명중시킬 만큼 정확한 사격술을 보였다.

영국 군에게 12월 둘째 주는 '암흑의 일주일'이었다. 도처에서 사상자가 극에 이르고, 게다가 아직도 보이지 않는 적 때문에 차후 상황이 더욱 어두워 보이기만 했다.

보어 전쟁에서 최초로 사용하기 시작한 맥심 기관총.

만일 보어 군이 기강이 잘 잡힌 군대였다면 그들이 초기에 이룬 승리를 그대로 놓치지 않았겠으나, 그들은 그러지를 못했다. 지휘관들은 병사들이 날뛰고 이미 전투가 종료된 것처럼 취하는 개별행동에 대해 제대로 통제하지 못했다.

아무리 잘 싸워도 기강이 흩어져 있으면 그 군대는 궁극적인 승리를 거머쥐지 못하는 법이다. 보어 군이 초기의 대승에 도취되어 있는 동안 영국인들은 명예회복을 위해 발 벗고 나섰다. 처음과는 반대로 그들이 끈기를 발휘하면서 보어인들을 굴복시키는 방법을 찾아냈다. 그것은 대군을 편성하고 또한 서두르지 않는 작전을 전개하는 것이었다.

1900년 초 영국은 대제국의 체면회복을 위해 본국과 캐나다 · 오스트레일리아 · 뉴질랜드로부터 가용 인력자원을 총동원해 대규모 증원군을 편성했다. 사령관에는 인도에서 실전경험을 쌓은 베테랑 지휘관 로버츠Lord Frederick Roberts 장군을, 그리고 그 참모장에는 일급 조직가인 키치너Horatio Kitchener 장군을 임명했다.

그해 2월 작전을 개시한 영국 군은 보어 군을 격파하기 시작했고, 곧이어 여름에는 중심지를 함락시켰다. 공화국 대통령은 유럽으로 도주했다. 그 후에도 보어인들은 2년 이상 게릴라전을 펴면서 끈질기게 저항했다. 그러나 키치너는 조직적인 잔인한 방법으로 보어 공화국 전지역을 철저히 파괴하고 가시철망을 둘러쳐 구획정리한 다음, 게릴라 소탕작전을 치밀하게 전개했으며, 그 결과 1902년 봄 보어인들의 저항을 완전 종식시키고 오렌지 자유국과 트란스발 지방을 영국식민지에 추가시킬 수 있었다.

영국 군의 보어 전쟁 승리는 순전히 숫자로 이룬 것이었다. 최초 주둔군 1만 명으로 싸우기 시작했으나, 2년 반이 지난 다음에는 30만 명이 참전했다. 보어인들뿐만 아니라 영국인들에게도 결코 작은 전쟁이 아니었던 보어 전쟁에서의 경험을 거울삼아 전후 영국, 육군은 보병훈련을 크게 강화하는 방향으로 군 개혁을 추진했다. 그러나 군 간부들은 자기들이 결국 승리했다는 자만에 깊이 빠져 초기에 왜 패배했는지, 즉 무연화약과 자동소총 등 현대화기가 방어전에서 대단히 큰 위력을 떨치게 되었다는 참교훈을 제대로 터득하지 못했으며, 그러다가 1차대전 중 값비싼 수업료를 치른 다음에야 그 쓰라린 교훈을 재확인하게 되었다.

DIGEST

65

WORLD WAR

# 러일전쟁: 일본, 세계강국으로 발돋움하다 (1904 ~ 1905년)

서양 아닌 국가 중에서 최초로 서양무기를 도입해 현대전을 수행한 나라는 동양의 작은 섬나라 일본이었다. 다른 동양국가들과 마찬가지로 일본도 서양 과학문명과는 거리를 두고 자급자족하는 농경제 사회를 끌어오면서 외교적으로 고립정책을 사용해왔으나, 1853년 미국의 페리Perry 제독이 이끄는 이른바 흑선이 나타난 뒤 정치 · 경제의 대변혁과 함께 급속한 현대화 과정을 거쳐 세기 말에는 일약 강대국으로 발돋움했다. 말하자면 미국 군함이 일본 현대화에 기폭제 역할을 한 셈이다.

1868년 도쿠가와 막부 정권이 문을 닫고 천황(일왕)을 정점으로 하는 강력한 중앙집권체제의 새로운 시대를 연 일본은 각 분야에 걸친 현대화에 성공했는데, 그 중에서도 가장 성공적인 분야는 군대였다. 일본은 1873년 징병제를 도입해 대규모 군대를 보유하게 되었고, 육군 장비와 훈련에 있어서는 독일제도를, 그리고 해군 장비와 훈련에 대하여는 영국제도를 각각 채택해 막강한 군대를 양성했다.

급속한 산업화 및 군의 현대화에 성공하고 19세기 말에 4,000만 명이 넘는 인구를 가진 일본은 서양열강들과 같이 제국주의적인 야심을 품고 동아

일본 군이 여순항에 대해 지상공격을 펼치고 있다.

시아로 눈을 돌리게 되었다. 대륙진출의 발판인 한반도에서부터 청일전쟁(1894~95)을 벌인 일본은 중국 군을 격파하고 상당한 성공을 거두었다. 그러나 전장이었던 한반도와 요동반도를 완전히 수중에 넣지는 못했다. 러시아는 중국으로부터 철도 부설권을 획득하고 여순 항구를 임차했으며, 다른 열강들과 합세해 일본의 아시아 대륙 진출을 견제하는 데 앞장섰다.

그 후 10년 동안 만주에서 일본과 러시아는 본격적인 세력 확장 경쟁을 벌이다가 결국 1904년 2월 선전포고 없이 일본함대는 여순 항구 내의 러시아 함대를 공격함으로써 전쟁을 개시했다. 전쟁 전에 대부분의 서양인들은 어디까지나 일본이 패배하고 결국 러시아가 승자가 될 것이라고 생각했다. 일본이 중국에 대해 승리했지만, 그것은 쇠망하던 국가에 대한 승리에 불과하고 감히 서구강국에 대하여까지 이길 수는 없으리라는 생각이었다.

군사력과 경제력으로는 러시아가 유리했으나, 이 전쟁을 수행하는 데 있어 차르 정권은 두 가지 큰 약점을 안고 있었다. 첫째, 그들은 시베리아를 넘어 만주에 군대를 투입해야 하는데, 시베리아 단선철도에 의존해야 하며 그것도 중도에 바이칼 호에서 중단되기 때문에 병력 및 물자수송이 대단히 더디고 어려웠다. 모스크바에서 여순항까지 1개 대대를 수송하는 데 약 1개월이 걸렸다. 둘째, 니콜라스 2세 정권의 부정 · 부패 · 무능 등으로 말미암아 러시아 정권은 매우 불안한 상황에 처해 있었다.

반면 일본은 이 전쟁에 대한 준비를 오래 전부터 철저히 해왔다. 1902년 그들은 영 · 일 조약을 맺고 만일 제3국이 개입하여 일본에 대항하는 경우에는 영국으로부터 지원을 받는다는 약속을 받았다. 그들은 25만 명의 상비군을 즉각 어느 전장에나 투입할 수 있고, 그 두 배나 되는 예비군을 동원할 수 있었다. 러시아는 바이칼 호 동쪽에 고작 10만 명이 있었고, 전쟁이 개시된 1904년 연말에야 25만 명으로 증원되었다.

이 전쟁에서 일본의 제해권 장악은 필수적인 요소였는데, 일본함대가 러시아의 극동함대보다 양적으로나 질적으로나 더 우수했다. 러시아의 극동함대는 본대를 여순항에 그리고 파견대를 블라디보스토크에 두고 있었으며, 유럽으로부터 발틱함대를 증파하도록 되어 있었으나 그러기에는 시간이 너무 걸렸다.

일본은 먼저 바다를 장악하기 위한 작전으로 전쟁을 개시했다. 도고東鄕平八郞 제독 휘하의 주력함대는 2월 8일 저녁 여순항을 기습공격, 러시아 전함 2척과 순양함 1척을 격침하고 항구를 봉쇄했다. 블라디보스토크에 있는 러시아 함대는 얼음에 갇혀 있었다. 이로써 일본은 쉽게 한반도를 장악하고 압록강에서 러시아인들을 몰아냈다.

이어서 일본은 청일전쟁에서처럼 여순항을 육지에서부터 점령하는 작전에 돌입했다. 이후 전쟁은 노기乃木希典와 오야마大玉 같은 뛰어난 사령관들의 지휘 아래서 일본 군이 승리를 거두지만, 그 승리는 결코 쉽게 얻은 것이 아니었다. 러시아 군은 강력한 요새시설을 이용하고 기관총과 자동소총 · 수류탄 · 대포 등으로 일본 군의 진격을 완강하게 저지했다.

일본 군은 희생을 줄이기 위해 땅을 파고들어가는 식으로 공격하고, 주로 야간에 활동했다. 다이너마이트를 이용한 수차례의 공격에서 일본 군은 52,000명이나 되는 사상자를 낸 끝에 비로소 1905년 1월 1일 여순항을 점령했다. 러시아 군은 24,000명의 포로를 내고 546문의 대포를 잃었다.

한편 만주 벌판에서 진행된 요양 · 사하 · 봉천 등 전장에서도 대병력이 참호전을 실시하는 가운데 양쪽에 엄청난 사상자가 발생했다. 봉천에서만 러시아 군 100,000명과 일본 군 70,000명의 사상자가 나왔다. 병사들은 땅에 바짝 엎드려서 전진해야 하고, 막대한 화력이 쏟아부어지는 가운데 장시간 전투하다 보니 많은 희생자가 나올 수밖에 없었다. 실로 블로흐가 예상한 전투양상이 아시아 전장에서도 정확하게 나타난 것이다.

로제스트벤스키 제독 휘하의 러시아 발틱 함대는 지구를 반 바퀴 도는 동안 각종 사건과 우유부단함 때문에 지체할 대로 지체하다가 극동에 도달했을 때는 여순항이 이미 함락된 뒤였다. 1905년 5월 27일 쓰시마 해협에서 기다리고 있던 도고 함대는 그곳에 발틱 함대가 나타나자 빠른 속도로 공격해서 적을 뿔뿔이 흐트러뜨리고 군함 하나하나를 철저히 격침시켰다. 쓰시마 해전은 트라팔가르 이후 해상에서의 최대 승리였다.

러시아는 미국 대통령 시어도어 루스벨트 대통령의 중재안을 받아들여 1905년 9월 포츠머스에서 강화조약을 맺었다. 그 결과 일본은 한반도에서의 우월권과 요동반도, 그리고 사할린 남부지방을 획득하고 극동에서 확실한 패권국가로 등장했다. 한편 전쟁 패배로 인해 러시아인들의 불만은 고조되고, 국내 곳곳에서 혁명 기운이 감돌기 시작했다.

DIGEST

66

WORLD WAR

# 1차대전 전야:
## 사라예보에서 페르디난트 대공 암살 (1914년)

1차대전이 발발하기 전 유럽은 정치적 · 군사적으로 마치 복마전과 같았다. 위대한 정치가이면서 저명한 역사가였던 윈스턴 처칠은 1차대전의 원인에 대해 다음과 같이 언급했다.

> "흔히 인간지사는 계획보다는 과오 투성이라고 말한다. 심지어 가장 훌륭한 사람들도 제한된 사고와 흔들리는 권위로 말미암아 엄청난 문제를 일으키고, 그 문제는 다시 통제 범위를 벗어나 더 큰 문제로 변해버리는 경우가 흔히 일어난다. 1차대전 전 사건들은 일정한 궤도를 타기 시작했고 아무도 그 궤도를 벗어날 수 없었다. 독일은 가장 완고하고 무모하게도 그러한 궤도로 빠져들었으며, 우리 모두를 그 속으로 끌어들였다."

대전 발발 책임을 독일에게 모두 돌리는 것은 부당하다. 다만 어느 나라보다도 독일이 가장 중심적인 자리를 차지하고 있었다고 하는 것은 부정할 수 없는 사실이다.

비스마르크 시대에 독일은 통일을 이루고 그의 찬란한 외교활동에 힘입어

사라예보를 방문한 페르디난트 대공 부처(왼쪽)와 암살 직후에 체포당하는 범인 가브릴로 프린체프(오른쪽). 20년 형을 언도받았으나 1918년 결핵으로 죽었다.

유럽의 평화를 주도했다. 그러나 젊은 황제 빌헬름 2세의 등극 2년 뒤였던 1890년에 그가 보수적이고 노회한 비스마르크를 해임하고 보다 모험적인 외교 군사정책을 도입하면서 유럽의 국제정세는 큰 변화와 함께 새로운 긴장 속에 휩쓸리기 시작했다. 빌헬름 2세는 독일인들에게 '태양의 자리'를 차지해야 한다는 식의 여론을 이끌며 민족주의적 감정을 부추겼다. 게다가 독일뿐만 아니라 다른 열강들의 국내 정치의 주요 흐름을 보면, 중산층 이하의 거센 도전이 이루어지는 가운데 보수주의자들이 기득권을 누리기 위한 방편으로 민족주의자들과 결탁하여 군사력을 양성하는 정책과 각국 간 제휴 및 동맹을 맺는 정책에 전폭적인 지지를 보냈다.

1894년 빌헬름 2세는 해상력의 예언자 머핸의 책《역사에 미친 해군력의 영향》으로부터 크게 영향을 받았다. 독일을 세계 최강국으로 만들기 위해서는 대함대를 건설해야 한다는 결론에 도달한 그는 티르피츠Alfred von Tirpitz 제독에게 영국 해군을 능가하는 해군력을 양성하라는 특별임무를 부여했다. 티르피츠는 영국이 전통적인 숙적 프랑스나 러시아와 제휴하는 일은 없을 것이라는 가정과 함께 독일이 지속적으로 해군력을 증강하면 어느 날 영해군을 격파하고 세계의 제해권을 장악할 날이 오리라는 환상 속에서 지냈다. 그는 프랑스 · 러시아 · 영국의 3국연합 결성을 예측하지 못했고, 또한 영국 해군의 지리적 이점, 즉 영국 해협과 북해 출구에서 독일 해군을 쉽게 봉쇄

할 수 있다는 것을 충분히 인식하지 못했다.

독일로부터 위협을 받고 있다는 공동인식에서 영국과 프랑스는 1904년 불편한 관계를 해소하고, 그 뒤 모로코 위기를 만들어낸 독일의 방해공작에도 불구하고 보다 긴밀한 협조관계를 발전시켰다. 1907년에는 영국과 러시아가 유사한 협상을 이끌어냈으며, 1912년에는 영국과 프랑스는 상호간에 매우 중요한 군사적 지원을 약속하기에 이르렀다. 즉, 영국은 지중해에서 해군을 북해로 전환하고 대신 프랑스는 지중해 상에서의 영국 이권을 보호해준다는 것이며, 이보다 더 중요한 약속은 프랑스가 독일로부터 침략을 받는 경우 영국은 원정군을 파견한다는 내용이었다.

1차대전은 1914년 6월 28일 오스트리아 황태자 페르디난트 대공이 보스니아 수도 사라예보에서 한 세르비아 청년으로부터 저격 받아 피살된 사건이 일어나자, 그 뒤 한두 달 사이에 여러 국가들이 약속이나 한 듯이 한꺼번에 전쟁에 뛰어들면서 시작되었다. 사라예보에서의 권총 한 발이 세계대전이라는 거대한 화약고에 불을 댕긴 것이다. 그러나 사라예보 사건은 도화선에 불을 붙인 것에 불과하고, 사실상 기폭제와 도화선은 일찍부터 준비되어 있었다.

오스트리아 경찰이 진상조사에 나서려 했으나 유럽인들은 별로 호응을 보이지 않았고 신문들도 암살사건을 크게 다루지 않았다. 영국은 사건을 진정시키려 하면서 독일도 조용한 처리를 원하고 있다고 순진하게 믿었다. 그러나 독일은 이중 플레이를 하고 있었다. 그들은 영국의 노력에 대한 지지를 표면적으로 보내면서 배후에서는 오스트리아를 부추기고 드디어 모든 지원을 보장하겠다는 의미의 백지수표를 끊어주었다.

7월 23일 오스트리아는 세르비아에 최후통첩을 보내고 세르비아 측으로부터 양보를 의미하는 응답을 받았음에도 불구하고 28일에는 선전포고를 발했다. 이어서 슬라브계 민족의 후원자인 러시아가 오스트리아에 대항해 군을 동원하고, 그 후 독일 · 영국 · 프랑스 · 튀르키예 등이 각국의 동맹조약에 따라 차례로 전쟁에 뛰어들었다. 그밖에 다른 작은 나라들도 이해관계에 따라 3국연합 측 또는 3국동맹 측을 선택하여 가담함으로써 전쟁은 두 동맹체제 간의 큰 전쟁으로 확대되었다.

사실 암살사건이 일어났을 때 유럽인들이 그것을 호기로 삼아 모두 전쟁에 뛰어든 것은 아니었다. 그러나 대부분의 정치가들은 진정으로 전쟁을 막으려고 노력하지는 않았다. 모두들 오랫동안 전쟁을 예상 준비했고, 따라서 한판 승부를 벌일 만하고 나름대로 다들 승산이 있다고 판단하고 있었다. 외교가들은 허세를 부리며 자국 편에 유리한 방향으로 생각하고, 군사전략가들은 공격적인 작전계획을 세우고 그러한 계획을 실행에 옮기는 것만이 남았다는 식으로 생각하고 있었다. 말하자면 전쟁결과에 대해 지독하게들 낙관한 것이다. 바로 1차대전은 그러한 상황이 각국 간의 경쟁 및 적대관계를 돌이킬 수 없는 위험 지경으로 몰고 가 전쟁이 일어남으로써 발발된 대전이었다.

DIGEST

67

WORLD WAR

# 독일의 작전계획, 슐리펜 계획: '우익을 강화하라' (1891 ~ 1906년)

1차대전이 발발하자 각국 군대는 수년에 걸쳐 준비한 계획대로 움직이기 시작했다. 그러나 각국 군참모본부가 계획하고 준비하고 예상한 대로 그 성과를 거둘지는 두고 볼 일이었다.

각국의 전쟁계획은 모두 공격에 의한 승리를 기대했다. 영국을 제외한 모든 나라는 자국 군대의 결정적인 승리를 목표로 하는 계획들을 수립했다. 영국은 원정군 규모로 볼 때 그들의 역할을 프랑스 군이 라인란트에서 독일 군에 대해 승리를 거두도록 지원하는 정도로 생각했을 뿐이다.

가장 대담하고 공격적인 계획은 독일의 '슐리펜 계획'으로서, 그것은 전쟁 초기 전반적인 흐름과 그 후의 주무대까지를 결정지었다. 1891~1906년 육군 참모총장이었던 슐리펜Alfred von Schlieffen 장군이 작성한 전쟁계획을 '슐리펜 계획'이라고 부르는데, 후임 참모총장이었던 리틀 몰트케(초대 참모총장은 '빅 몰트케'라고 부름)에 의해 다소 수정되었다. 따라서 엄격히 구별하면 원래의 슐리펜 계획과 1차대전에 실제 채택된 것은 서로 다르지만, 그래도 그 골간은 그대로 유지되었기 때문에 사람들은 독일 군의 전쟁계획을 '슐리펜 계획'이라고 부르고 있다.

슐리펜.

비스마르크가 물러난 다음 우려하던 프랑스 · 러시아 동맹이 1894년에 맺어지자, 독일 군부는 양면전쟁 수행을 기정사실로 받아들이고 그 해결책을 찾기 위해 본격적으로 연구하기 시작했다. 독일 입장에서 최선책은 동시에 둘을 공격하기보다는 어느 하나를 선택, 결정적인 타격을 가해 동맹체제를 와해시키는 것이었다. 이 경우에 선택할 그 하나에 대해 과거 빅 몰트케는 러시아를 선호했으나, 슐리펜은 달리 생각했다. 러시아가 상대적으로 약하긴 하지만 단시간에 러시아에서 획득할 수 있는 전과가 결정적인 것이 되기 어려우므로 독일이 오히려 불리한 상황으로 빠질 위험성이 있다고 판단한 슐리펜은 먼저 프랑스를 공격하기로 결심했다.

슐리펜은 신속하게 프랑스를 공격하면 러시아가 개입하기 전 6주 이내에 프랑스를 무너뜨릴 수 있다고 확신하면서, 그러한 단기결전을 성공시키기 위한 기동전 위주의 슐리펜 계획을 작성했던 것이다. 그는 기원전 216년 한니발 장군이 로마군을 격파한 칸나에 전투를 이상적인 모델로 생각해왔으며, 정면 아닌 측방 또는 후방을 집중 공격하는 것이 모든 전투에서 승리의 비결이라고 믿었다. 동서고금을 막론하고 전장에서의 승리는 주로 방어가 취약한 측후방에서 이루어진 사실로부터 그런 확신을 갖게 된 것이다.

프랑스를 침공하는 데 있어서 슐리펜은 아르덴 고원, 로렌 협곡, 벨포르 협곡 등 정면을 공격하는 대신에 우측방에 위치한 중립국 네덜란드와 벨기에를 친 다음에 프랑스 군 측방과 후방을 포위해 그들을 스위스 국경으로 몰아붙인다는 계획을 세웠다. 이 계획을 성공시키기 위해 그는 우익 대 좌익의 병력을 7 : 1로 집중배치했다. 우익을 '망치머리'로 활용해 프랑스 군을 격파

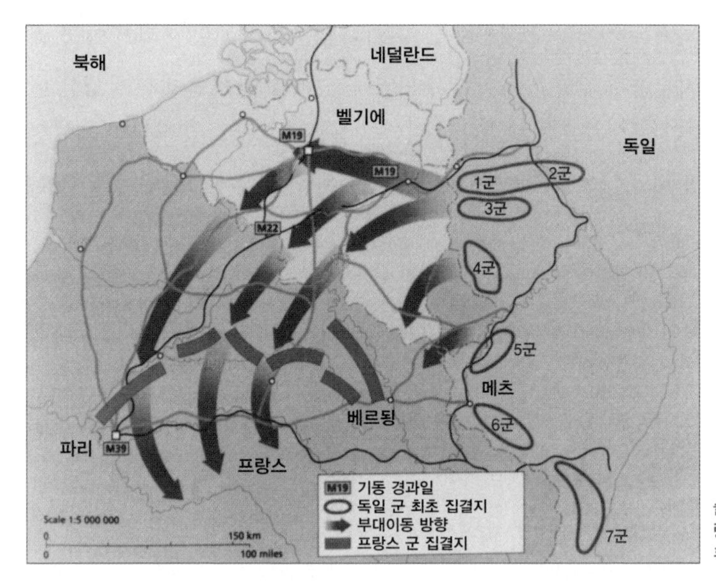


슐리펜의 프랑스 침공 계획.

하겠다는 대담한 발상이었다.

이러한 슐리펜 계획은 독일에게 전략적 기습을 달성하고 양면전쟁을 효과적으로 수행할 수 있는 묘책인 것처럼 보였다. 그러나 사실상 그것은 한 달 만에 한계에 부딪히고 독일 수뇌부가 전혀 예상치 않은 방향으로 전쟁진행을 유도함으로써 대실패작이 되고 말았다.

슐리펜 계획이 실패한 이유에 대해 리틀 몰트케에게 책임이 있다고 말하는 자들이 있다. 즉, 그가 우익의 집중도를 7 : 1에서 3 : 1로 약화시키고 또한 네덜란드의 중립을 존중해줌으로써 슐리펜의 원래 의도에서 크게 벗어났다는 것이다. 그러나 리틀 몰트케의 수정된 계획에 초점을 맞추어 패인을 찾는 것은 근시안적이다. 오늘날 많은 학자들은 슐리펜 계획은 그 자체가 갖고 있는 약점 때문에 실패했다는 주장에 동의하고 있다. 그 치명적인 약점을 들자면 다음과 같은 것들이 있다.

첫째, 그 계획은 정치적 여파를 고려하지 않고 순전히 군사적 전략에 입각해 작성되었다. 벨기에를 침입했을 때 영국과 미국에 어떤 영향을 미칠 것인가, 영국의 원정군 파견과 영해군의 봉쇄전략에 대해 어떻게 대응할 것인가, 그리고 러시아가 신속히 동원할 때는 어떻게 할 것인가 등에 대해 슐리펜이나 리틀 몰트케는 진지하게 검토하지 않았다. 해군 측에게도 오히려 영국 해군을 너무 자극하지 말라고 조언할 정도였다. 그러나 이런 문제가 발생한 데는 군인들보다는 오히려 전쟁계획 수립을 그들에게 일임하고 아무런 개입도 하지 않은 황제와 그의 각료들에게 원천적인 책임이 있다고 말해야 할 것이다.

둘째, 군사적으로도 그 계획은 나폴레옹 시대에나 적합할 뿐, 철도가 등장하고 기관총이 위력을 발휘하는 시대에는 통하기 어려운 것이었다. 슐리펜과 그의 휘하 장군들은 나폴레옹 시대의 전투를 분석하는 데는 전문가였지만 미 남북전쟁이나 보어 전쟁 또는 러일전쟁으로부터 유용한 교훈을 배우지 못했다. 그들은 블로흐의《미래의 전쟁》을 읽지 않았으며, 그들이 존경하던 빅 몰트케가 일찍이 "다음 유럽 전쟁은 30년을 끌지도 모른다"고 말한 경고에 대해도 귀를 기울이지 않았다. 사실상 1차대전과 2차대전을 한 데 묶어 하나의 큰 전쟁으로 말한다면 빅 몰트케의 예언은 매우 정확했었다고 말할 수 있을 것이다.

셋째, 독일 군은 병력이 부족하고 보급 및 통신체계가 결여되어 있었다. 서부전선에서 그들은 프랑스 · 영국 · 벨기에의 연합군과 비교할 때 근소한 우세를 유지하고 있을 뿐이었다. 더구나 벨기에로 멀리 우회한 우익병력은 몇 주간 행군을 하면서 전투력이 떨어진데다가 벨기에 군에 의한 도로차단 등 완강한 저항을 받으면서 고전을 면치 못했다. 게다가 몰트케를 비롯한 군 수뇌부는 전신 및 전화선 고장으로 전방상황이 어떻게 진행되는가를 제대로 파악하지 못했다.

넷째, 슐리펜 계획은 프랑스 군 배치에 대해 비교적 정확하게 추측했지만, 적의 능력과 의지를 너무 과소평가하는 잘못을 저질렀다. 프랑스 군 총사령관 조프르는 초기 배치의 오류들을 시정하고 신속하게 병력을 알자스 · 로렌 지역에서부터 발달된 철도를 이용해 파리 전방에 투입시켰다. 그리하여 독일 군의 진격을 막아냈을 뿐만 아니라, 역습의 발판까지 마련함으로써 슐리펜 계획을 완전히 좌절시켰던 것이다.

DIGEST

68

WORLD WAR

# 서부전선 교착:
## 마른 전투 이후 참호전 양상 (1914 ~ 1918년)

1914년 늦여름 유럽은 각국이 전쟁에 뛰어들면서 수백만 명이 거리에 운집해 대중 집회들을 열고 전쟁선포를 환영하는 분위기 일색이었다. 조국을 수호하겠다는 애국심과 더불어 승리에 대한 자신감의 발로였다.

8월 4일 독일 군은 슐리펜 계획에 따라 백만 명이 벨기에를 침공하고 메츠 남쪽의 국경지역에서도 프랑스 군에 대한 공격을 개시했다. 리에주 요새를 함락시키고 벨기에 군을 앤트워프로 몰아내는가 하면 프랑스 군을 도처에서 퇴각시킴으로써 독일 군은 서전을 꽤 성공적으로 이끌었다. 하지만 그러한 성공이 얼마나 오래 갈지는 두고 볼 일이었다. 왜냐하면 독일은 홀로 프랑스 · 러시아 · 영국 3대 강국과 싸워야 하며, 게다가 이들 3대 강국에 대해 미국이 지원할 가능성이 매우 높았기 때문이다.

프랑스의 전쟁계획 '17계획'은 독일 군의 의도를 전혀 파악하지 못한 채 작성된 것으로 완전 실패작이었다. 그러나 구체적 기동계획 없이 대략적인 집결지만 표시한 엉성한 계획이 오히려 전화위복이 되었다. 프랑스 군 사령관 조프르가 17계획의 비현실성을 곧 인정하고 그것을 독일 군 진격을 저지시키는 적절한 방어계획으로 신속히 전환해 대처했기 때문이다.

독가스에 오염된 병사들이 병원으로 후송을 기다리고 있다.

러시아의 전쟁계획도 대단한 것은 못되지만, 프랑스 정부 요청에 따라 동원이 덜 된 상태에서도 동프로이센과 오스트리아를 공격함으로써 독일로 하여금 처음부터 양면전쟁의 큰 부담을 안도록 했다. 러시아 군은 타넨베르크와 마주리아 호변 등의 지역에서 독일 군에게 크게 패배했으나 남쪽의 오스트리아 · 헝가리 군에게는 대승을 거둘 수 있었다. 사실상 독일 군은 동맹군이 있었지만 혼자 싸운 것이나 다름없었다. 왜냐하면 동맹군은 전투력이 워낙 별 볼일 없는데다가 의욕도 없이 마지못해 싸우는 식이었기 때문이다.

8월 하순 서부전선 상황은 독일 군과 프랑스 군이 다 파리를 향해 하루 20마일씩 행군했다. 그러나 파리를 수호하기 위해 알자스 · 로렌에서부터 이동해오는 프랑스 군의 속도가 더 붙고 독일 군 우익의 속도는 처지기 시작했다. 독일 군은 파리에 육박하면서 보급난을 겪고 병력도 충분치 않음을 절감했다. 설상가상으로 최고사령부는 동부전선의 위협 때문에 2개 군단의 병력을 서부에서부터 동부로 이동하도록 조치했다.

독일 군은 파리를 점령하려는 계획을 포기하고 파리 문전에서 동남쪽으로 진출했다. '망치머리'를 길게 잡는 대신에 짧게 잡아 치자는 개념이었다. 그러자 파리에서 이미 강화되고 새로 편성된 병력과 영국 원정군은 역으로 독일 군 우익의 노출된 측면에 위협을 가하기 시작했다. 그리하여 대충돌이 벌어진 것이 9월 5~10일의 마른Marne 전투였다. 이 전투는 약 200만 명이 맞붙은, 그때까지 전례가 없는 최대 격돌이었다.

독일 군은 마른 전투에서 패배했다. 그들은 '망치머리' 역할을 한 제1군과 제2군 간에 큰 간격이 생김으로써 위기를 맞았으며, 그 뒤 더 이상 진격할 수 없음을 깨닫고 마른 강에서 엔 강으로 퇴각하고 말았다. 연합군은 이 전투에서 완전한 승리를 거둔 것은 아니나, 파리를 지키고 독일 군의 진격을 정지시키는 데 성공함으로써 심리적인 승리를 쟁취했다.

6주 내에 프랑스를 함락시키려는 슐리펜 계획은 마른 전투에서 완전한 실패로 끝났다. 독일이 벨기에를 침공해 기동전을 펼치고 국경지역과 마른 지역 전투에서 양측이 입은 전사자의 숫자는 50만 명에 달했다.

이 단계에서 독일의 전쟁 계획은 실패라고 말할 수 있겠으나, 그렇다고 전쟁이 곧 끝날 만큼 전황이 어느 한쪽으로 완전히 기울어진 것은 아니었다. 사실상 1차대전은 이제부터가 시작이라고도 말할 수 있다. 각국 참모본부가 수립한 단기결전 계획의 과오를 증명하는 데 약 40일 정도의 기간이 소요되었고, 그 후 전쟁은 일찍이 블로흐가 예언한 장기전과 소모전 양상을 보이며 거의 4년을 끌게 되었다.

마른 전투 이후 양측은 서로 정면을 공격할 만한 여력을 잃어버렸으며 그래서 서로 측방을 우회해 기동공간을 확보하려는 경쟁을 벌였다. 그리고 확보한 땅은 참호를 파고들어 가 지키려 함으로써 방어에 치중하게 되었다. 그리하여 이른바 '바다를 향한 경주'에서 양측은 참호선을 북쪽 해안의 뉴포트 항구까지 연결짓고 남쪽으로 스위스 국경까지 뻗게 하는 공사를 벌이며 서로 팽팽히 대치했다.

10월에 독일 군은 주요 항구인 앤트워프를 점령하는 작전을 전개해 성공하지만, 이 작전에서도 독일 군은 엄청난 손실을 감수해야 했다. 약 36,000명의 학도예비군을 투입시켰는데, 그 가운데 온전하게 살아남은 자는 6,000명에 불과했다. 히틀러는 그중 한 생존자였다.

11월 양측은 스위스에서 해협까지 약 500마일의 참호 진지 공사를 완료하고 그 안에서 서로 마주보고 싸우게 되었다. 진지는 시간이 흐를수록 점점 철조망과 콘크리트로 단단하게 구축되어갔다. 화력의 엄청난 파괴력 때문에 기동전이 불가능해지고 그에 따라 전선은 큰 변동이 있을 수 없었다. 뚜렷한 승리나 패배가 없는 전투상황이 지속되는 가운데 사상자 숫자만 엄청나게 불어날 뿐이었다.

DIGEST

69

WORLD WAR

# 탱크의 출현:
## 솜 전장에서 최초 사용 (1916년)

마른 전투 이후 서부전선에서 양쪽 지휘관들은 교착된 상황을 어떻게 타개할 것인가, 그 방법을 찾기 위해 골몰하고 각종 시행착오를 반복했다.

모든 전선이 연결되어 있기 때문에 우회는 불가능하고, 그렇다고 어느 한 곳에 병력을 집중하는 재래식 방법으로는 너무나 많이 발생하는 인명손실을 견뎌내기 어려웠다. 따라서 무모한 공격보다는 우선 방어가 최선이라고 여기고 방어진지들을 강화했다. 참호 내에는 깊은 대피호를 마련함으로써 상대방 포격으로부터 안전하게 머물러 있을 수 있었다.

방어력의 핵심은 기관총이었다. 병사들은 참호 속에서부터 라이플과 기관총으로 사격을 가했다. 기관총은 소나기처럼 실탄을 연속 발사함으로써 적의 접근을 막았다. 처음에는 대대당 두세 정이 할당되었으나 나중에는 수십 정이 배정되었다.

그러나 승리는 결코 방어로만 이루어낼 수는 없는 것이다. 또한 공격 없이 방어로 일관되는 전쟁은 정부 · 국민 · 군인 모두가 싫어하게 되어 있다.

전선을 돌파하기 위한 여러 가지 공격방법이 등장했다. 가장 많은 시도를 한 것은 포격방법이었다. 요는 어떻게 조직적으로 적의 철조망과 기관총을 무력화시키는 포격을 실시할 것이며, 그 뒤 보병공격을 어떻게 효과적으로 할 것인가에 초점을 맞추었다.

처음에 대포는 질이나 수량에서 독일이 앞섰으나 나중에는 서로 비슷해졌다. 전쟁 동안 보다 위력 있는 대포가 많이 개발되었다. 영국은 6인치, 8인치, 9.2인치 곡사포를 주로 사용했고, 독일이 사용한 대포에는 초대형인 17인치 포가 있었다. 오래 전에 폐기된 박격포가 다시 등장하여 참호전에서 맹위를 떨쳤다. 포탄도 여러 가지 용도와 보다 고성능의 제품이 쏟아졌다.

광범위하게 분산 배치된 대포는 점점 집중화되어 공조체계를 이루고 적시적소에 집중포격을 가했다. 유 · 무선 전화와 관측 비행선 등으로 함께 체계를 이루고 상당한 수준의 포술발전을 이룩했다. 처음에는 며칠 동안 집중적인 준비포격을 가했으나, 그 방법으로는 기습효과를 발휘하지 못하자 나중에는 짧은 시간의 준비포격을 채택했다. 보병이 공격할 때는 그들 전방에 포격을 해 탄막을 치게 했다. 그러나 탄막의 위치를 정확히 어디에 설정하고 보병과 어떻게 긴밀하게 협조할 것인가 등의 과제는 쉽게 풀리지 않았으며, 그런 동안 수없이 시행착오가 반복됐다.

1915년 이프르 전투에서 독일 군은 사상 최초로 독가스를 사용해 전선돌파를 시도했다. 주로 염소가스였으며, 질식 · 최루 · 수포 등에 의한 살상효과를 나타냈다. 이 공격에서 독일 군은 영국 군 2개 사단을 격파했으나, 독가스로 오염된 공기가 정화될 때까지 오랫동안 기다려야 했기에 신속한 돌파로 이어가지는 못했다.

양측의 전선돌파를 위한 전술 및 무기개발 노력 가운데서 가장 혁신적인 것으로는 연합군 측이 최초로 전차(탱크)를 개발해 사용하게 된 점을 들 수 있다.

1914년 가을 참호전 양상을 목격하게 된 영국의 공병장교 스윈턴E. D. Swinton 중령은 적 포탄세례와 기관총 및 철조망을 극복하고 전진할 수 있는 전차를 개발할 것을 육군성에 건의했다. 전쟁 전에 이미 개발된 장갑차량과 무한궤도 트랙터를 함께 결합하고 공격용 기관총과 경포를 장착하자는 그야말로 기발한 아이디어였다.

1차대전 중 최초로 등장한 영국 탱크.

스윈턴의 제의를 환영한 것은 육군이 아닌 해군이었다. 해군 장관 처칠은 '상륙함 건조 위원회'를 편성하고 비밀리에 전차 제작사업을 추진시켰다. 제품의 명칭은 보안을 유지하고 적으로 하여금 식수저장 시설로 오인하도록 하기 위해 '탱크'라고 붙였다.

최초의 전차는 다른 발명품이 초기에는 다 그러하듯 완전하지 못했다. 시간당 4마일로 속도가 느리고 행동반경도 좁았다. 기관총을 사용한 전차도 있고 해군 함포를 탑재해 사용한 전차도 섞여 있었다. 탱크는 1916년 솜Somme 전투에서 최초로 사용되었으나, 진흙땅에서 여러 결함을 보이며 기대만큼 큰 효과를 거두지는 못했다.

그러나 영국 군은 1917년 캉브레Cambrai에서 전차를 사용해 전선돌파에 성공했다. 총 324대의 전차를 준비포격 없이 집중 운용해 독일 군 전선을 강습했다. 전차 3대당 보병 1개 소대가 후속해 공격했다. 동시에 포병은 적 포대에 대해 집중포격을 퍼부었다. 첫날 공격에서 상당수 전차가 고장이 난데다가 예비대가 부족한 탓으로 이튿날의 공격으로 이어지지는 못했지만, 당시 상황에서 하루 만에 4마일 가량 돌파한 것은 꽤 성공적인 것이었다.

그 후 영국 군과 프랑스 군은 전차전술을 정교하게 다듬어갔다. 한편 독일 군 참모본부는 연합군 측이 전차를 개발해 사용하는 것으로부터 충격을 받았지만, 그렇다고 그것을 개발하는데다 최우선권을 부여하지는 못했다. 그 이유는 첫째, 물자가 부족했기 때문이고 둘째, 그것에 큰 관심을 보이는 경우 독일 군 사기에 악영향을 미치리라고 생각했기 때문이다. 독일 군은 대전이 끝날 때까지 통틀어 45대의 전차를 제작했다. 반면 영국은 3,000여대 이상의 전차를 제작했고, 프랑스는 1918년에 들어서서는 매주 50대의 경전차를 생산했다.

1차대전 때 등장한 전차는 그것만으로 전쟁을 종결지을 만큼 위력을 떨치지는 못했다. 그러나 그것은 미래 지상전에서 참호전을 극복할 수 있는 가장 효과적인 무기로서의 가능성을 충분히 보여주었다. 후에 독일 군이 2차대전을 준비하면서 가장 중점을 둔 분야는 전차전이었다.

DIGEST

70

WORLD WAR

# 미국의 1차대전 참전:
## 윌슨 대통령, 대독일 선전포고 (1917년)

1914년 전쟁이 발발했을 때 미국인들은 조상에 따라 두 편으로 나누어졌다. 대체로 중서부 사람들과 최근에 이민 온 사람들은 동맹국(독일과 오스트리아 등 중부 유럽국을 일컬음. '중추국'이라고도 부름) 계통이 많았고 아일랜드인들은 물론 영국편이 아니었다. 동맹국과 연합국(영국 · 프랑스 · 러시아 등 3국협상 가담국가들) 양측은 모두 미국인들을 상대로 엄청난 선전전을 전개했다.

미국정부는 중립을 선언했지만, 시간이 지나면서 차츰 연합국 편으로 기울었다. 많은 미국인들에게 독일은 군국주의와 독재의 상징과 같았으며, 반대로 영국과 프랑스는 문화적으로 훨씬 가까운 나라였다.

전쟁 중 미국은 전쟁물자 수출에 열을 올렸다. '어느 측이든지 돈만 가져오면 제한 없이 가져갈 수 있다cash-and-carry'는 원칙을 표방했다. 결과적으로 1916년 말경 미국은 연합군의 보급창 역할을 떠맡게 되었다. 미국의 대연합국 수출액은 그들의 대미 수출액의 4배에 달하고, 미국인 투자가들은 연합국 측에 엄청난 액수의 차관을 제공했다.

해운권 때문에 미국은 영국 · 독일 양쪽과 가끔 분쟁을 겪었으나, 독일과 훨씬 더 심각한 사건에 부딪쳤다. 영국은 미국이 네덜란드나 스칸디나비아

국가들과 교역하는 것을 방해하곤 한 데 비해 독일은 영국 선박에 대한 잠수함전을 중립국 선박에까지 확대시킨, 이른바 무제한 잠수함 작전을 폄으로써 미국인들로부터 큰 분노를 사게 되었다.

1차대전 때 미군의 징병 홍보 포스터.

1915년 5월 영국 상선 루지타니아Lousitania호가 격침되고 그 안에 탄 사망자 1,198명 속에 미국인 희생자가 128명이나 되자 미국 내 반독일 여론은 비등하기 시작했다. 미국정부의 강력한 항의를 잠재우기 위해 독일은 무제한 잠수함 작전 중단을 선언했다. 그러나 1917년 2월 힌덴부르크와 루덴도르프의 강력한 제의로 독일은 다시 무제한 잠수함 작전을 선언하기에 이르렀다. 영국 함선을 격파하고 승리하기 위해서는 다른 대안이 없으며 미국을 무시해도 된다고 판단한 것이다.

그 무렵 독일 외상 치머만Zimmermann이 멕시코 주재 독일대사에게 보낸 비밀전문 내용이 영국 해군 정보부서에 의해 공개되면서 미국의 대독일 감정은 극에 달하게 되었다. 그 전문에서 독일은 멕시코에 대해 미국침략을 감행하면 그 대가로 미국 남부를 획득하도록 보장하겠다고 한 것이다. 드디어 1917년 4월 6일 윌슨 대통령은 독일에 대한 선전포고를 했다.

미국이 선전포고했다고 해서 전세가 당장 연합군 측으로 기운 것은 아니었다. 미국은 늘 그랬듯이 이 전쟁에도 준비가 덜 된 상태로 뛰어들었다. 약

13만 명밖에 되지 않는 군대로 세계대전에 뛰어들 수는 없는 노릇이었다. 대원정군을 편성해 유럽에 보내는 데까지는 상당한 시간이 소요되는데, 그 동안이 문제였다.

1917년 전선의 변동은 크게 달라진 것이 없으나, 연합국은 여러 차례 위기를 맞이했다. 첫째, 독일 잠수함에 의한 피해는 견디기 어려운 지경에 이르렀다. 전쟁 중 연합국과 중립국 측 선박피해는 1,500만 톤에 이른 데 비해 새로 건조하거나 나포한 선박은 1,300만 톤에 지나지 않았다. 이로 말미암아 연합국 측 경제는 큰 타격을 입고 있었다. 영국 선박은 지중해를 피해 멀리 희망봉으로 우회해야 했고, 이탈리아는 공장들 상당수가 가동을 중단했다.

둘째, 프랑스 군은 조프르 후임인 최고사령관 니벨Nivelle의 무모한 작전으로 말미암아 와해 직전에 도달했다. 1917년 4월 엔 강에서 정면 돌파를 시도했다가 일주일 만에 약 15만 명이 넘는 손실을 입고 그 후유증으로 100건이 넘는 집단 하극상 사건이 발생했다. 이 위기는 새로 교체된 페텡Petain에 의해 수습되기는 했지만, 프랑스 군이 전투력을 회복하는 데는 상당 기간이 걸렸다.

셋째, 러시아는 3월 차르 정부가 붕괴하고 11월에는 볼셰비키 혁명정권이 들어서면서 완전히 방향을 전환하고 전선에서 떠났다. 그들은 브레스트-리토프스크에서 독일과 강화조약을 체결하고 동부전선에서 독일의 승리를 완전히 인정해주고 말았다. 이로써 소련은 러시아 제국의 땅 1/4과 철과 석탄 자원 3/4을 잃었다. 한편, 독일은 주둔병력을 제외한 나머지를 동부에서 서부로 보내 서부전선을 보강할 수 있게 되었다.

1918년 봄, 독일 군이 서부전선에서 대규모 공격을 감행했을 때 독일 군 대 연합군의 병력은 156만 대 125만으로 독일 군이 우세했다. 이 공격에서 독일 군은 솜 강에서 영국 군과 프랑스 군을 분리시키고 드디어 전선을 돌파하는 데 성공했다. 그러나 이때부터 미군도 본격적으로 전선에 병력을 투입할 수 있게 됨으로써 연합군은 위기를 극복할 수 있었다.

7월 말에 이르렀을 때 병력은 140만 대 168만으로 연합군이 우세를 보이기 시작했다. 미국은 징병제를 도입해 대군을 편성하고 약 6개월 이상의 국내 훈련과 2개월의 해외 훈련을 끝낸 다음부터 사령관 퍼싱John J. Pershing 장군 휘하에 원정군을 전쟁이 끝날 때까지 총 200만 명이나 파견했다. 이로써 숫자에서 압도하게 된 연합군은 1918년 9월 전쟁에 지친 독일 군에 대한 대반격 작전을 실시하기 시작했고, 11월에 독일로부터 무조건 항복을 받아냄으로써 대단원의 막을 내렸다.

DIGEST

71

WORLD WAR

# 1차대전 해전:
## 독일 무제한 잠수함전 (1917년)

독일육군이 해군과의 협조를 바탕으로 하여 종합적인 전쟁계획을 세우지 않은 것처럼, 독일해군은 해군대로 바다를 장악하기 위한 독자적인 야심을 품고 있었다.

그들은 영국 해군의 해안봉쇄 작전을 예상하고 덴마크와 네덜란드 사이의 근해에 수뢰 · 어뢰정 · 잠수함 등을 집중적으로 배치했다. 그리하여 그곳에서 전투를 하는 동안 독일 전함들을 출동시켜 대영국 함대의 나머지를 집중공격한다는 복안이었다.

그러나 처음부터 독일해군의 작전계획은 크게 빗나갔으니, 그것은 영국해군이 전혀 딴판으로 움직였기 때문이다. 영해군은 독일해군이 예상한 것처럼 해안 가까이에서 봉쇄하는 것이 아니라, 멀리서 보이지 않는 봉쇄망을 구축하고 전반적으로 해상을 장악하는 전략을 펼쳤다. 그러한 전략은 독일군의 위협적인 수뢰와 잠수함으로부터 피해를 줄일 수 있는 방법이기도 했다.

영국 대함대는 오크니 제도(스코틀랜드 동북부의 섬)의 스캐퍼플로Scapa Flow 군항에 기지를 두고 이곳저곳에 소함대를 파견했다. 주임무는 독일 상선의

독일의 무제한 잠수함 작전으로 연합군 해상 수송은 막대한 타격을 입었다.

나포와 중립국 배의 점검 외에 주로 독일 잠수함과 전투를 벌이는 것이었다. 전함과 순양함에서 뒤진 독일 군은 바다 가운데서 영함대와 정면 격돌하는 작전을 피했다.

영국 해군은 해전을 주도했다. 프랑스 해군이 지중해를 맡고 러시아 함대가 발틱 해와 흑해에서 작전하는 동안 영국 군은 다른 바다를 장악해 연합국들과의 보급선을 보호하고 적 보급선에 타격을 가하는 작전을 효과적으로 수행했다.

북해에서 소규모의 충돌은 가끔 있었으나, 양측 함대가 대규모로 격돌한 것은 1916년 5월 유틀란트 반도 해역에서 단 한 차례 있었다. 독일 제독 셰어Reinhard Scheer는 영국 해군의 일부를 격파하고 영국 주력함대가 나타나기 전에 안전한 곳으로 피하려는 계획을 세웠으나, 영국 군은 독일 군의 그러한 기도를 미리 알아차리고 출항준비를 하고 있는 적에 대해 선제 포격을 가했다. 영국 군은 적의 암호신호 체계를 거의 다 읽을 수 있었다. 셰어 제독은 과감하게 방향을 돌려 항구를 빠져나와 도주했다. 한편, 영국 제독 젤리코Sir John Jellico도 잠수함으로부터의 피해를 두려워하고 무리한 추격으로 잘못하면 모든 것을 다 잃게 될 것을 염려한 나머지 도주하는 적을 그대로 두고 주의를 다른 곳으로 돌렸다. 큰 전투가 전개될 뻔한 순간에 서로 충돌을 피하고 본 것이다. 중요한 것은 영국이 북해 해상을 역시 확실히 장악한 데 반해 독일은 해상에서 영국 함대에 대한 도전을 포기했다는 사실이었다.

그러나 바다 밑은 상황이 달랐다. 독일은 잠수함을 대단히 효율적인 무기로 발전시켰다. 잠수함의 타격력은 어뢰에 있었는데, 500파운드의 TNT로 만들어진 어뢰는 시속 58km로 6~7km 거리를 항진했다. 처음에 독일은 잠수함 숫자에서도 뒤졌으나, 해상에서의 열세를 만회하기 위해 잠수함 개발에 주력한 결과, 곧 영국을 훨씬 앞질러갔다. 무엇보다도 U-보트라고 불리는 위력적인 잠수함은 맹위를 떨쳤다.

독일 군은 U-보트를 대영함대 기지인 스캐퍼플로 기지에까지 침투시키는 데는 성공하지 못했으나, 그 대신 연합국과 중립국 상선들에 대해 눈에 띄는 대로 경고 없이 소위 '무제한 잠수함전'을 전개함으로써 연합국을 곤경에 빠뜨렸다. 무수히 많은 배가 U-보트 공격을 받고 파괴되었고, 그 숫자는 1917년 봄에만 100만 톤을 넘어섰다. 영국에서 출항한 배의 1/4이 귀항하지 못했는가 하면, 피해가 늘어난 외국선박들은 영국으로 항해하는 것을 기피했다.

영국은 잠수함 공격에 대항하기 위해 기뢰를 폭넓게 부설하고, 지그재그 방식 항해를 하고, 잠수함 탐지기를 개발하는 등 여러 가지 시도를 했으나 별로 큰 효과를 거두지 못했다. 그러다가 호위선 체계를 갖추어 항해하는 것이 최상의 방책임을 알게 되었다. 호위선들은 가능한 모든 수단을 동원해 상선 선단을 보호했다. U-보트는 고립된 선박은 쉽게 공격했지만 호위선단은 함부로 공격하지는 못했다. 대전 마지막 해인 1918년 여름에 호위선단은 매월 미국군 25만 명씩을 유럽에 실어 나름으로써 독일에게 치명타를 가할 수 있게 되었다.

DIGEST

72

WORLD WAR

# 1차대전 공중전:
## 영국 공군 독립 (1918년)

1차대전은 땅과 바다 외에 공중에서도 싸우기 시작한 최초의 전쟁이었다. 전쟁 전부터 이미 개발된 비행선과 항공기가 처음에는 정찰 및 항공사진 촬영용으로 이용되었으나, 나중에는 부대 · 철도 요충지 · 공장 · 도시 등을 폭격하고 나아가 적 항공기를 공격하는 데 이용되었다.

전쟁 전에는 공군력 발전에 가장 앞선 나라가 프랑스였으나, 전쟁 중에는 독일과 영국이 더 큰 관심을 보였다. 그러나 대전 중 항공기는 별로 중요한 역할을 하지 못하고 주로 지상전을 돕는 보조적인 역할에 머물렀다. 초창기 항공기의 기계적 결함과 조종술 및 운용전술의 미숙으로 독립적인 공중작전을 전개할 정도까지 발전을 이루지는 못했다.

최초의 공중전이 발생한 1914년 10월 5일부터 1915년 7월 중순까지 프랑스 조종사들은 독일 항공기 8대를 격추시켰는데, 주무기는 칼빈 총이었다. 기관총을 장착한 최초의 항공기인 네덜란드제 항공기 포커Fokker가 1915년 4월에 등장한 후 공중전 규모는 훨씬 커졌다. 전쟁 중 각국은 끊임없이 항공기 개발 노력을 펼친 결과 프랑스 50종, 영국 40종, 독일 30종, 이탈리아 30종, 그리고 미국은 9종을 생산했다.

1918년 영국 항공기(DH-4기)가 독일 군이 보유한 포커 기로부터 공격받고 있다.

1916년까지는 대체로 독일이 제공권을 장악했다. 그들은 항공기의 전술대형을 상당히 발전시켰으며, 비행선 '체펠린Zeppelin'을 이용해 영국 본토에 대한 장거리 폭격에 성공했다. 폭격은 주로 런던을 공습해 영국인들의 사기를 떨어뜨리는 데 목적을 두었다. 1916년 9월 2일 14척의 비행선은 런던 상공에 나타나 수백 톤의 폭탄을 투하함으로써 수백 명의 시민들을 사망케 하고 일부 공장들에 상당기간 조업중단을 하게 한 피해를 입혔다. 그 후 공습을 계속했으나 예상한 만큼의 큰 성과는 거두지 못했다. 영국인들은 사이렌 경고로 미리 대피할 줄을 알게 되고 또한 대공화기와 전투기를 이용해 체펠린을 공격함으로써 독일의 폭격을 잘 막아냈다.

런던 공습은 영국인들에게 큰 경각심을 불러일으켰다. 그것으로 치명적인 피해를 입은 것은 아니지만 심리적으로 큰 충격을 받았다. 영국 국민들과 정부는 공중으로부터 보호를 받기 위해서는 제공권을 장악해야 하며 그러기 위해 모종의 과감한 조치를 취해야 한다는 공감대가 형성되었다. 또한 적 도시를 보복 폭격해야 한다는 심리도 갖게 되었다.

이를 기화로 하여 영국 공군은 1918년에 독립을 이루었다. 영국 정부는 과거 육군과 해군에 따로따로 종속되어 있던 항공대를 한데 묶어서 육 · 해군과 동격의 공군을 창설하고 공군력의 규모를 대폭 확장시켰다. 그리하여 영국은 30만 명의 병력과 3만 대의 항공기를 보유한 세계 최강의 공군력을 보유하게 되었다.

1918년에 이르자 연합군 공군력은 독일 군을 완전히 압도했다. 그들은 지상군에 대해 주로 기총소사로 지원하며 큰 활약을 했다. 이때 미육군 항공대장 미첼Billy Mitchell 대령도 샤토 티에리Chateau Thierry 전장에서 1,500대의 항공기를 투입해 보병작전을 지원했었다.

동시에 영국 공군은 야전의 육군 지휘관으로부터 독립해 폭격기를 독일 후방의 전략 시설을 폭격하는 데 가끔 사용하곤 했다. 그러나 그와 같이 공군을 전략적으로 이용하는 개념을 제대로 활용하기 전에 대전은 끝나고 말았다. 영국 공군이 독립을 이룬 후에도 다른 나라와 마찬가지로 주로 지상군을 지원하는 데서 크게 벗어나지 못한 것은 초대 사령관이었던 트렌챠드Sir Hugh Trenchard가 과거 그의 상관이었던 영국 육군 원정군 사령관 헤이그Sir Douglas Haig의 요구를 너무 충실히 들어주었던 데에도 기인했다.

독일은 체펠린 외에 전략 폭격기로 장거리 대형 폭격기인 고타스Gothas를 개발해 런던과 파리에 대한 공습용으로 주로 사용했다. 그리고 해안 방어용으로도 이용했다. 그러나 1918년 독일 항공기 생산은 일부 항공자재의 수입원인 미국으로부터 수입이 중단됨으로써 막대한 차질을 빚었다. 전쟁 중 독일의 항공기 총 생산량은 48,000대였는데, 이는 프랑스의 51,000대보다 적으며, 영국에 비해서는 훨씬 뒤떨어진 수준이었다.

만일 1차대전이 1919년까지 연장되었더라면 연합군은 공중에서 우세한 공군력을 최대로 이용하고 또한 지상에서는 전차를 이용해 승리했으리라는 점에 대해서는 의문의 여지가 없다. 1차대전은 전차와 항공기, 그리고 이 두 가지 현대무기를 잘 결합시키는 전술이 미래의 전쟁에서 결정적 수단이 되리라는 점을 충분히 보여주었다고 할 수 있다.

DIGEST

73

WORLD WAR

# 베르사유 조약 이후 유럽과 히틀러의 등장: 독일 재군비 (1934년)

전쟁이 끝난 다음에 참전국 간에 중요한 일은 평화조약을 체결하고 평화체제를 구축하는 것이다. 물론 그러기에 앞서 승전국은 패전국에 대해 배상책임을 묻는 특권과 특전을 누리게 되어 있다.

1919년 6월에 조인된 베르사유 조약은 화해에 바탕을 둔 평화를 약속하지 못하고 특히 독일에게 가혹하고 굴욕적인 내용으로서, 장차 전쟁을 방지하는 장치가 아니라 오히려 유발시킨 근원을 제공한 셈이 되었다. 이 조약체결을 듣고 프랑스의 포슈 장군은 "그것은 평화가 아니라 20년 정도의 휴전을 보장하는 데 그칠 것이다"고 말했다고 한다.

베르사유 조약에 의해 독일은 알자스와 로렌 지방을 프랑스에 내주고 비스마르크 제국의 약 1/8을 상실했다. 그리고 무장해제를 당한 외에 징병제도와 일반참모제도를 폐지하고, 육군을 10만 명 이상 유지하지 못하도록 엄격한 규제를 받았다. 나아가 유독가스 · 전차 · 군용기 · 잠수함 보유 금지, 무기제조공장 폐쇄, 전쟁물자 수출입 금지, 북해와 발틱 해 해안 요새 해체 등의 조치를 당했다. 뿐만 아니라 '전쟁을 도발한 범죄행위'에 대해 책임을 지고 연합국 측이 입은 피해에 대해 엄청난 액수의 보상금을 지불하지 않으면

뉘렌베르크 나치 집회의 히틀러. 수십만 당원이 모여 당과 히틀러에 충성을 맹세했다. 전후 뉘렌베르크에서 나치 전범 재판이 열렸다.

안 되었다.

독일 국민들의 베르사유 조약에 대한 분노는 대단했다. 패배한 자는 어느 정도 굴욕을 당하게 되어 있으나, 그럼에도 독일인들은 너무 가혹하다고 생각했으며, 그래서 그 순간부터 연합국들에 대한 강렬한 적개심을 다시 품게 되었다. 사실상 독일은 연합국 감시는 받고 있지만 직접적인 점령통치를 받는 상태는 아니었으므로 만일 연합국 감시체제에 이상이 생기면 얼마든 재무장하고 결집할 수 있는 위험성이 남아 있었다.

라인 강 서쪽의 라인란트 지방을 독일로부터 분할하려 했던 프랑스의 노력은 미국의 윌슨 대통령에 의해 좌절되었으며, 그 대신 연합국은 주위에 군대를 주둔시켜 그곳의 비무장을 감시, 유지토록 했다. 그러나 얼마 후에 미국과 영국이 군대를 철수시켜버림으로써 프랑스 군만 남게 되었고, 시간이 지나면서 프랑스도 독일을 감시하기는커녕 자국을 방어하는 데 급급해야 하는 처지로 바뀌고 말았다.

프랑스는 1920년대 말부터 1930년대에 걸쳐 금세기 가장 견고하고 정교한 요새선이라 할 수 있는 마지노선을 구축했다. 이는 베르사유 조약에도 불구하고 장차 독일에 대한 프랑스의 두려움을 나타내는 대표적인 상징물이다.

1920년대에 많은 독일인들은 1918년의 패배 책임에 대해 유태인들과 공산주의자들의 음모로 돌리는가 하면, 베르사유 조약을 수락한 바이마르 공화국 정부에 대해 비판을 가하기 시작했다. 독일정부는 전쟁배상금을 지불하라는 프랑스의 압력을 무력화시키는 방법으로 통화발행을 남발하는 등 스스로 파탄의 길을 걸었다.

1929년 대공황으로 온 세계 경제가 위기에 빠져 혼란을 겪으면서, 독일 정치는 혁명을 맞게 되었다. 바이마르 공화정 체제가 무너지고 강력한 정치지도자 히틀러가 정권을 장악해 전체주의 독재국가로 체제를 완전히 바꾸었다. 다른 전체주의 국가 지도자였던 이탈리아의 무솔리니, 소련의 스탈린, 일본의 군국주의자들처럼 히틀러도 기존의 세계질서를 깨뜨리고자 하는 야심을 품었다. 이들 독재자들의 공통점은 기존의 국제질서에 강한 불만을 품었으며, 영토를 최대로 팽창시키려 한 팽창주의자들이었다는 점이다.

1차대전 후 군인들은 대전의 교훈을 분석하고 무엇보다도 신무기였던 전차와 항공기 운용방법에 대해 중점 연구했다. 그러나 승전국의 군사이론가였던 풀러J. F. C. Fuller나 리들 하트B. H. Liddell Hart와 같은 몇몇 사람을 제외하고는 훨씬 더 큰 관심을 보였던 쪽은 패전국 군수뇌부 측이었다. 특히 1920~26년 독일 육군사령관이었던 젝트Hans von Seeckt는 공식적으로 일반참모제도를 둘 수 없는 여건 아래서도 비밀리에 59개 위원회를 편성해 1차대전을 세밀히 분석했다. 그들이 내린 결론은 전투에서 가장 중요한 것은 창의력 · 융통성 · 리더십이며, 장차 전쟁에서는 기갑전을 최대로 활용하는 전격전으로 참호전을 극복하고 신속하게 승리할 수 있다는 것이었다.

히틀러는 정권을 장악한 후 처음에는 군수뇌들에게 존경을 표하는 방법으로 군부를 대우해주었다. 그러나 기계화부대를 창설하고 공군을 창설하는데 있어서는 그 자신이 매우 정열적으로 나서고 적극적으로 개입했다. 군인들은 너무 서두르는 히틀러에 대해 불안을 느낄 정도였다. 그들은 독일 군을 재무장시키고 또 다른 세계대전에서 독일의 영광을 되찾겠다는 점에서는 히틀러를 감히 따라가지 못했다.

히틀러는 1934년 총통이 되고, 1935년 징병제를 재도입했으며, 1936년 라인란트를 재무장하고, 그리고 1938년에는 체코슬로바키아의 수데티(주데텐)

지방과 오스트리아를 합병했다. 그해 영국 수상 체임벌린과 프랑스 수상 달라디에는 뮌헨에서 히틀러를 만나 독일의 베르사유 조약 무시와 재무장, 그리고 일련의 침략 점령을 모두 인정했다. 유화주의자였던 그들은 그 단계에서 차라리 히틀러를 인정해주는 것이 장차 낫겠다고 생각한 것이다. 그들은 히틀러를 잘못 이해해도 한참 잘못 이해했다. 뮌헨 회담 이후 히틀러는 그의 세계대전 계획에 더욱 자신을 갖고 박차를 가했다. 처칠이 언급했듯이 "사악한 자의 악의는 선한 자의 허약함 때문에 강화"되었다.

히틀러는 적에 대해 마치 마르크스가 계급으로 구별한 것처럼 인종으로 구별하는 개념을 갖고 있었다. 지독한 인종차별주의자였던 그는 독일민족을 세계문명을 창조한 가장 위대한 아리안족이라고 떠들었으며, 그들은 세계를 이끌고 갈 세계사적 사명을 다하기 위해 별 볼 일 없는 인종들이 살고 있는 땅을 점령해 유용하게 사용해야 한다는 궤변을 늘어놓았다. 그의 자서전《나의 투쟁》에서 러시아와 우크라이나 땅에 욕심을 낸 것은 기본적으로 슬라브족에 대한 경멸에 바탕을 두고 있었다. 그가 독일인들을 잘못 이끌고 간 악질적인 인종 차별정책에서 최대의 피해를 보게 된 민족은 유태인들이었다. 그는 자본주의와 공산주의를 창조한 인종이 유태인이기 때문에 아리안족은 그들을 유럽에서 완전히 제거해야 한다고 주장하며 이미 2차대전 전부터 그들을 학살했다.

히틀러가 2차대전에서 원한 것은 1차대전 이전의 영토에 대한 단순한 회복이 아니라 아리안족에 의한 전 유럽 지배였다.

DIGEST

# 74

WORLD WAR

## 일본의 팽창:
## 만주 침략 (1931년)

러일전쟁에서 승리한 이후 일본은 아시아와 태평양에서 무한한 팽창 야욕을 보였다. 1차대전 중 연합국 측에 가담함으로써 쉽게 중국 산동반도에 대한 독일의 이권과 함께 캐롤라인 제도 및 마샬 제도를 차지했다. 러시아 혁명 뒤 1918년에는 군대를 동부 시베리아에 보냄으로써 그곳에 한 발 늦게 병력을 파견한 미국과 경쟁을 벌이기도 했다.

미국이 함대를 태평양에 진출시키면서 영국 · 일본 · 미국 3대 열강은 본격적으로 해군력 경쟁을 벌이기 시작했다. 일본은 1922년 워싱턴 군축회담에서 영 · 미 · 일의 주력함 톤 수의 비율을 5 : 5 : 3으로 정하는 데 동의했지만, 나중에 얼마든지 만회할 수 있다고 생각했으며, 일단 해상보다는 중국대륙에 대한 팽창정책을 우선적으로 추진했다.

대공황 이후 서구 열강들의 해외진출에 대한 관심은 비교적 떨어졌다. 바로 이 틈을 이용해 일본 군국주의자들은 아시아 대륙에 대해 본격적으로 침략하기 시작했다.

1931년 일본은 만주를 점령했다. 6년 후 일본은 노구교 사건을 기화로 북경을 점령하고, 상하이와 수도 남경을 침략하면서 이른바 동아시아 전쟁을

1937년 일본해군이 정부의 워싱턴 군축회담 무효 선언을 축하하는 행진을 벌이고 있다.

개시했다.

장개석 휘하의 엉성하기 짝이 없는 중국 군은 곳곳에서 일본 군에게 패퇴하고, 국민당 정부는 겨우 명맥만을 유지한 채 양자강 상류의 중경으로 퇴각했다. 일본 군은 해안지역과 주요 도시를 장악하고 선량한 민간인 학살을 일삼았다.

중국 군은 인도차이나와 미얀마(버마), 그리고 소련을 통해 들어오는 막대한 양의 보급품에 의존했으나, 총 300개의 사단 중 약 10%만이 장개석에게 절대 충성을 바쳤다. 장비는 제조국과 모델이 너무 다양한데다가 부품이 맞지 않는 경우가 허다했다. 병사들은 급료와 급식을 제대로 지급받지 못했고 질병 환자가 많이 발생했다. 국민당 정부의 무능 · 부패와 일본 군의 만행이 겹치는 가운데 공산당은 점차 영역을 확대해 갔다.

중국과의 전쟁이 장기전으로 흐르자, 일본은 만주 · 소련 국경지역에서 일련의 사건을 일으켜 소련 군을 시험해보기도 했다. 그러나 결코 쉬운 상대가 아님을 파악하고는 다른 돌파구를 찾던 중 1940년 프랑스가 독일 군에 함락되자, 동남아시아 방향으로 눈을 돌렸다. 유럽인들이 2차대전에 빠져 있는 틈을 이용해 그들의 식민지를 공략하고자 한 것이다. 다만 필리핀에 있는 미국 군사력과의 충돌이 예상되나 요령껏 잘 피해나가거나 협상으로써 충분히 해결 가능하리라고 생각했다.

1940년 일본은 프랑스 령 인도차이나 북부를 점령하고 9월에는 독일 · 이탈리아와 군사 · 경제협력 동맹을 맺었다. 그리고 이듬해 4월에는 소련과 불가침조약을 체결, 일본 동북부의 안전을 보장받는 대신에 동남아시아와 태평양 지역에서의 전쟁에 전념할 준비를 완전히 갖추기에 이르렀다.

그동안 조용한 반응을 보여온 미국은 1941년 7월 일본이 인도차이나 남부까지 점령하자, 드디어 일본의 팽창을 반대 · 저지하는 단호한 조치를 취했다. 루스벨트 대통령은 일본에 대해 전면적인 수출 금지령을 내렸다. 그러자 태평양에 막대한 이해관계를 갖고 있는 영국과 네덜란드도 미국과 똑같은 조치를 단행했다.

석유수입을 미국에 80% 의존하고 있는 일본으로서는 막대한 손해가 예상되지만, 미국과의 일전은 불가피하다고 판단했다. 수출금지를 해제하는 조건으로 1931년 이후 일본이 획득한 땅을 모두 환원시키라는 미국의 요구를 들어준다는 것은 전쟁에서 패배하는 것보다 더 굴욕적이라고 생각했다.

일본 군부는 동남아시아를 정복한 다음 그 주위로 방어선을 설정하고, 그곳을 침범하려는 어떠한 적도 막아낸다는 개념의 구체적 전쟁계획을 세웠다. 그들은 자원의 한계로 말미암아 미국에 대해 전면적인 승리를 거둘 수 없다는 것을 잘 알고 있었다. 그럼에도 불구하고 많은 희생이 따르는 전쟁에 쉽게 지치는 미국인들의 무른 성향을 계산하고, 초기에 승리를 거둔 후 적절한 단계에서 협상으로 전쟁을 종결시킬 수 있으리라는 기대를 하면서 태평양전쟁이라는 엄청난 불장난에 뛰어든 것이다.

DIGEST

75

WORLD WAR

# 독일 군의 폴란드 침공과 전격전 전술:
## 히틀러와 스탈린의 폴란드 분할 (1939년)

1938년 9월 뮌헨에서 영국과 프랑스 수상들은 히틀러와 무솔리니를 만나 그들과 악수했을 때만 해도 독일은 이미 히틀러 소망대로 '한 민족, 한 공화국, 한 총통'을 이루었기에 이제 더 이상 무력점령할 곳은 없으리라고 믿었다. 그러나 6개월 후 히틀러는 체코슬로바키아 내 독일인이 거주하지 않는 땅도 점령함으로써 팽창정책의 본색을 드러냈다.

영국과 프랑스 정부는 비로소 그대로 두었다가는 무법자 히틀러 앞에 유럽 전체가 위태롭겠다는 생각을 갖게 되었다. 그리하여 우선 동유럽 약소국들에게 독립보장을 위한 외교적 조치의 일환으로써 1939년 3월 폴란드에 영토보존을 약속했다. 사실상 이 약속은 소련의 지원 없이는 지키기 어려운 것이었다. 그러나 그해 8월에 히틀러와 스탈린이 불가침조약을 체결했기 때문에 소련의 지원을 받는다는 것은 불가능했다.

불가침조약을 체결할 때 히틀러와 스탈린은 둘 다 그 조약이 오래 가리라고 믿지는 않았다. 두 사람은 동상이몽으로 다만 폴란드를 분할하는 데 일시적으로 이해가 일치했을 뿐이었다. 히틀러는 소련과의 전쟁을 일단 유보하고 프랑스와 영국과의 전쟁에 대해 몰두하자는 것이며, 스탈린은 동부 폴란

독일 기갑사단의 창시자 한스 구데리안 장군. 동부전선에서 기갑사단을 시찰하고 있다(1941).

드, 발트 3국, 핀란드, 루마니아 등을 일단 확보하고 난 다음에 시간을 벌어 독일과의 전쟁에 대비하자는 속셈이었다.

1939년 9월 1일 독일 군은 폴란드를 침략했다. 이틀 후 영국과 프랑스는 폴란드에 대한 약속을 지키기 위해 독일에 선전포고했다. 이로써 제2차 세계대전은 발발했다.

선전포고를 하고서도 영국과 프랑스는 아무런 준비가 없어서 폴란드를 위해 실제로 아무것도 해주지를 못하고 6개월 후 독일이 프랑스를 공격할 때까지 속수무책인 상태로 있었다. 그래서 이 기간을 가짜 전쟁Phony war이라고 일컬었다. 사실상 폴란드를 위한 지원은 2차대전 내내 이루어지지 못하고 말았다.

폴란드를 공격하면서 독일은 전격전電擊戰이라는 획기적인 전술을 선보임으로써 온 세계를 경악케 했다. 번개처럼 신속한 기동력과 타격력을 보여준 장면을 보고 당시 언론들은 최초로 '전격전(독일어로는 Blitzkrieg)'이라는 용어를 만들어냈다.

1차세계대전이 끝난 후 독일은 승전국보다 훨씬 앞선 공격이론을 개발했는데, 그 핵심은 탱크와 항공기를 이용해 적진을 신속히 돌파, 와해시키는 것이었다. 구체적으로 항공기는 적 통신시설과 지휘부를 폭격하고, 지상군이 진격하는 동안 화력지원을 강화시켜주며, 나아가 병력과 물자공수 기능을 수행했다. 한편 탱크 부대는 보병의 지원을 받으며 장애물을 돌파하고 적진 깊숙이 신속히 진격하는 것이었다. 전술의 원리는 3S, 즉 기습Surprise, 속도Speed, 화력의 우세Superiority of Fire 등 세 가지 요소를 최대한 발휘하는 것이다.

새로운 전술은 새로운 발명품으로 개발한 것이 아니었다. 다만 1차대전 때보다 기술적으로 훨씬 개선된 무기들을 사용했다. 탱크와 항공기의 속도와 화력, 그리고 장갑능력이 대폭 발전되었고, 대전차포가 등장하고 야전용 박격포가 채택되었으며, 휴대용 기관단총이 개발되었다. 또한 수송수단이 기계화되고 방독면과 위장술이 개선되었다.

이러한 공격전술은 그 자체가 갖는 위력보다는 폴란드나 프랑스 · 영국 등 연합국 측에서 그러한 전술을 전혀 채택하지 않고 막연히 1차대전식으로 싸우려 함으로써 상대적으로 차이가 크게 났기 때문에 더욱 위력을 발휘했고, 소위 전격전에 성공할 수 있는 토대가 되었다. 1차대전 승전국들은 미래의 전투에 대한 연구를 소홀히 한 채, 여전히 1차대전 때처럼 역시 방어가 중요하고, 방어를 이길 공격은 없다는 식의 사고방식에 빠져 있었다.

프랑스는 독일과의 국경지대에 요새로 마지노선을 구축했는데, 그것은 1차대전 때라면 난공불락이었겠으나 새로운 전격전에는 무력했다.

전격전 이론의 선구자들은 사실상 풀러J. F. C. Fuller와 리들 하트B. H. Liddell Hart와 같은 영국인들이었다. 그들의 저술은 서유럽에서는 읽혀지지 않고 오히려 독일 군인들이 높이 평가하고 탐독했다. 서유럽 국민들은 전격전이 발발하고 나서야 비싼 값을 치르면서 그 위력적인 공격전술을 배우게 되었다.

선전포고도 없이 기습을 가한 폴란드 침략에서 독일 군은 전격전의 위력을 여지없이 보여주었다. 먼저 독일공군 루프트바페Luftwaffe의 급습 폭격은 폴란드 공군에게 이륙할 틈을 주지 않고 적 항공기를 단 이틀 만에 모두 파괴했다. 그리고 철도와 주요 도로를 공중 폭격함으로써 폴란드 지상군의 기동을 막았다.

폴란드 군은 전선 전체에 걸쳐 약한 곳도 강한 곳도 없이 병력을 균등하게 배치했다. 1차대전식의 병력배치였다. 독일 군은 남쪽과 북쪽에서 대규모로 포위하고 선봉의 기갑부대는 간단히 전선을 돌파함으로써 삼각 포위망을 형성했다. 침략 18일 만에 독일은 인구 3,300만의 폴란드를 점령했다. 폴란드 군은 전사 7만 명, 부상 13만 명, 포로 70만 명의 큰 손실을 입은 데 비해, 독일 군 손실은 전사 11,000명, 부상 3만 명과 실종 3,400명에 불과했다.

폴란드 군이 독일 군에 저항하는 동안 소련 군은 동쪽부터 파고들어왔으며, 9월 29일 히틀러와 스탈린은 폴란드를 동서로 분할 점령했다.

DIGEST

76

WORLD WAR

# 독일 군, 아르덴 고원 돌파: 5주 만에 파리 함락 (1940년)

폴란드를 분할 점령한 후 소련은 핀란드를, 독일은 덴마크와 네덜란드를 정복했다. 그 후 독일은 1940년 5월 10일 프랑스를 침략, 처음으로 약소국 아닌 강대국을 대상으로 전격전의 위력을 발휘하고자 했다.

1939년 10월부터 히틀러 지시로 프랑스 침공 계획을 수립하기 시작한 독일 군 수뇌부는 언제 어디서 주공을 실시할 것인가, 여러 안을 놓고 열띤 토론을 벌였다. 히틀러가 최종적으로 선택한 안은 A집단군 참모장 만슈타인 장군이 제의한 아르덴 고원 돌파였다. 히틀러 자신도 비슷한 방안을 구상하고 있던 중, 마침 군 내부에서 그런 방안을 제시해오자 크게 환영했다. 이 안에 대해 참모총장을 비롯한 대부분의 노장파 장군들은 반대하고 나섰지만, 구데리안과 같은 기갑부대 지휘관들이 긍정적인 답변을 했을 때 히틀러는 결심을 굳혔다.

아르덴 고원은 최대의 기습효과를 거둘 수 있는 적절한 장소였다. 첫째, 연합군은 1차대전 때의 슐리펜 계획과 같은 기동을 예상, 그에 맞춰 대비하고 있었기 때문이며 둘째, 삼림지대인 아르덴 고원은 일반적으로 기갑부대가 도저히 통과할 수 없는 곳으로 인식되었기 때문이다. 침공 직전에 프랑스 군 최고사령관 가믈랭Maurice Gamelin은 마지노선을 우선적으로 강화했다. 유일한 예비대로 확보하고 있던 제7군은 가장 왼쪽의 네덜란드와 연결할 수 있는 곳에 투입했고, 영국 원정군은 벨기에에 배치함으로써, 연합군 배치는 만슈타인과 히틀러가 예측한 대로 최대로 약점을 노출시킨 상태에 있었다.

아르덴에서 주공을 실시하는 계획은 적진중앙을 돌파해 해협까지 진출함으로써 전략적으로 적 배후를 마음껏 유린시킬 수 있는 이점을 지니고 있었다. 그래서 이 계획은 슐리펜 계획의 '망치머리' 개념과 구별해 흔히 '낫질' 계획이라고 알려지고 있다.

5월 10일 침공에서 독일 군은 대부분의 기갑부대를 아르덴 고원에 투입했음에도 불구하고 북부 네덜란드와 벨기에 방면에서도 무서운 속도로 공격했다. 연합군은 처음부터 '망치머리'인가 아니면 '낫질'인가를 구별하기 어려울 정도로 매우 어지러운 상태에 빠져들었다.

낙하산 부대들이 주요 교량을 점거하고 헤이그와 로테르담 등을 향해 기갑 및 보병부대가 신속히 진출함으로써 나흘 만에 네덜란드 군을 굴복시켰다. 네덜란드 군은 1830년 이후 처음으로 싸워보는 전투에서 맥없이 무너지고 만 것이다.

한편 보크Fedor von Bock 장군이 지휘한 B집단군은 보병으로만 구성되었지만 난공불락의 요새로 알려진 에벤 에마엘 요새에 정예의 낙하산 부대와 특수공병을 침투시켜 36시간 만에 함락시키고 말았다. 프랑스 군과 영원정군은 벨기에를 구원하는 작전에 주력하고 독일 군 기동에 대해 슐리펜 계획을 반복하는 것으로 착각하게 되었다.

주공 부대인 A집단군의 선두부대로서 아르덴 고원에 투입된 9개 기갑사단은 3개 군단을 이루어 삼림지대를 뚫고 지나갔다. 5월 12일 뫼즈 강에 이른 선봉부대를 지휘한 사단장 롬멜Erwin Rommel은 디낭Dinant에서 교두보를 설치했다. 공병들은 부교를 설치하고 탱크가 건너는 동안 기관총 보병들이 맹활약했다. 롬멜 휘하 보병들은 약 70%나 되는 희생을 감수하면서도 주력부대인 기갑부대의 진격로를 개척하고 독일 군의 뫼즈 강 돌파를 성공으로 이끌었다.

독일 기갑부대가 아르덴 고원을 돌파하고 있다.

다른 도하지점인 스당Sedan에서는 더 완강한 저항을 받아 뫼즈 강을 건너는 데 애를 먹었지만, 기갑군단장 구데리안Heinz Guderian 장군의 용감한 지휘로 교두보를 마련하고 돌파하는 데 성공을 거두었다.

이후 독일 기갑부대들은 적으로부터 거의 저항을 받지 않고 해협까지 경주하는 것처럼 신속히 진격했다. 최고사령부는 기갑부대들이 너무 적진 깊숙이 들어가는 것에 대해 불안을 느낄 정도였다. 그러나 침공개시 일주일째 되는 17일경 구데리안은 상급부대로부터 하달되는 '수색정찰' 명령을 무시하기 위해 일부러 무전기를 꺼버린 채 서쪽으로 질주했고, 20일에는 해안의 아브빌Abbeville에 도달했다. 이 무렵 B집단군은 브뤼셀을 함락시켰는데, 모든 것이 계획대로 정확하게 이루어진 것이다.

연합군은 초기에 약간 저항했을 뿐 그 후로는 대혼란을 겪으며 붕괴하고 말았다. 프랑스 정부는 가믈랭을 해임하고 웨이강Maxime Weygand을 등용했으나, 그가 전장에 도착했을 땐 이미 전투는 끝나 있었다.

독일 군은 초기에 너무 큰 전과를 얻은 데 대해 스스로도 믿기 어렵다는 식의 태도를 보였다. 구데리안은 '거의 기적'이었다고 언급했으며, 기갑부대들이 속속 해안 항구들을 장악했을 때 히틀러, 국방군 최고사령부, 육군 최고사령부는 모두 함정에 빠진 것은 아닌지 하고 걱정했다.

독일 군 수뇌부는 26일 볼로뉴를 점령하고, 28일 벨기에가 항복해오자 오히려 조심스럽게 접근했다. 그동안 눈부신 활약을 한 기갑부대에게 약간의 휴식을 취하도록 하고 나머지 작전을 보병과 공군에게 맡겼다.

덕분에 덩케르크로 철수한 영국과 프랑스 연합군 총 34만 명(프랑스 군 12만 명)은 6월 4일까지 그곳으로부터 영국으로 철군할 수 있었다. 영국 입장에서는 병력을 무사히 구출하는 데 성공했으나, 그것은 무기와 차량 등 장비를 거의 버린 채 탈출한 치욕적인 패배였다.

이후 독일 군은 남쪽으로 방향을 돌려 프랑스 군을 공격하기 시작했다. 플랑드르 전투에서 연합군이 패배한 이후 마지노선은 마치 좌초된 전함처럼 버려졌다. 독일 군은 6월 13일 파리를 점령하고, 3일 후에는 1차대전 영웅 84세의 페탱이 이끈 프랑스 정부가 항복하고 말았다. 1차대전 때 '슐리펜 계획'이 6주 만에 프랑스를 함락시키려다 실패한 데 비해 2차대전 초기 독일 군은 '낫질 계획'과 전격전으로 단 5주 만에 프랑스를 점령, 대승을 거두었다.

DIGEST

77

WORLD WAR

# 영국 전투: 레이더의 위력 과시 (1940년)

히틀러가 벨기에 · 네덜란드 · 룩셈부르크 등 세 중립국을 침공한 5월 10일 바로 그날, 영국에서는 체임벌린이 실각하고 후임 수상에 윈스턴 처칠이 취임했다. 처칠은 덩케르크 재앙 이후 영국인들이 한데 뭉치고 투지를 갖도록 한 위대한 지도자이자 대웅변가였다.

"우리는 좌절하지도 패배하지도 않을 것이다. 우리는 끝까지 나아갈 것이다. 우리는 프랑스에서, 바다에서, 공중에서 싸울 것이고… 어떤 희생을 치르더라도 영국을 지킬 것이다. 우리는 해안에서, 상륙지에서, 들판과 도시에서, 산에서 싸울 것이며 결코 항복하지 않을 것이다."

노르웨이로부터 프랑스까지 서부 유럽을 점령한 히틀러는 7월 2일 군수뇌부에 영국 침공계획을 수립하라고 지시했다.

독일은 영국 해안에서 대규모 상륙작전을 전개하기에 앞서 제해권과 제공권을 장악해야 했다. 그렇지 않으면 병력과 물자가 영국 해협을 건널 수 없었기 때문이다. 바다에서 영국 해군이 워낙 강하기 때문에 독일은 먼저 우세한 공군에 의한 공중전으로 승리를 거두고자 했다.

독일이 작전 가능한 항공기 2,000여 대를 보유하고 있었던 데 비해 영국

전투기를 향해 달려가는 영국 공군 조종사들. 영국 전쟁은 히틀러의 최우선 과제였다.

항공기는 그 반도 못 미치는 900대였다. 영국은 1,700문의 고사포를 지니고 있었지만, 그것으로 전 해안선과 전국을 지킬 수는 없었다. 독일은 우세한 항공력을 이용해 집중공격을 가할 장소를 선택할 수 있었다.

그러나 당시 항공기는 아직 취약한 점들이 많았고 폭격방법도 아직 실험 단계에 있었다. 독일 군 폭격기는 대부분 1~2톤 정도의 폭탄을 탑재하는 쌍발 비행기였으며, 폴란드와 프랑스에서의 실전경험으로 적 전투기를 전혀 두려워하지 않았다.

영국 전투기 허리케인Hurricane과 스핏파이어Spitfire는 독일 전투기 메서슈미트Messerschmitt보다 속도는 약간 느리지만 작전행동 능력은 더 나았다. 독일 폭격기는 느리고 방호능력이 뒤떨어져서 전투기의 엄호를 받아야 하는데, 바로 이 점이 독일 공군의 큰 약점이었다. 한편 영국 공군의 확실한 이점은 레이더 경보망을 통하여 적 항공기 출현을 미리 탐지할 수 있는 능력이었다. 1930년대에 왓슨-와트R. A. Watson-Watt 등 영국 과학자들에 의해 개발되기 시작한 레이더는 처음으로 전장에서 이용되고 공중 방어전에 결정적 역할을 했다.

독일 공군사령관 괴링Hermann Goering에게는 덩케르크 철수작전을 막지 못해 히틀러로부터 들었던 질책을 만회할 수 있는 절호의 기회가 왔다. 그러나 다우딩Hugh Dowding 휘하의 영국 군 전투기 사령부는 레이더 · 전투기 · 탐조등 · 고사포 등의 운영체계를 원활히 유지하면서 독일 군 공격에 말려들지 않았다.

8월 13일 제1단계 작전을 개시한 독일 폭격기는 전투기의 엄호를 받으면서 주로 영국 해안 표적들을 폭격했다. 16~18일 공중전에서 독일 군은 영국 군이 95대를 잃은 데 비해 236대의 항공기를 상실했다. 영국 공군은 항공기가 격추되어도 낙하산으로 안전하게 탈출할 수 있어 반드시 조종사까지 잃지는 않았으며, 또한 후방에서 항공기 생산에 박차를 가해 손실을 보충할 수 있었다.

8월 24일부터 9월 6일까지의 제2단계에서 독일 군은 런던 부근의 전투기 기지와 보급시설들을 집중 폭격했다. 그러나 영국 군 286대 독일 군 380대로 역시 독일 군의 항공기 손실이 더 컸다.

독일 군은 제3단계에서는 공격방향을 런던으로 돌렸다. 히틀러는 영국 공군의 베를린 공습에 대해 보복하고자 '멸종작전'이란 말을 쓰면서 런던에 대한 맹폭을 지시했다. 그들은 엄청난 양의 폭탄을 주야로 퍼부어 도시를 크게 파괴시켰다. 그러나 공중전에서 독일은 영국보다 훨씬 많은 항공기를 상실하게 됨으로써 이제 더 이상 손실을 견딜 수 없는 지경에 이르고 말았다.

히틀러는 영국에 대한 지상군 침공을 10월로 미루었다가 다시 이듬해 봄으로 연기한다고 했다가는 완전히 취소해버렸다. 전쟁에서 처음으로 실패를 맛본 것이다. 그는 공중전에서 지상의 전격전과 같은 수준의 전술을 발전시키지 못했음을 크게 후회했다.

DIGEST

# 78

WORLD WAR

## 독일의 소련 침공: 역사상 최대 규모의 지상전 (1941년)

히틀러는 한마디로 과대망상증 환자였다. 영국 전투를 개시하기 2주 전 그는 휘하 장군들에게 말하기를 이듬해 봄에 소련을 침공하고 싶다고 했다. 영국과의 공중전, 그리고 영국 침공계획 등을 수립하고 있고 그 결과가 어떻게 될지도 알 수 없는 시점에서 소련 침공 의사를 표명한 것이다.

그래서 독일 군은 영국과의 공중전이 실패로 끝난 뒤 곧 소련 침공계획을 수립하고 1941년 6월 22일 소련을 침공했다. 이때는 이미 독일이 지중해와 아프리카에서 영국과 싸우고 있었던 중이었는데, 그것을 해결하지도 못한 상태에서 또 다른 강대국인 소련과 전쟁을 벌인 것이다. 그런가 하면 6개월 후에는 미국에 선전포고함으로써 히틀러는 세 강대국을 맞서 싸우는 매우 어려운 과정을 스스로 선택했다.

히틀러는 2차대전 훨씬 전부터 소련 정복을 꿈꾸어왔다. 독일의 보다 큰 번영을 위해서 소련 땅의 풍부한 자원을 이용하고, 정치적으로 공산주의를 격멸하고, 인종적으로는 그가 증오하는 유태인들(동유럽에 많이 살았음)과 그가 열등민족으로 간주하는 슬라브족을 제거하기 위해서였다. 독일은 소련 침공계획을 중세시대 유명한 게르만족 황제의 이름을 따서 '바바로사

스탈린그라드 대회전에서 독일 군이 대패함으로써 소련을 석권하려던 히틀러의 꿈은 무산되었다. 폐허의 시가지를 지나 조심스레 진격하는 소비에트 군.

Barbarossa 계획'이라고 불렀다.

독일 군부는 소련의 작전지역이 워낙 광활하고 대규모 예비대를 보유하고 있어 서유럽에서처럼 단기결전은 어렵다고 판단했다. 하지만 무적의 전격전 군대를 가진 이상 3개월 정도면 충분히 소련 군을 섬멸할 수 있다고 과신했다. 작전의 관건은 초기에 집중 포위공격으로 소련 군 전방에서 그들을 일련의 자루 속에 담아 넣어야 하며, 광대한 후방지역으로 끌려 들어가면 성공하기 어렵다고 판단했다.

소련 군은 국경 근처에 158개 사단과 55개 기갑연대를 보유하고 있었고 독일 군은 20개 기갑사단을 포함한 145개 사단을 거느리고 있었다.

독일 군의 집중 포위공격은 대단히 성공적이었다. 많은 소련 항공기를 지상에서 파괴하고, 전격전 전술로 엄청난 전과를 올렸다. 최초 5개월간 전투에서 독일 군은 전사상자가 74만 명인 데 비해 소련 군은 그들이 인정하는 자료만으로도 약 3배에 이르는 210만이었다. 그밖에 독일 측은 약 300만의 포로를 획득했다고 주장했으며, 소련은 약 50만을 인정했다.

약 2주가 지난 다음에 독일 육군 참모총장인 할데르Franz von Halder는 그의 일기에서 '2주 만에 독일 군은 승리했다. 그러나 방대한 소련 영토와 소련 군의 완강한 저항으로 앞으로도 많은 노력을 기울여야 할 것 같다'고 정확하게 기록했다. 독일 군은 초기에 엄청난 전과를 올리고 대승했지만, 과거 나폴레옹이 그랬던 것처럼 소련을 정복하는 데는 끝내 실패하고 말았다. 1차대전 때 서부전선처럼 2차대전은 동부전선에서 4년 동안이나 치열한 싸움을 벌이

러시아 눈발에서 철수하고 있는 독일 군의 모습.

다가 결국 독일은 파멸했다.

초기의 전과에 대한 과대평가로 독일 장군들은 심각한 의견대립을 보이고 히틀러는 중대한 전략적 실수를 범했다. 북부 · 중부 · 남부 집단군 사령관들이 각각 레닌그라드 · 모스크바 · 우크라이나를 향한 공격에 집착하고, 그 바람에 집중 공격할 어느 한 방향을 선택하는 데 합의점을 찾지 못하고 있을 때, 육군 총사령관 브라우히취Walter von Brauchitsch는 모스크바 진격을 원했다. 그러나 히틀러는 남부에 중점을 두고 우크라이나를 공격하도록 지시했다.

독일 군은 우크라이나에서 큰 성공을 거두었으나, 그 사이에 1941년 9월이 지나갔다. 1812년 나폴레옹이 히틀러 군대보다 하루 늦게 니멘 강을 떠나서 9월 중순에 모스크바에 입성했던 기록과 비교해보면 히틀러의 전격전 부대가 오히려 훨씬 느린 셈이다. 독일 군이 남쪽에서 다시 방향을 바꾸어 모스크바 문전에 다다랐을 때는 이미 전투력이 크게 약화된 데다 추운 겨울과 싸워야 하는 이중의 난관에 부딪히게 되었다.

소련 군은 많은 인명손실에도 불구하고 끊임없이 병력을 동원하고, 12월 5일 모스크바에서는 명장 주코프Georgie Zhukov가 대반격작전을 개시했다. 2차대전 발발 이후 지상전에서 독일 군이 후퇴하게 된 것은 이때가 처음이었으며, 이로써 독일의 소련 침공은 이미 실패한 거나 다름없었다. 이후 독일은 그들이 결코 바라지 않는 장기전을 치르게 되었기 때문이다.

히틀러는 스탈린 독재체제의 정치적 능력과 소련 군의 예비대 동원능력을 분명히 과소평가했다. 소련 군은 어느 날 10개 사단이 격멸되면 바로 그날 후방에서 10개 사단을 만들어낼 수 있었다. 하나의 전체주의 국가가 또 다른 전체주의 국가의 능력을 과소평가한 것은 희한한 실수였음에 틀림없다.

많은 소련 군이 항복을 강요당한 처지에 이르렀지만, 실제로 완전히 무너진 곳은 주로 우크라이나 지방이었다. 그곳은 오랫동안 소련정부에 대해 불평불만의 중심지였기 때문에 히틀러를 해방자로 맞아들일 준비가 되어 있었다. 그러나 히틀러의 무자비한 정복정책은 우크라이나 주민들마저도 등을 돌리도록 했으며, 이런 기운은 곧 소련 전지역에 전파되어 소련인들을 더욱 단합시키고 빨치산partisan 전을 벌이도록 해 독일 군의 정규전 수행에 큰 차질을 주었다.

4년에 걸친 독일 · 소련 전쟁은 사상 최대 규모의 지상전으로서, 이 전쟁에서 엄청난 사상자가 발생했다. 독일 인명손실은 약 350만의 전사자 외에 53만의 민간인 희생자가 있었다. 소련 인명손실은 독일 측 추정에 의하면 군인 사망자만 해도 2,000만 명이었다고 한다. 그리고 이 전쟁 중 독일은 500만 명 이상의 유태인을 학살했다.

DIGEST

79

WORLD WAR

# 일본의 진주만 기습: 미태평양함대 무력화 (1941년)

독일의 전격전 군대가 프랑스를 함락시키고 서유럽 일대를 석권하던 틈을 이용해, 일본은 1941년 7월 인도차이나 반도를 점령했다. 미국을 비롯한 연합국들이 대 일본 경제제재 조치를 취하자, 일본은 그에 맞서 전쟁을 일으켰던 것이다.

1941년 후반기 일본은 아시아에서 서양세력들을 내쫓기 좋은 여건 하에 있었다. 독일에 점령된 네덜란드는 무력하고 영국은 아시아에 주의를 돌릴 여력이 없었다. 영국 해군의 활동지역은 너무 넓었고, 더욱이 미해군도 상당수의 배를 태평양에서 대서양으로 옮긴 상태에 있었다.

기계화전의 원동력인 연료부족을 늘 걱정해온 일본 정부는 이 기회를 이용해 1차적으로 무방비 상태에 놓인 동남아시아 자원지대를 확보하고자 했다.

1931~41년 중 일본 해군은 함대 수를 두 배로 늘리고 낡은 배를 현대화했다. 그리하여 전함 10척, 항공모함 10척, 순양함 38척, 구축함 112척, 그리고 잠수함 65척을 보유하게 되었다. 함정들은 서양 열강들과 비교해 손색이 없고 항공모함은 전투기와 폭격기 70여 대를 실을 수 있었다. 육군은 51개

진주만 공격계획을 수립한 야마모도 제독.

사단을 보유했다. 정규군 총 병력 약 75만 명이었다. 공군이 별도로 독립되어 있지는 않았으나, 육군과 해군은 각각 1,500대와 3,300대의 항공기를 보유하고 있었다. 일본 군은 중국에서 귀중한 전투경험을 쌓아왔으며 전장에서 목숨을 초개처럼 버리는 그들의 군국주의적인 희생정신은 가장 큰 강점이었다.

침공을 지연할 경우에 전쟁비축물자가 점차 고갈될 것이라고 주장하면서 조기 개전을 주장한 육군상 도조 히데키가 10월 16일 수상에 부임했다. 드디어 일본 정부는 전쟁개시를 결의하고 12월 2일 전군에 공격명령을 하달했다. 일본의 계획은 전략적 목표들을 신속히 강타해 그것들을 확보한 다음에는 평화협상을 추진해 전쟁을 끝낸다는 것이었다.

1941년 12월 7일(일본시간 12월 8일) 일본은 선전포고 없이 진주만과 필리핀 · 말레이 반도를 동시에 공격했다. 진주만을 공격한 목적은 결코 그곳을 점령하기 위한 것은 아니었으며, 다만 미태평양함대를 무력화시킴으로써 제한된 시간 내에 동남아시아 일대를 쉽게 장악하기 위해서였다.

진주만의 미태평양함대는 전혀 예상치 못하고 있다가 완벽한 기습공격을 당했다. 총 450대의 항공기를 실은 6척의 일본 항공모함은 감쪽같이 하와이 가까이에 접근해 진주만을 공습, 한나절도 못되어 태평양함대를 박살냈다. 정박해 있던 7척의 미국 전함 가운데 5척이 격침되고, 200여 대의 항공기가 지상에서 파괴되었다.

맥아더 장군이 있었던 필리핀에서도 공습을 받고 미 해군기지가 크게 파괴되어 절반가량의 항공기 손실을 입었다. 그런가 하면 싱가포르에서 영국군도 공습을 받고 삽시간에 공군력이 초토화되고, 반도 근해에서 두 전함이

공습을 받고 불타오르고 있는 미 전함들.

격침되었다. 그밖에 괌, 웨이크섬, 홍콩 등에서 연합군 기지들이 잇따라 파괴되었다.

단숨에 연합군 해군력을 격파한 일본은 그들이 바라는 대로 말레이 · 필리핀 · 네덜란드 령 동인도 제도에 상륙작전을 실시하고 그곳들을 점령하기 시작했다. 이듬해 2월 15일 싱가포르에서 영국 군 수비대는 항복하고, 4월 9일 필리핀의 바타안 반도에서 저항했던 미군 수비대도 항복했으며, 3월 8일 인도네시아도 완전히 점령되었다.

세계 곳곳에 분산되어 있는 미국과 영국 해군력을 전부 격멸한 것은 아니지만, 태평양에서 일본 군은 침공 후 약 5개월 동안 최강으로 군림했다. 그들은 적 전함 5척, 항공모함 1척, 순양함 2척, 구축함 7척을 격침시켰고, 그들 군함은 연합군으로부터 단 한 척의 격침은커녕 손상조차 입지 않음으로써 해전에서 완전한 승리를 거두었다. 육전에서도 약 25만 명의 연합군 포로(영미군보다 그들 지휘를 받은 아시아인이 훨씬 많음)를 획득했다. 일본은 1억이 넘는 인구를 갖는 점령지를 지배했다. 이와 같이 엄청난 결과를 얻는 데 지불된 대가는 15,000명의 희생에 불과했다.

일본은 태평양전쟁에서 그들이 노린 목표를 차지하는 데 대성공을 거두었다. 이제 남은 문제는 점령지역을 계속 확보할 수 있는가, 과연 그들이 계산한 대로 협상으로 전쟁을 조기에 끝낼 수 있는가였다. 일으키는 것보다 끝내기가 훨씬 어려운 것이 전쟁의 속성이다. 미국이나 영국과 같이 잠재력이 강한 나라가 초기의 패배를 기정사실로 받아들이고 정치적 타협에 쉽게 응해 주리라고 계산한 것은 일본정부의 중대한 오판이었다. 연합군은 어떤 일이 있더라도 패배를 만회해야 한다는 방침을 결의하고 반격을 준비하기 시작했다. 그리하여 태평양전쟁은 결코 조기에 끝날 수 없는 전쟁으로 확대되어갔다.

DIGEST

# 80

WORLD WAR

## 알 알라메인 전투: '여우와 생쥐'의 대결 (1942년)

2차대전 중 여러 전장에서는 유명한 장군들이 대결을 벌였다. 그런데 그 가운데서도 사람들에게 가장 인상적인 대결은 독일의 롬멜 장군과 영국의 몽고메리 장군이 북아프리카 사막에서 맞붙은 싸움이었다. 당시 언론들은 두 장군을 각각 '사막의 여우'와 '사막의 생쥐'라고 부르며 흥미있게 보도했다.

북아프리카는 히틀러나 연합군에게 지중해를 장악하는 요충이기는 하지만 결코 양측의 사활을 결정할 만큼 그렇게 중요한 곳은 아니었다. 가장 중요한 전장은 어디까지나 유럽 대륙이었다. 그러나 1941~42년에 영국 군과 미국군이 유럽 대륙에 발을 들여놓지 못하고 있는 입장에서 북아프리카는 독일 군 전력을 분산시키고 간접적으로 동부 전선의 소련 군을 지원할 수 있었을 뿐만 아니라 다음에 노르망디 상륙작전과 같은 큰 작전을 실행하기에 앞서 경험을 쌓을 수 있는 좋은 훈련장이 되기도 했다.

본래 북아프리카에서 전쟁은 히틀러가 아닌 이탈리아의 무솔리니가 일을 벌임으로써 시작되었다. 1940년 여름 히틀러가 프랑스를 함락시키는 모습을 보고 무솔리니는 북아프리카로 진출해 옛 로마제국을 건설하고자 했다. 히

알 알라메인의 승리는 기갑부대와 보병의 긴밀한 협동작전에 힘입은 것이었다. 사진은 노획한 독일탱크를 방패삼아 싸우고 있는 영국 군.

틀러와 아무런 협의도 없이 이집트와 그리스를 침공한 그는 히틀러와 달리 전략도, 계획도 없고 보잘것없는 군대로 서투른 공격을 했다가 도리어 연합군의 반격을 받아 곧 패배하고 말았다.

이탈리아 군의 패배는 독일을 지중해 지역으로 끌어들였다. 1941년 봄 독일은 유고슬라비아와 그리스를 유린하고 크레타 섬을 침공했다. 다른 한편으로 히틀러는 1941년 2월 롬멜 휘하의 1개 기갑군단('아프리카 군단'이라고 불렀음)을 아프리카에 파견해 리비아 주둔 이탈리아 군을 지원하도록 했다.

롬멜이 오기 전까지 북아프리카에서 영국 군 총사령관 웨이블Archibald Wavell 대장은 비록 2개 사단밖에 되지 않는 열세한 병력이지만 사막에서 500마일을 진격해 10개의 이탈리아 사단을 격퇴시켰고, 해상에서 커닝험Andrew C. Cunningham 제독의 지중해 함대는 이탈리아 해군에 심대한 타격을 가했다.

그러나 롬멜이 트리폴리에 도착한 이후 전세는 완전히 역전되었다. 위대한 지휘관과 성능이 좋은 장비를 지닌 독일의 아프리카 군단은 영국의 사막 군단을 제압하며 눈부신 속도로 진격했다. 독일 탱크는 영국 탱크보다 속도가 빠르고, 독일의 88밀리 대전차포는 영국의 어느 대포보다 위력이 강했다. 그것은 본래 고사포였으나 롬멜은 창의력을 발휘, 그것을 개조하여 대전차포로 사용한 것이었다.

롬멜은 작전지역을 넓게 이용하고 독일 기갑군단의 강점인 기동성과 화력의 우세를 최대로 활용했다. 그는 유인전의 대가였다. 그는 언제나 선제공격으로 영국 탱크를 유인한 다음, 대전차포 엄호하에 기갑부대를 진격시켜 공격하는 방법을 사용했다.

1941년 겨울 독일은 잠수함 U-보트를 사용해 장비와 보급품의 지중해 통과를 보호함으로써 보급난을 해결했다. 이듬해 6월에는 중요기지인 토브루크를 빼앗고 영국 군을 계속 추격했다. 알렉산드리아에서 55마일 떨어진 알 알라메인에까지 퇴각했을 때 영국 군은 참으로 큰 위기를 맞이했다. 영국 군은 철군을 고려하고 있었고, 이집트 정치인들은 승리가 확실해 보이는 독일 군 편에 설까 망설이고 있던 중이었다. 그런데 그 순간에 롬멜은 진격을 중단하고 말았으니, 그것은 증원군을 기대할 수 없고 보급기지에서 너무 떨어진 곳에서 최악의 보급 난을 겪고 있었기 때문이다. 당시 독일 군 주력은 소련 땅에서 카프카스를 향한 진격에 총력을 기울이고 있어 아프리카를 돌볼 여유가 없었다.

영국 지상군은 알 알라메인에서 방어진지를 구축하고 공군은 토브룩에 대해 맹폭을 가했다. 토브룩 기지를 이용할 수 없게 된 독일 군 보급은 후방 약 600마일 떨어진 벵가지에 의존하지 않으면 안 되었다. 이와 같이 롬멜군의 공격이 한계상황에 이르렀던 1942년 8월경 몽고메리Bernard L. Montgomery 장군이 이집트 주둔 영국 제8군사령관으로 새로 부임했다.

몽고메리는 부임하자마자 곧 반격을 실시하라는 압력을 상당히 받았지만, 완전히 준비될 때까지는 작전을 개시하지 않기로 결심했다. 장비와 군수품을 충분히 확보, 우선 방어에 충실하고 모든 것이 확실할 때 공격한다는 그의 작전 스타일은 과거 나폴레옹을 상대한 웰링턴 장군과 같았다.

그는 병력 · 탱크 · 공군력에서 두세 배 우세를 유지할 때까지 기다리며 철저한 전투준비를 했다. 정교한 위장계획을 세워 가짜 설비들을 짓고, 적에게 마치 남쪽에서 주공을 실시할 것 같은 인상을 심어주었다.

그러다가 드디어 10월 23일 보병사단을 투입, 기갑사단을 뒤따르도록 하면서 대대적인 공격을 펼쳤다. 몽고메리는 독일 기갑사단이 영국 기갑사단을 공격하도록 유도해 기갑사단 간에 전투가 벌어지는 동안에 보병으로 하여금 적 보병을 공격하도록 했다.

12일간의 치열한 전투에서 영국 군은 어떤 기발한 기동이나 전술이 아니라, 순전히 숫자와 화력으로 적을 제압하고 승리했다. 전투에 투입된 영국 군 병력과 탱크는 각각 23만 명과 1,030대였으며, 독일 군은 10만 명과 500대였다.

몽고메리의 우직한 전술에 처음으로 참패를 당한 롬멜은 이제 더 이상 공격작전을 수행하기가  어렵게 되었다. 증원군과 보급품이 끊겼을 뿐만 아니라, 석유가 너무 부족했다. 그는 트리폴리를 거쳐 튀니스로 장거리 철수를 하고, 1943년 5월에는 시칠리아로 철군함으로써 북아프리카를 완전히 연합군에게 내주고 말았다.

DIGEST

81

WORLD WAR

# 대서양 해전:
## 독일의 잠수함 작전 (1941년)

히틀러는 1940년 영국에 대한 공중전을 시작함과 동시에 영국에 대한 전면 해안봉쇄를 선포했다. 그러나 독일 해군력은 봉쇄망을 유지할 만큼 강하지도 않았고 영국 해협을 장악하지도 못했다.

대체로 바다에서 독일의 공격수단은 잠수함 · 전함 · 폭격기 등 세 가지였는데, 가장 위력적인 것은 잠수함 공격이었다.

해군력 구축을 소홀히 했던 독일은 소규모의 해전을 벌일 수밖에 없었다. 초기에 그들은 잠수함보다는 전함의 가치를 높게 평가하는 경향을 보였다. 그러나 1941년 5월 대서양 해전에 처녀 출전한 전함 비스마르크Bismarck 호가 격침된 데다가 독일 상선들의 항해가 어려워지고 무역에서 심각한 타격을 받자 잠수함 공격을 대대적으로 펼치기 시작했다.

전 전쟁기간 중 연합국과 중립국 선박이 입은 손실은 독일 U-보트 공격에 의한 것이 수상 함정 공격으로 입은 것보다 약 두 배였다. 특히 1942년도에 U-보트 공격으로 인한 손실은 절정에 이르렀으며, 전 기간 손실의 1/3에 해당했다. 전체적으로 U-보트에 의한 손실은 1차대전 때보다 300만 톤이 많은 1,400만 톤이었다.

독일은 잠수함 작전을 대부분은 대서양 항로에서 전개했지만, 인도양 · 지중해 · 아르항겔스크 항로 등에서도 가끔 잠수함 공격을 가했다. 특히 아르항겔스크 항로에서 선박이 격침되는 경우에는 얼음조각으로 말미암아 선원들이 거의 구출되지 못했다.

초기에 독일이 잠수함의 가치를 제대로 평가하지 못한 것처럼 영국 해군은 이미 1차대전 때 사용한 바 있는 호송선단의 가치를 망각했다. 그리하여 호송선단을 강화하지 못하고 너무 적은 숫자의 호위함들에 의존한 관계로 이리떼처럼 공격하는 독일 잠수함들에 대해 속수무책이었다.

그러나 1942년 가을 이후부터 연합군은 효과적인 대 잠수함 방책을 찾아내고 해전을 유리하게 수행하기 시작했다. 영국 군은 레이더를 통해 잠수함 위치를 탐지한 다음 공군력을 이용해 해군과 공군이 합동작전을 전개함으로써 잠수함과 독일함정들을 격침시키기 시작했다. 그리고 정찰 항공기의 활발한 활동으로 잠수함들은 바다 속 깊이 잠겨 있어야 했다.

미국이 참전했을 때 독일 잠수함들은 미국 연안에 무방비 상태의 선박들을 마음놓고 공격했다. 그러나 미국 지상에서부터 날아오는 항공기의 공격을 받으면서부터는 대서양 중앙으로 후퇴하고, 점차 해공군력의 열세를 느끼기 시작하면서 독일은 잠수함을 노르웨이와 북아프리카 근해로 불러들여 방어에 치중했다.

연합군은 1942년 11월 가장 많은 선박 손실을 입었으나, 그 달을 분기점으로 하여 새로 생산되는 선박 숫자가 손실되는 숫자를 초월하기 시작했다. 미국에서 생산속도는 연합군 호송선단을 대폭 강화시켰다. 한편 독일의 경우에는 대조적으로 1943년 5월중 U-보트가 41척 격침된 데 비해 26척밖에 생산하지 못했다.

1944년 1월 히틀러는 레더Erich Raeder 제독을 보직해임하고 잠수함 전문가인 되니츠Karl Doenitz 제독을 해군총사령관에 임명했다. 되니츠는 잠수함 전술을 발전시키고 1944년에는 어느 해보다 많은 U-보트를 생산해냈지만 이미 전세가 기울어진 뒤였다. 상대적으로 연합군은 훨씬 더 많은 선박과 우세한 해군력 및 공군력을 보유하게 되었다.

독일 군 잠수함에 대항한 '고슴도치'라고 불렸던 연합군의 미사일.

연합군은 각 호송선단이 잠수함을 탐지하고 추격하는 데 충분한 호위함들을 확보했다. 또한 수십 척의 소형 항공모함이 호송선단에 가세함으로써 자체 공군력을 보유하게 되었다. 독일 잠수함은 연합군 호위함 · 폭격기 · 기뢰 등에 의해 격침되고, 일부는 연합군 잠수함 공격을 받고 격침되기도 했다.

1차대전 때와 마찬가지로 2차대전에서 독일 잠수함전은 연합국 상선을 파괴하고 연합국 전쟁 수행능력에 큰 타격을 주었다. 그러나 연합군 후방에서 특히 미국에서 무서운 속도로 생산해내는 선박 생산량과 호송선단을 당하지 못해 결국 또다시 패배하고 말았다.

DIGEST

# 82

WORLD WAR

## 연합군의 공중폭격:
### 연합군, 제공권 장악 (1942년)

1940년 여름 프랑스 함락 후 영국 공군은 사활을 건 공중전으로 영국 상공을 지키는 데 성공했다. 1941~42년에는 미국 공군과 함께 공군력 증강에 심혈을 기울이는 한편 독일에 대한 폭격을 계속했다. 물론 독일 공군도 이에 맞섰으나 소련과 북아프리카, 그리고 대서양 등의 넓은 전장을 지원하는 데 너무 바빠서 영국 본토 폭격에 주력하지 못했다.

연합군이 실시한 폭격의 목적은 독일의 군사 · 산업 · 경제체제를 점진적으로 파괴, 해체시키고, 군사적으로는 연합군이 영국 해협을 횡단해 유럽대륙에 상륙하기 위한 여건을 만드는 데 있었다.

1940년 5월 15일 영국 군 폭격기 99대가 루르 지방의 철도와 석유저장소를 공격한 이래 그런 종류의 폭격이 계속되었다. 그러나 1941년까지는 큰 성과를 거두지 못했다. 독일 대공포와 전투기 때문에 주간폭격을 피하고 주로 야간폭격을 실시했지만, 야간에는 정확하게 목표물을 명중시키기가 어려웠다.

미국이 참전하자 1942년에는 폭격을 더욱 강화했다. 2월에 영국 군 폭격사령부 사령관직을 맡은 해리스Arthur Harris 원수는 특출한 리더십을 발휘하면서 공중폭격체계를 대폭 개선시켰다. 가볍고 빠른 모스키토Mosquito 쌍발 경폭격기를 먼저 출격시킨 다음에 네 개의 엔진을 장착한 위력적인 랭커스터Lancaster 폭격기와 스털링Stirling, 핼리팍스Halifax 등 폭격기를 출격시킴으로써 폭격효과를 극대화시켰다.

1943년에는 비행기 조종과 폭격에 도움이 되는 여러 가지 레이더 장비를 도입하고 루르 지방을 광범위하게 폭격했다. 7월에는 함부르크를 폭격, 그 도시 인구를 4만 명이나 감소시켰다. 그런 식으로 5~6개의 주요 도시가 폭격을 받는다면 독일인들의 사기는 걷잡을 수 없이 무너질 것처럼 보였다.

그러나 영국 군이 더 이상 다른 도시를 파괴하지 못하고, 1943년 가을에 베를린 폭격을 개시했을 때 영국 군은 도리어 엄청난 피해를 입었다. 독일의 대공방어가 날로 향상된 데다가, 장거리 비행으로 인해 영국 폭격기가 격추되는 위험성은 점차 증가했던 것이다. 1944년 3월 뉘렌베르크에 대한 공습을 가했을 때도 영국 군은 105대나 되는 항공기를 상실했다. 주로 독일 군 전투기로부터 공격을 받고 격추되었다. 폭격을 증가시키면 그만큼 독일도 전투기 생산에 박차를 가하고 대공방어체제를 발전시켰다.

영국 군이 주로 야간공습을 실시하는 동안 미군은 주간공습으로 보완했다. 미국전략가들은 무장상태가 좋은 B-17 폭격기가 대규모 대형을 이루어 공격하면 독일 방어체제를 쉽게 돌파할 수 있으리라고 믿었다. 그런 기대와 달리 1943년 여름과 가을 미항공기들은 너무 큰 손실을 입고 매월 30%의 조종사를 잃었다. 미공군은 호위 전투기 없이 깊숙이 날아 들어가는 작전을 포기하지 않으면 안 되었다.

그러나 1944년 초에 상당히 원거리를 비행할 수 있는 P-51 머스탕Mustang 전투기를 생산하게 되자, 미공군은 다시 독일 심장부에 대한 공격을 재개할 수 있었고, 그럼으로써 그해 5월경에는 독일 상공의 제공권을 장악하기에 이르렀다.

연합군은 약 2,600만 톤의 폭탄을 '유럽 요새'에 투하했으나 그것만으로 전쟁에서 승리한 것은 아니다. 하지만 폭격은 독일인들 사기에 심대한 영향을 주었을 뿐만 아니라 그 때문에 독일인들은 비장의 무기인 V-1과 V-2 장

미 폭격기 B-24기가 루마니아 플로에스티에 있는 정유공장들을 폭격하고 있다.

거리 로켓을 생산하는 데 막대한 노력과 자원을 투자하게 되었다. 보복할 목적으로 개발한 V무기는 영국 남쪽 일부를 공격했을 뿐이었으며, 그것도 정확도가 떨어져 사실상 큰 효과를 거두지 못했다. 연합군 폭격은 약 12,000문의 독일 대공포와 50만 명의 병력을 밤낮 할 것 없이 상공에만 묶어놓고 다른 곳을 지원하지 못하게 하는 효과를 거두었다.

무엇보다도 연합군은 제공권을 장악함으로써 대망의 노르망디 상륙작전을 위한 발판을 마련했다. 폭격은 프랑스 내 도로와 철도, 그리고 독일 내의 정유시설 및 주요 군수품 공장 등을 파괴하고 독일 경제력을 완전히 마비시켰다. 그리하여 독일은 1차대전 때처럼 참호를 파고들어가 최후의 저항을 벌일 수 있는 수단까지도 다 상실하고 말았다.

DIGEST

83

WORLD WAR

# 가장 길었던 하루, 노르망디 상륙:
## 사상 최대 규모의 육·해·공군 합동작전 (1944년)

영 · 미국 병사들은 노르망디에 상륙한 1944년 6월 6일을 흔히 '가장 길었던 하루The Longest Day'라고 표현했다. 2차대전 중 가장 중차대한 군사작전에서 어려운 임무를 수행하느라고 엄청난 고생을 했고, 동시에 결과를 알 수 없는 불안한 상태에서 지내야 했던 그날이 그렇게 길게 느껴졌을 것이다.

연합군은 이 상륙작전을 오랫동안 기다리고 준비했다. 상륙부대 · 장비 · 보급품을 준비하고 한편으로는 적 저항력을 공중폭격으로 충분히 분쇄해야 했다. 연합군 공군은 장기간 동안 철도와 교량 등을 집중 폭격해 독일 군 보급체계를 와해시켜 다른 지역에서부터 신속한 증원이 불가능하도록 했다. 실제로 연합군이 상륙했을 때 독일은 증원군 선발대를 자전거에 태워 보낼 정도로 폭격 피해가 컸었다.

1944년에 들어서자 연합군은 상륙정과 보급품을 충분히 갖추게 되었다. 1월에는 사령부를 편성하고 최고사령관에 미국의 아이젠하워 장군을, 그리고 지상군 사령관에는 영국의 몽고메리 장군을 임명했다. 직책과 작전범위를 놓고 미국 장성과 영국 장성들 간에는 다소 신경전이 있기도 했으나, 위대한 조정자였던 아이젠하워는 미국 군과 영국 군 간에 원만한 타협을 이루어냄으로써 연합작전을 성공적으로 이끌었다.

독일 군이 해안 일대를 요새화하고 있었으므로 해안을 침공하는 데는 적의 허점을 이용하고 기만하기 위한 고도의 책략이 필요했다.

상륙해안은 영국에서부터 전투기 사정거리 내에 있는 곳으로 대체로 네 군데가 고려되었다. 그 가운데 네덜란드 해안은 영국 항구에서 너무 떨어져 있고 브리타니 해안은 독일로부터 너무 떨어져 있었다. 해협에서 가장 가까운 파드칼레 해안은 독일 군의 최대 방어가 예상되는 곳이었다. 따라서 연합군 사령부는 비록 정박시설이 없는 약점을 지닌 곳이기는 하지만 비교적 방비가 허술한 노르망디 해안을 상륙지점으로 선정했다.

정박 문제에 대해서는 영국에서부터 임시 정박시설(인공부두)을 만들어 해협을 횡단해 끌어오는 기발한 방법을 쓰기로 했다. 그리고 기습효과를 최대로 얻어내기 위해 파드칼레 해안에서 주 상륙작전을 실시할 태세를 보이는 각종 기만책을 사용하기로 했다.

최초 상륙을 개시할 부대로는 5개 보병사단과 3개 공수사단을 선정했다. 이 병력 규모는 1940년 한때 독일이 영국 침공계획을 수립하면서 고려했던 것과 비슷했다. 보병사단은 해안을 장악해 보급시설 상륙을 지원하고 공수부대의 임무는 침공지역의 양측방을 보호하는 일이었다.

독일 육군원수 룬트슈테트는 60개 사단을 거느리고 프랑스 지역을 수비하고 있었다. 그 가운데 10개 사단은 기갑사단이었는데, 이들은 히틀러가 직접 통제했다. 룬트슈테트 휘하의 롬멜은 해안방어를 담당했는데, 두 사람은 방어개념에서 견해차가 컸다. 룬트슈테트는 적 계획을 모르기 때문에 내륙에 군대를 보유하고 있다가 상륙장소가 알려질 때 신속히 투입해야 한다는 입장이었다. 반면에 롬멜은 제공권을 갖지 않는 이상 내륙에서부터 진출하는 것은 불가능하므로 해안선에 전진 배치해야 한다고 주장했다. 히틀러는 대체로 롬멜 의견에 동조했으나, 다만 기갑부대는 자신이 직접 관장하고 내륙 후방에 배치했다.

6월 6일 새벽, 연합군은 사상 최대 규모의 육해공군 합동작전을 개시했다. 6,500척의 선박과 12,000대의 항공기를 가동시켜 첫날 17만 명의 병력을 노

노르망디에서의 미국의 전쟁 영웅들. 왼쪽부터 패튼, 아이젠하워, 브래들리.

르망디 해안에 상륙시켰다. 공수부대는 기상 악화로 말미암아 광범위하게 흩어졌지만 오히려 그것이 적을 혼란에 빠지게 함으로써 전화위복이 되었다.

일부해안에서 독일 군이 완강히 저항해보았으나 전체적으로 역부족이었다. 연합군은 상륙하자마자 곧 교두보를 확보했다. 독일 군은 제대로 공조체제를 이루지 못했으며 룬트슈테트는 적이 진짜 상륙을 하는 것인지 아니면 기만작전을 펴는 것인지 제대로 판단하지 못한 채 우왕좌왕했다. 일주일 후 연합군은 33만 명의 병력과 5만 대의 차량, 10만 톤의 물자를 상륙시켰다. 독일 군은 공군지원이 없는데다가 지휘체계 혼란으로 말미암아 매우 힘겨운 전투를 치렀다. 그러던 중 7월에는 독일 군 내부에서 히틀러를 암살하려다 실패한 사건까지 일어남으로써 위기가 가중되었다. 히틀러는 룬트슈테트와 롬멜을 모두 교체하고 그 자신이 직접 기갑부대에 대해 돌격명령을 내리고 전 보병부대에게는 사수명령을 내렸다. 그러나 이미 때는 늦었으며, 전세를 뒤집기에는 역부족이었다.

연합군은 8월 25일 파리를 해방시키고 승리의 여세를 몰아 독일 내로 진격해 들어갔다. 독일 군은 절망적인 상황에서 이판사판으로 나왔다. "전쟁이 끝나 지옥에 가느니 차라리 전쟁을 최대로 즐기자"는 유행어가 퍼지는 가운데 독일 군은 결사적으로 싸웠다.

1944년 12월 흔히 '벌지 전투'라고 알려진 아르덴 고원에서 독일 군은 최후의 반격을 실시해 보았지만 허사였다. 독일 군은 도처에서 와해되었으며, 1945년 2월 루스벨트 · 처칠 · 스탈린은 크림 반도의 얄타에서 만나 독일 분할을 결정했다.

4월 30일 히틀러는 베를린에서 자살했다. 무솔리니가 군중에 의해 처형된 이틀 뒤였다. 5월 7일 되니츠 제독은 약 200만 명의 잔여병력과 함께 무조건 항복했다. 이로써 유럽에서는 2차대전이 끝이 났다.

DIGEST

84

WORLD WAR

# 미국의 반격과 일본의 패망:
## 히로시마 원폭 투하 (1945년)

태평양전쟁 초기에 일본은 그들이 원하던 섬들을 점령하는 데 성공했으나, 연합군 해공군력을 완전히 분쇄한 것은 아니었다.

진주만에서 미태평양함대가 불구가 된 것은 일시적이었다. 특히 항공모함 피해는 전혀 없었으므로 곧 작전능력을 회복할 수 있었다. 일본이 진주만을 기습했을 때 미항공모함들은 다행히도 그곳에 없었다.

일본보다 열 배의 공업력을 가진 나라로서 미국은 진주만 피해를 신속히 복구하고, 나아가 1943년부터는 본격적인 반격을 위해 전투력 증강에 박차를 가했다.

한편 일본은 항모에서 발진한 미 폭격기로부터 도쿄가 공습받는 사건을 당하자, 태평양함대의 잔존 세력을 완전히 격멸하기 위한 이중 계획을 세웠다. 첫째, 산호해로 미 항공모함 함대를 끌어들여 공격한다는 것이며 둘째, 미드웨이 섬을 장악한다는 것이었다.

1942년 5월 사상 최초의 항공모함 전투가 전개된 산호해 전투에서 미항공모함은 일본의 계획을 좌절시켰다. 그런가 하면 6월의 미드웨이 해전에서는 태평양전쟁의 일대 전환점을 이룬 결정적 승리를 거두었다. 미드웨이에서 미해군은 적 작전계획을 암호해독으로 미리 알고 유리한 상태에서 싸운 결과 그곳에서 일본 군 항공모함 4척 모두를 격침시키는 대전과를 올린 반면, 그들은 항공모함을 1척 잃었을 뿐이었다. 역으로 미항공모함 4척이 기습을 당해 모두 파괴되었다고 하면 미국은 상당기간 작전능력을 상실하고 말았을 것이다.

주항공모함들을 상실해 대단히 불리한 처지에 빠지게 된 일본에 대해 미국은 드디어 공세를 취하기 시작했다. 1942년 8월 미국은 솔로몬 군도 남쪽 요충인 과달카날을 공격해 이듬해 1월에는 그곳을 탈환했다. 이 무렵 태평양에서 미국과 일본의 육해공군 전력은 거의 균형을 이루었다. 그러나 1년 뒤 일본 전력은 미국의 1/3 규모로 급속도로 떨어졌다. 태평양 이곳저곳의 소모전에서 일본은 다수의 군함과 항공기를 상실했고 또한 생산능력에서는 비교할 수도 없을 만큼 미국에 뒤졌다. 선박 운송능력 결여로 일본은 점령지역 외곽 수비대에 대한 지원을 하는 것이 어렵게 되고 일본 내의 비축물자도 점차 고갈되어감으로써 위기가 가중되었다.

미군은 삼군 합동작전을 최대로 활용해 탈환작전을 개시했다. 하나의 섬을 탈환하고 그 다음에 차례로 인접한 섬을 공격하는 방법을 사용했다. 항공모함에서 발진한 항공기가 적 기지를 사전에 파괴하고 그 다음에 공수부대를 투입하고 해병과 보병에 의한 상륙작전을 펼쳤다. 또한 항공모함은 모든 장비와 보급품을 싣고 '움직이는 기지' 역할을 하면서 진격준비를 갖추었다.

육군을 대표한 맥아더 장군은 뉴기니아 북쪽 해안에서부터 필리핀에 이르는 진격로 상에서 지휘했다. 그에게 필리핀 탈환은 명예회복을 위한 절대적인 목표였다. 한편 해군 제독 니미츠는 하와이에서 태평양 중앙의 길버트 군도와 마셜 군도, 그리고 마리아나 군도로 진격했다.

미국 항공모함은 전쟁초기의 일본 항공모함처럼 위력을 떨쳤으며, 항공모함을 상실한 일본은 거의 공격을 펴지 못했다. 일본은 미국군함을 공격하는데 잠수함을 이용했으나 큰 효과를 거두지 못했다. 반면에 미국은 잠수함으로 적 화물선과 유조선을 집중 공격했다.

1944년 6월 니미츠의 함대가 마리아나 군도의 사이판과 괌 섬을 공격, 점

1945년 8월 6일 역사상 최초로 원폭이 투하되어 폐허로 변해버린 히로시마의 처참한 광경.

령했을 때 일본은 비로소 패배를 인정하지 않을 수 없었다. 일본정부 내에서는 강화협상을 시도해야 한다는 의견이 나오기 시작하고, 태평양전쟁을 일으킨 도조 내각이 실각했다. 새로 구성된 고이소小磯 내각은 강화협상 추진과 필리핀 방어 강화의 화전양면정책을 생각하지 않을 수 없었다.

일본이 필리핀 방어를 강화하기 위해 모든 해군력을 집결시킴에 따라 1944년 10월 레이테 만에서는 대규모의 해전이 벌어졌다. 이미 공격력을 상실해버린 일본 군은 이곳에서 처음으로 가미카제神風 공격을 실시했다. 조종사가 폭탄을 탑재한 비행기를 몰고 와서 미항공모함이나 전함을 들이받는 자살공격이었다. 그러나 그런 무모한 방법으로 일시적으로 적에게 공포를 안겨줄 수 있을지는 몰라도 결코 승리를 위한 수단은 될 수 없는 것이었다.

1945년 1월 맥아더의 육군은 루손 섬에 상륙해 5월경에는 거의 모든 필리핀 지역을 탈환했다. 한편 미국은 4월 오키나와에서 태평양전쟁 중 최후가 된 상륙작전을 실시했다. 상륙부대는 해병 1개 군단과 미육군 제24군단이었는데, 제24군단은 나중에 전쟁이 끝난 다음에 한반도와 가깝다는 이유로 38선 이남을 점령하게 된 부대였다.

오키나와에서 일본은 가미카제 특공작전을 펼치며 최후의 발악을 했다.

일본 군부는 가미카제의 성공에 대해 과장보도를 하면서 맹목적인 죽음을 강요했다. 가미카제 공격으로 미군은 36척의 함선이 격침되고 368척이 파손되었다. 그러나 오키나와 전투는 미군과 일본 군 전사자 각각 13,000명과 110,000명을 발생시키고 약 80일 만에 미군의 승리로 끝이 났다.

오키나와에서부터 미공군이 공중폭격에 가세함으로써 일본 본토에 대한 폭격공세는 절정에 이르렀고, 드디어 8월 6일 미국은 역사상 최초로 원자폭탄을 히로시마에 투하했다. 3일 후에는 나가사키에 두 번째 원폭이 투하되었다. 드디어 8월 10일 일본천황은 연합군 측에 무조건 항복 의사를 전달하고 5일 후에 항복을 선언함으로써 태평양전쟁은 개전 5년 만에 막을 내렸다.

한편, 최초 원폭이 투하된 이틀 후인 8월 8일에 스탈린은 일본에 선전포고를 했다. 이는 진정으로 연합군의 전쟁 노력에 도움을 주기 위해서였다기보다는 일본의 의중을 간파한 다음에 취한 행동이었다. 미국으로 하여금 다 싸우도록 하고 최후의 순간에 끼어듦으로써 전리품을 챙기겠다는 고도의 정치 전략이었다. 그는 독일이 패망하는 마지막 단계에서도 군사적이 아닌 주로 정치적 이익을 좇아, 독일로 진격하지 않고 동유럽 일대를 모두 수중에 넣은 다음에 베를린으로 진출했었다. 전쟁을 통해 궁극적으로 정치적 목적을 달성하는 데 완전히 성공한 사람은 스탈린이었다고 할 수 있다.

DIGEST
85
WORLD WAR

# 철의 장막과 냉전:
## 미·소 양진영의 냉전시대 돌입 (1945 ~ 1989년)

2차대전 때 스탈린의 의중을 꿰뚫어본 처칠은 루스벨트에게 여러 차례 발칸 반도와 동부 유럽을 염두에 두는 전략을 수립해야 한다고 강조했다. 루스벨트는 처칠의 제의를 묵살하고 오직 서부 유럽에 관심을 두었으며, 노르망디 상륙작전 이후 독일 심장부를 향해 진격할 때도 동쪽에서부터 진격해오는 소련 군과의 극적인 베를린 상봉을 연출하기 위해 속도를 조절했다.

루스벨트는 1945년 4월 사망하고, 5월 8일 독일과의 전쟁이 끝날 당시의 미국 대통령은 트루먼이었다. 처칠은 협상 테이블에서 소련과 대치한 서부 연합국의 상황에 대해 트루먼 대통령에게 5월 12일 전보를 보냈다.

"서부연합국 앞에는 '철의 장막'이 내려져 있습니다. 우리는 장막 뒤에서 무슨 일이 진행되고 있는지를 알지 못하고 있습니다."

'철의 장막'이란 말은 이때 처음 등장했다. 공개적으로 그 말이 처음 사용된 것은 1946년 3월 5일 처칠이 미국을 방문해 연설했을 때였다.

"발트 해의 슈체친에서부터 아드리아 해의 트리에스테까지 '철의 장막'이 쳐져 있다."

연합국은 힘을 합쳐 1945년 히틀러와 일본 군국주의자들이 일으킨 2차대

미국과 소련 양극체제 시대의 개막을 시사한 1945년도 독일 만화.

전을 종식시켰으나, 곧바로 세계는 '철의 장막'을 경계로 하여 둘로 나뉘어졌다. 그리하여 소련이 해체된 1989년까지 세계에서 발생한 대부분의 전쟁은 공산주의와 자유주의(또는 자본주의)의 양대 체제 간의 긴장과 대립에서 직접 또는 간접적으로 비롯된 것이다.

1945년 가을부터 사람들은 미국과 소련 두 강대국을 중심으로 하는 양진영 간에 새로 팽배하기 시작한 긴장상태를 표현하면서 '냉전Cold War'이란 용어를 사용했다. 우리는 그 후 1989년까지를 '냉전시대'라고 흔히 불러왔다.

엄격한 의미에서 전쟁은 무력충돌을 의미하는 것이므로 군사적으로 '냉전'이란 용어는 성립할 수가 없다. 다만 인간들의 언어문화가 경쟁 · 대립 · 긴장 등을 강조해 '경제전쟁', '교육전쟁', '정보전쟁', '과학전쟁' 등이라고 표현하면서 '냉전'이란 용어도 사용하게 된 것이다. 역설적으로 말하면 '냉전'은 전쟁이 아닌 평화다. 그것은 평화시대에 사용되는 말이며 결코 전시에 쓰이는 말이 아니다.

주로 공산주의자들에 의해 냉전은 주도되었는데, 그들은 전쟁을 하지 않고도 목적을 달성하는 선전 · 선동 · 모략 · 비방 등 이념전과 심리전을 전개하는 데 있어서 특별한 솜씨를 보이고 적대 국가들을 괴롭혀왔다. 그들은 파업 · 폭동 · 혁명 · 정부전복 등을 통해 공산정권과 위성국을 수립하는 데 열중하며, 냉전시대에 공산주의 전성기를 누렸다.

냉전시대에 무력을 사용하는 전통적인 전쟁은 일어나지 않았는가?

냉전시대를 이끌어온 미국과 소련 두 강대국, 그리고 양진영에 속한 주요 동맹국간에는 전쟁이 없었다. 2차대전 이후 강대국들은 상호 직접적인 충돌을 피하고 전쟁을 예방하는 데 성공했다. 하지만 2차대전과 같은 대규모의 전쟁이 일어나지 않았을 뿐 작은 국가들 간에, 또는 작은 국가와 큰 국가 간에, 또는 큰 국가가 배후에서 조종하거나 지원하는 등 다양한 성격과 방법에 의한 전쟁은 수없이 발생했다.

양대 진영에 속하지 않는 소위 제3세계 내 작은 국가들은 과거 유럽 제국들에 대해 식민지 해방전쟁을 통해 독립을 찾았다. 새로 독립한 국가들 간에는 국경분쟁이 발생하고 또한 신생국들은 엄청난 내전을 겪기도 했다.

이런 과정에 두 초강대국은 거의 빠짐없이 관여하고 과거 제국이었던 영국과 프랑스도 관여한 경우가 많았다. 작은 국가들 간 전쟁은 흔히 강대국들의 이해관계에 따라 복잡하게 전개되었다. 그들이 개입함으로써 협상에 이르기도 하고 때로는 단시간에 끝나지 않고 장기간으로 흐르기도 했다. 강대국들은 군사력을 직접 파견해 보호국을 돕기도 했으나, 일반적으로는 자금조달이나 무기지원으로 도와주며, 자기들의 이데올로기와 체제를 지키도록 하는 대리전을 치르게 했다. 또 어떤 경우는 무기를 수출하고 돈을 벌어들이는 데만 관심을 쏟기도 했다.

DIGEST

# 86

WORLD WAR

# 핵무기와 제한전쟁:
## 핵시대의 평화와 불안 (1945년 ~ )

냉전시대에 미국과 소련은 두 나라가 초강대국이어서 두 나라 간의 전쟁을 억제해온 것은 아니었다. 다른 시대였다면 미국과 소련 체제의 엄청난 차이와 대립 및 불신은 큰 전쟁을 일으키고도 남았을 것이다. 두 국가 간 또는 양대 진영 간에 큰 전쟁을 막는 데 크게 기여해온 것은 아이러니컬하게도 양국이 갖고 있는 가공스런 핵무기였다.

2차대전 중 독일 · 영국 · 미국 과학자들은 각국이 치열하게 무기개발 경쟁을 벌이는 가운데 핵폭탄 제조를 위한 프로젝트를 모두 비밀리에 진행시켰다. 그 가운데서 미국인들이 최초로 원자폭탄을 개발하는 데 성공했다. 미국은 그것을 1945년 8월 6일 히로시마에 처음으로 사용하고, 두 번째 폭탄을 3일 후 나가사키에 다시 투하했다. 이에 일본은 항복을 하고 2차대전은 종지부를 찍게 되었다.

이제 미래의 전쟁에서 핵무기가 없으면 살아남을 수 없을 것처럼 보였다. 그리하여 강대국들은 모두 다 핵무기 개발 경쟁에 뛰어들었으며, 특히 미국과 소련은 서로 상대방의 새로운 발명에 뒤떨어지지 않기 위해 엄청난 예산과 노력을 경주했다.

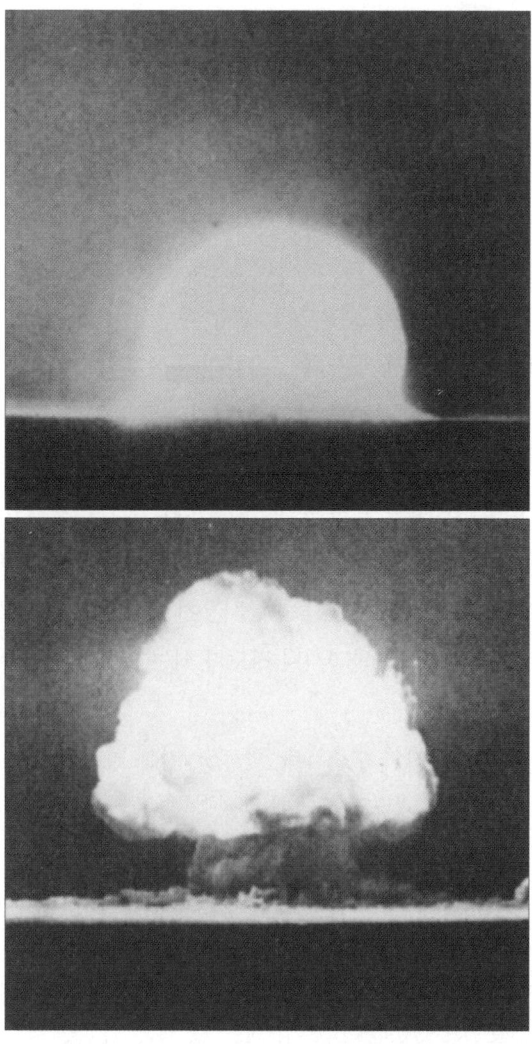

히로시마 원폭 투하의 순간들, '그날 태양은 두 번 떴다'. 0.006초 후(위)와 10초 후(아래).

소련은 미국보다 4년 뒤 1949년에 원폭을 보유하게 되었다. 과학자들은 원자폭탄보다도 더 강력한 무기를 개발하려는 노력을 계속해 미국은 1952년에, 그리고 소련은 1953년에 각각 수소폭탄을 개발하는 데 성공했다. 영국 · 프랑스 · 중국 등이 핵무기 개발에 성공하고 그밖에 잠재적 핵보유국은 계속 늘어났다. 가상 적국이 핵무기를 보유하고 우리를 위협하고 있는데

우리는 가만있어야 되겠는가? 바로 이 논리에 의해 각국은 핵무기를 보유하려는 노력을 끊임없이 펼쳐왔다.

한편, 이제 기존 핵 보유국들은 더 이상 핵무기 확산을 방치하면 핵전의 위험성은 더욱 증대되고 온 지구가 핵전으로 멸망할지도 모르겠다는 걱정들을 떨칠 수 없게 되었다. 그리하여 그들은 핵보유국들에게는 점차 그 숫자를 감축시켜나가도록 하고 비보유국들에게는 핵개발을 금지시키기 위한 국제적 노력을 펼치고 있다.

핵시대의 세계는 핵 보유국가와 보유하지 않은 국가 간에 존재하는 갈등과 불신을 해결하고 동시에 핵 감축을 달성해야 하는 어려운 과제를 안고 있다. 다행히도 핵보유국들은 지금까지 핵무기를 군사적으로 사용하지 않음으로써 핵전을 억제하는 데 성공했다.

핵무기는 너무 가공할 파괴력을 지니고 있기 때문에 군사적 가치를 상실했다고 말할 수 있다. 이를 사용하여 정치적 목적을 달성할 수 있는 범위를 넘어서 지구를 파괴시킬 정도가 되는 것은 전쟁에서 합리적 무기가 될 수 없는 것이다.

중간 크기의 수소폭탄, 즉 3.5메가톤 하나면 2차대전 전 기간 중에 연합군이 유럽과 태평양 지역에 투하한 총 폭탄의 무게인 350만 톤에 해당하는 폭발력을 지닌다. 만일 이 폭탄이 대도시 중간에 투하되었다고 상상해보자. 깊이 100m 이상, 지름 1km 이상의 구덩이가 생기고, 이어 치솟는 불덩어리의 지름은 6.4km에 이르고 불덩어리 속의 온도는 섭씨 4,400도가 넘을 것이다. 따라서 그 지역 안의 모든 것은 생물이든 무생물이든 다 녹아버리고 약 30km 거리 밖까지 화재에 휩싸여 황폐화되며 수백만 명의 사상자를 내게 될 것이다. 또한 낙진이 바람을 타고 주위로 퍼지게 되면 추가적인 사상자의 숫자가 엄청나게 될 것이다.

이러한 파멸을 초래하는 핵무기에 대한 공포에도 불구하고 핵국가들은 다른 핵국가가 그것을 사용하지 못하도록 억제하기 위한 목적으로 핵을 보유하고 있는 것이다. 결국 미국과 소련을 비롯한 몇몇 나라들은 핵무기를 갖고 있으면서 그것을 사용하지 않는 최고의 자제력을 보임으로써 지금까지 핵전을 예방하는 데 성공해왔다고 할 수 있다.

한편 초강대국 간의 직접적인 무력충돌이 없는 대신에 세계 곳곳에서는 핵시대 이전과 전혀 다름없이 재래식 무기를 사용하는 지역분쟁이 계속되어왔다. 그래서 사람들은 '핵시대의 제한전쟁'을 경험해왔다. 그러한 지역분쟁은 강대국들 의사와 관계없이 발발하기도 하지만, 통상 교전국들은 강대국의 이해관계와 복잡하게 얽혀서 싸워왔으며, 대부분의 경우에는 강대국의 정치적 또는 군사적 개입에 의해 전쟁 종결을 이루곤 했다. 핵시대에 제한전쟁 발발을 방지하지 못했으나, 강대국들은 그러한 전쟁이 잘못되어 세계대전으로 확대되거나 또는 핵전으로 치닫는 것을 예방하는 데는 성공해왔다고 할 수 있다.

DIGEST

87

WORLD WAR

# 중국내전과 모택동의 승리: 홍군, 대륙을 석권하다 (1949년)

19세기 말 중국 왕정은 무능하고 부패한데다가 제국주의적인 서양 열강들의 중국대륙 진출에 적절히 대처하지 못함으로써 몰락의 길을 걷고 말았다. 중국은 의화단사건 이후 거듭된 혁명의 진통을 거친 다음에 그들 역사상 최초의 공화정인 중화민국의 탄생을 보게 되었다. 이 공화국은 초대 지도자 손문孫文(쑨원)이 일찍이 사망하고 난 다음 1927년에 국민당의 장개석이 정권을 장악했다. 그러나 곧 국민당과 모택동의 공산당 사이가 결렬되면서 그때부터 중국은 양대 세력 간에 20년이 넘도록 내전을 겪게 되었다.

장개석(장제스) 군대가 주요도시를 장악한 반면에 모택동(마오쩌둥) 군대는 농촌과 산악지대로 밀려났다. 초기에 10 : 1로 열세했으나, 모택동은 게릴라전을 개발하여 농촌주민들의 지원을 받아가며 점차 세력을 키워나갔다. 게릴라들은 소규모 단위로 기동력을 최대로 발휘하면서 적 파견대들을 집중적으로 습격하고 도망가는hit and run 방법으로 전투를 벌였다. 그런 식으로 하여 모택동은 그 자신이 말했듯이 오히려 10 : 1의 전술적 우세를 유지하여 승리를 거두고 그런 작은 승리들을 누적시킴으로써 궁극적으로는 전략적 우세를 달성할 수 있게 되었다.

1945년 8월 한때 모택동과 장개석은 함께 일본에 대한 승리를 축하했다.

1931년 일본의 만주침략 이후 중국은 안으로 내전을 치르고 밖으로는 대일항전을 치러야 했다. 일본이 만주점령에 시간을 보내는 동안 장개석은 공산세력을 완전히 제거하는 데 몰두했다. 위기에 처한 모택동은 1934~35년에 약 10,000km의 대장정을 떠나게 되었고 그리하여 본거지를 남부의 정강산井崗山에서 북부의 연안으로 이동시켰다. 국부군(국민당 정부군)의 공격을 피하면서 경험한 이 장정기간 중에 사실상 공산 게릴라들은 훌륭한 실전 훈련을 쌓게 되었고, 또한 농촌 지역을 장악할 수 있음을 확신하게 되었다.

1937년 일본이 만주에서부터 중국을 침략하자, 중국내전은 소강국면에 들어가고 양대 세력은 일단 연합전선을 펼쳤다. 2차대전 중 장개석은 연합국, 특히 미국으로부터 대량의 군사원조를 받아냈다. 국부군과 공산군은 각각 나누어 점거한 지역에서 대일항전을 벌였는데, 종합적으로 말할 때 공산군이 훨씬 더 괄목할 만한 전과를 올렸다. 공산 게릴라들은 적 후방에서 교란작전을 벌이며 일본 군을 꽤 괴롭혔으나, 국부군은 이렇다 할 만한 활약을 보이지 못했다. 연합국 지도자들은 장개석에게 크게 실망했다. 바로 이런 점 때문에 2차대전 종전 이후 중국이 다시 내전 분위기에 휩싸이게 되었을 때 공산당은 득의양양하고 중국국민들로부터 큰 지지를 받을 수 있었다.

일본과의 전쟁이 끝난 다음에 국민당과 공산당은 몇 차례 협상을 가졌다. 그러나 워낙 깊은 불신의 골은 평화적인 타결책을 찾지 못하고, 결국 1946년부터 본격적인 내전 상황으로 치닫게 했다. 이때 양쪽의 병력을 비교해보면 370만 : 120만 명으로 국민당 편이 우세했다. 그러나 질적으로는 공산군이 훨씬 유리했다. 공산군은 기강이 잘 잡혀 있고 용맹하게 싸우는 데 반하여 장개석 군대는 전투의지가 부족한데다가 약탈을 일삼아 주민들로부터 지지를 받지 못했다. 게다가 장개석 정부는 부패할 대로 부패했고 군 지휘관들 가운데도 부패한 자들이 많았다.

장개석은 미국으로부터 지원받은 무기와 제공권의 이점을 최대로 살리고자 했다. 그러나 장군들과 그의 군대는 장개석이 촉구하는 신속한 승리를 위한 구체적인 계획을 수립하지 못했다.

한편, 모택동은 그동안 일본 군과의 싸움을 통하여 성공적으로 개발시켜온 전술을 적절히 사용했다. 비록 북부의 농촌 주민들로부터 대폭적 지지를 받고 있었지만, 그는 일단 대충돌을 피하는 대신 주로 국부군의 보급선을 습격하는 방법으로 지구전을 펼치고, 후에 결정적인 순간을 포착하여 결전을 벌이는 계획을 세웠다.

1948년 중국경제는 파탄지경에 빠졌다. 약 20년간 계속된 전쟁으로 시달릴 대로 시달린 국민들은 간절히 평화를 갈망했고, 강력한 정부를 원했다. 중부와 서부지역의 흉년으로 민심은 흉흉하고 곳곳의 만연된 부정부패에도 불구하고 정부는 속수무책이었다. 고위직 관료들과 장군들은 무능하기 짝이 없었다. 대외무역 적자가 손쓸 수 없이 증가했지만 정부는 어떠한 경제계획도 수립하지 못하는 상태에 있었다. 이러한 총체적 위기상황을 공산주의자들은 최대로 이용했다.

그들은 북경과 봉천 간 철도를 습격하여 국민당 정부 입장을 더욱 궁지에 빠뜨렸다. 1948년 10월 공산군은 봉천을 함락시키는 데 성공했으며, 이를 기점으로 하여 북부지역의 국민군 기지들을 하나하나 공략하기 시작했다. 이어서 공산군은 11월 말에는 서주徐州의 강력한 요새를 점령함으로써 국부군의 저항을 사실상 종식시켰다. 이듬해 남경이 함락되기에 앞서 장개석은 군사회의를 소집했지만, 휘하 장군들은 거의 참석하지 못했다. 절망 상태에 이른 국부군 잔여병력은 상해와 그 일대의 해안에서 대만과 해남으로 철수했다. 1949년 10월 1일 북경에서 공산당은 중국인민공화국 수립을 선언하고 강력한 공산정권을 탄생시켰다.

모택동의 공산 게릴라들이 성장하여 중국 천하를 장악한 것은 결코 그들이 자랑하는 게릴라 전술에 의한 승리라기보다는 부패한 국민당 정부와 기강이 빠진 국부군의 패배로 말미암아 얻게 된 결과였다고 할 수 있다. 전쟁 중 중국농민들은 약탈을 일삼는 국부군을 증오할 수밖에 없었고, 그 반대급부로서 비교적 군기가 잘 잡힌 공산군을 환영했었다. 중국 공산당의 승리는 민심을 얻는 데 성공함으로써 가능했던 것이다.

DIGEST

88

WORLD WAR

# 한국전쟁 발발: 남침 3일 만에 서울 함락 (1950년)

1950년 6월 25일 새벽 북한 군의 기습남침으로 시작된 6 · 25전쟁을 영미 사람들은 '한국전쟁'이라고 불러왔으며, 요즘 우리나라 많은 학자들도 그렇게 부르는 추세에 있다. 한국인들끼리 싸운 내전이면서 동시에 미국 · 소련 · 중국 · 영국 · 프랑스 등 강대국과 여러 유엔 회원국이 싸운 국제전이었기 때문에 우리는 '한국전쟁the Korean War'이란 국제적인 호칭을 따라가고 있는 것이다. 북한과 중국은 각각 자기들 방식대로 '조국해방전쟁'과 '항미원조운동'이라는 이데올로기적인 호칭을 사용하고 있다.

1945년 8월 한국은 일제로부터 해방을 맞게 되었지만, 연합국 도움으로 이룬 해방이었기에 그들 결정에 의한 분단을 받아들일 수밖에 없었다. 미국과 소련 군대는 38선을 경계로 하여 각각 남한과 북한을 나누어 점령했다. 이 인위적 분단으로 말미암아 한국인들은 엄청난 고통과 함께 전쟁 위험성을 안게 되었다.

미 · 소 관계가 냉전 상황으로 바뀌면서 38선은 두 개의 한국을 구별하는 영구적인 경계선으로 변해갔다. 러시아인들은 북한을 공산화하고 미국인들은 남한에다 서양방식의 정치제도를 도입시켰다. 1948년 남한에서는 '대한

민국'이, 북한에서는 '조선민주주의 인민공화국'이 탄생했다.

소련 군은 북한 군에 대하여 적극적인 무장 및 훈련지원을 한 반면에 미군은 국군에 대하여 극히 제한적인 지원을 했을 뿐이었다. 결과적으로 전쟁 발발 당시 군사력에서 북한은 압도적인 우세를 보였다. 남한 병력 95,000명에 비하여 북한은 최소한 135,000명이었다. 북한 군 가운데는 2차대전 때 소련군에 가담한 자들이 있는가 하면 중국 군 출신들이 다수 포함되어 있었다. 국군의 경우 전차 한 대도 보유하지 못한 데 비하여 북한 군은 소련제 T-34 전차 150대를 보유하고 있었다. 소련 군으로부터 체계적인 훈련을 쌓아온 북한 군의 전투력은 상당한 수준에 올라 있었다. 그러나 철의 장막 내에서 이루어진 북한 군의 그러한 군사적 능력에 대하여 대한민국 정부는 물론 미국이나 서방 측도 전혀 모르고 있었다.

1950년 초 "한국은 미국의 직접적인 방위권 밖에 있다"고 말한 미국무장관 애치슨의 성명으로 북한의 김일성, 소련의 스탈린, 중국의 모택동 등 공산주의자들은 '남침을 하더라도 미국은 한반도에 개입하지 않으리라'고 오판하기에 이르렀다. 그러나 미국은 결코 한국을 포기한 것이 아니었다.

북한은 남한과 유엔을 향하여 평화적으로 통일문제를 해결하자는 제안들을 연달아 내놓았는데, 그것은 전쟁 준비를 철저히 숨기기 위한 방편이었다.

6월 25일 일요일 새벽을 기하여 북한 군은 마침내 38선 전면에서 남침을 시작했다. 공식적인 선전포고 없이 감행한 기습침략이었다. 많은 병사들이 외출을 나간 그날 한국 군의 방비태세는 허술하기 짝이 없었다.

중장비 없이 소총과 맨손으로만 싸워야 했던 국군은 북한 군 진격을 막지 못하고 곳곳에서 무너져버렸다. 특히 전차에 대하여 속수무책이었는데, 보유하고 있었던 대전차화기 2.36인치 로켓포가 적 전차 T-34를 전혀 파괴할 수 없다는 사실을 당하고 나서야 비로소 알게 되었다.

남침 사흘 만에 수도 서울이 함락됨으로써 대한민국의 운명은 최대의 위기에 몰렸다. 그러나 미국과 유엔은 남침을 그대로 묵과하지 않았다. 미국은 한국 자체가 그들에게 중요하여서가 아니라 공산주의자들의 침략을 그대로 두면 동맹국들에 대한 신뢰를 잃게 되고 또한 일본에 대한 방위도 어렵게 되

한국전쟁 초기에 맹위를 떨친 북한 군 보유 T-34전차.

리라는 우려에서 한국을 지원하기로 결정했다.

트루먼 대통령은 신속하게 결단을 내렸으며, 6월 27일 유엔 안보리는 대한민국에 대한 군사지원을 결의했다. 이로써 한국전쟁은 김일성과 스탈린의 계산과는 달리 전혀 다른 국제전으로 변했다. 3년간의 전쟁에 직접 병력을 보내 참전한 국가는 공산 측의 경우 북한 · 중국 · 소련(조종사 제공)이었고, 대한민국을 지원한 나라는 미국을 비롯한 유엔 회원국 16개국이었다.

유엔군 가운데 대부분은 미국 군으로서 사실상 한국전쟁은 한국 군과 미국 군이 연합작전을 벌여 공산군 침략을 격퇴시킨 전쟁이 되었다. 다른 유엔 회원국 참전병력이 전부 합해 44,000명이었던 데 비해 미군은 최대 규모였을 때는 30만 명 이상이었다.

그러나 전쟁 초기에 미군은 전투력에서 한국 군이나 별로 차이가 나지 않았으며, 많은 약점을 노출시켰다. 한국에서 초대 유엔 군 사령관으로 임명된 맥아더 원수도 처음에는 북한 군 능력을 과소평가했다. 7월 중 미국은 일본에 주둔하고 있었던 제8군 예하 4개 사단 가운데 3개 사단을 투입했는데, 전투준비가 전혀 되지 않은 상태의 부대들이었다. 제8군은 미군들 가운데서 가장 질이 떨어진 군대로서, 약 75%가 고등학교도 졸업하지 않은 병사들로 구성되어 있는데다가, 전투경험은 고사하고 훈련도 제대로 되어 있지 않았다.

그럼에도 불구하고 그들은 적을 얕잡아 보았으며, 미군과 유엔군이라는 이름만으로도 충분히 북한 군을 제압할 수 있을 것으로 과신했다. 그러나 오산 · 안성 · 공주 · 대평리에서 잇따라 적의 강력한 공격을 당하고, 대전에서는 최초로 투입된 1개 사단이 거의 와해되는 참패를 당했다. 미군도 처음에는 한국 군과 마찬가지로 2.36인치 로켓포를 사용하다가 대전전투에서부터 3.5인치 로켓포로 교체해 적 전차를 파괴할 수 있었다.

7월 말경 낙동강 지역에서 미군과 한국 군은 전열을 가다듬고 적 진격을 막아낼 수 있게 되었다. 그곳에서 병력 및 물자를 증강하고 초전의 적 기습에 의한 충격에서 벗어나기 시작했다. 이제 한국전쟁은 유엔군이 언제 어떻게 반격을 실시할 것인가가 관심사가 되었으며, 북한 군이 결국 패배하리라는 데 대한 의문은 모두 사라지게 되었다.

DIGEST

89

WORLD WAR

# 인천상륙작전:
## 맥아더 원수의 걸작 (1950년)

한국전쟁에서 유엔군사령관 맥아더 원수는 한국전선을 최초로 시찰한 6월 29일에 이미 인천상륙작전을 구상했다고 한다. 태평양전쟁 중 상륙작전의 대가로 이름을 떨친 그는 북한 군의 거칠 것 없는 진격에 일격을 가할 수 있는 가장 효과적 수단은 적 배후에 상륙작전을 감행하는 것이라고 판단했다. 적 공격을 막지 못하고 전선 곳곳이 무너지고 있는 상황에서 그와 같이 배후를 칠 생각을 한 것은 맥아더가 아닌 다른 장군이라면 참으로 상상할 수도 없는 일이었다.

그러나 인천을 상륙지점으로 선택하는 데 대하여 미합동참모본부와 해군 및 해병대 측은 강력하게 반대했다. 인천의 자연적 조건이 대규모 상륙작전을 하기에는 부적절한 곳이라는 이유 때문이었다.

인천 앞바다는 간만의 차가 매우 심하기 때문에 상륙작전을 할 수 있는 날이 제한될 수밖에 없다. 맥아더가 계획하는 9월의 경우 15일부터 3일간이 가능하고, 이때를 놓치면 다음 한 달을 기다려야 한다. 또한 상륙 가능 날짜에도 밀물이 꽉 들어차는 아침과 저녁 두 차례 각각 3시간 정도의 제한된 시간 내에 행동을 완료해야 한다.

둘째, 인천항은 대규모 상륙함대가 자리잡기에 협소할 뿐만 아니라 항구에 이르는 해상 접근로가 제한되어 있다. 상륙작전은 인천항에 앞서 먼저 월미도를 점령해야 하므로 아침에 월미도, 저녁에 인천을 점령하는 2단계를 거쳐야 한다.

맥아더가 참모들과 함께 해상 멀리에서 인천상륙작전을 관찰하고 있다.

셋째, 높은 벽의 상륙해안을 기어오르기가 어렵고, 그것을 극복한 다음에는 곧 시가지에서 적과 교전해야 한다.

미합동참모본부는 육군 및 해군참모총장을 파견하면서까지 맥아더에게 인천이 아닌 다른 상륙지를 선정하는 방안을 검토하도록 요구했다.

그러나 맥아더는 여러 사람이 반대하는 바로 그 이유 때문에 인천을 선택했다. 즉, 아군뿐만 아니라 적도 어렵다고 생각할 것이기 때문에 그러한 의표를 찔러서 공격하면 전략적 기습효과를 올릴 수 있다는 것이었다. 실제로 적은 인천을 허술하게 지키고 있었다.

맥아더는 상륙작전부대로서 해병과 보병 각각 1개 사단을 편성하고 한국군을 각각 1개 연대씩 배속시켰다. 미 제7보병사단은 약 8,600명의 카투사 병력을 포함하고 있어 상륙작전에 참가한 한국인 총병력은 13,000명에 이르렀다. 약 20%에 해당하는 이 병력은 인천 시가지에서 적을 소탕하고 민간인 복장으로 숨어 있는 적을 모두 색출해냄으로써 지대한 공을 세웠다.

맥아더가 예상한 대로 인천의 적 방비태세는 엉성하기 짝이 없었고, 9월 15일 새벽부터 개시한 상륙작전에서 유엔군은 약 2,000명밖에 되지 않은 적을 쉽게 제압하고 인천을 탈환하는 데 성공했다. 약 3일 후부터 유엔군은 김포와 영등포 두 방향으로 진출, 서울을 포위하기 시작했고, 9월 28일에는 서울을 완전히 탈환하는 데 성공했다.

이와 같이 인천에서 대성공을 거두자, 남쪽의 낙동강 선에서도 국군과 유엔군은 9월 23일에 전 전선을 돌파하기 시작했다. 인천 소식이 알려지면서 적 사기가 걷잡을 수 없이 떨어지고 도주병이 나오더니 드디어 전 전선이 무너지기 시작했다.

상륙작전 개시 후 약 보름 만에 국군과 유엔군은 38도선 이남을 모두 회복했다. 적은 약 10만 명의 병력을 잃었으며 북으로 도주한 자는 3만 명이 채 안 되었다.

맥아더 원수의 걸작 중에서도 걸작인 인천상륙작전은 전쟁사에서 전통적인 승리의 비법이 되어온 '망치Hammer'와 '모루Anvil'의 원리를 적용해 이루어낸 것이었다. 즉, 낙동강에서부터 정면공격에 의한 반격은 엄청난 손실이 따르므로 인천에 상륙해 모루를 만들고, 낙동강에서부터 망치를 휘둘러 그 안에 있는 적을 섬멸하는 개념의 작전을 구사한 것이다.

이 작전은 맥아더 원수의 대담한 착상, 결단력, 필승의 신념으로 이루어낸 20세기의 칸나에Cannae 전투라고 평가할 수 있다. 본국 정부와 해군 및 해병대 측 우려와 반대에도 불구하고 전혀 동요하지 않는 그는 마치 승리의 신으로부터 계시라도 받은 듯한 모습을 보이고 부하들에게 확신을 주었다. 맥아더가 아니었다면 인천상륙작전과 같은 빛나는 승리는 불가능했을 것이다.

DIGEST

90

WORLD WAR

# 청천강 전투: 중국 군 인해전술 (1950년)

인천상륙작전 이후 1950년 10월경 한국전쟁 상황은 한국 군과 유엔군이 여세를 몰아 북한 지역 깊숙이 청천강 선까지 진격해 들어감으로써 그해 말까지는 전쟁을 끝내고 한국인들의 소원인 남북한 통일을 실현할 수 있을 것처럼 보였다.

인천에 상륙한 미 제10군단과 낙동강에서부터 진격한 제8군은 38선 이남의 적을 거의 섬멸하고, 이제 그들에게는 38선 이북에 대한 군사작전을 어떻게 펼쳐서 김일성의 공산군을 완전히 제거하느냐는 문제만 남게 되었다.

한국정부는 일찍부터 38선은 적 남침으로 말미암아 이미 무너졌으므로 여건이 성숙하기만 하면 언제든지 그것을 돌파할 수 있다고 주장해왔으나, 미국정부는 38선 돌파에 대해 매우 신중한 편이었다. 그러나 인천상륙작전에서 성공한 후 미국정부는 작전을 38선 이북으로 확대하기로 결정을 내렸다. 다만 중요한 몇 가지 사항을 지키면서 작전을 벌일 것을 맥아더 장군에게 당부했다.

첫째, 소련 군이나 중국 군 개입이 없는 상황에서만 북진하고 여하한 경우에도 한만 국경선 또는 소련과의 국경선을 넘어서서는 안 된다.

둘째, 국경 근처에서는 한국 군으로 하여금 북한 군 잔적을 소탕하도록 한다.

셋째, 군사작전 종료 후 한국의 정치적 통일문제는 유엔의 조치를 기다려야 한다.

맥아더는 제8군으로 하여금 평양으로 진격하도록 하고, 제10군단은 동해안의 원산에 상륙하는 작전계획을 세웠다. 그러나 원산 상륙은 국군이 10월 1일 38선을 돌파하여 10일에는 원산을 점령함으로써 그 의미를 잃고 말았다. 이는 복잡한 상륙작전보다는 모든 부대가 38선에서부터 진격했더라면 훨씬 좋은 결과에 도달했으리라는 것을 시사하는 것이다.

한편 10월 19일 한국 군과 유엔군이 평양을 점령한 바로 그날 처음으로 중국 군이 압록강을 은밀히 건너오기 시작함으로써 한국전쟁은 완전히 새로운 전쟁으로 변했다. 중국이 전쟁에 개입한 데는 여러 가지 복합적인 원인이 있었다. 그들은 북한 땅에 미국세력이 들어서는 것을 그들 안보에 대한 심각한 위협으로 받아들였다. 또한 장차 소련으로부터 경제지원을 받기 위해서는 스탈린으로부터의 참전 요청을 수락해야만 했다. 스탈린은 소련이 직접 나서게 되면 미 · 소 간의 세계대전으로 확대될 위험성을 염려하여 중국이 대신하여 북한을 지원해주기를 원했었다.

미국은 중국 당국이 경고를 보냈음에도 단순한 위협으로 간주하고 그들이 감히 도전하지 못하리라는 깊은 자만심과 방심에 빠져 있다가 청천강에서 중국 군과 충돌했다. 미국 정보부서는 중국 군이 한반도에 침투한 지 약 열흘이 지나는 동안에도 그 사실을 전혀 알지 못할 정도로 정보체제가 허술했다.

10월 25일경 중국 군과 최초 충돌한 뒤에도 유엔군은 적 규모와 기도를 전혀 파악하지 못하고 있었다. 본격적 공세를 준비하기 위하여 은밀한 곳으로 자취를 감춘 중국 군에 대하여 유엔군은 적이 겁먹고 전투를 회피하는 것으로 생각했으며, 그리하여 11월 24일에는 국경선을 향한 총공격을 재개했다.

그러나 25일 밤 청천강 북방과 묘향산 지역 일대에 숨어 있던 중국 군으로부터 크게 기습을 당하기 시작했다. 한밤중에 중국 군은 꽹과리를 치고 나팔

중국 군이 군악에 맞춰 진격하고 있다.

을 불어대고 야수처럼 괴성을 지르며 쇄도해왔다. 야간에 방어하는 측의 불안감을 최대로 증폭시키는 고도의 심리전과 함께 인해전술을 사용한 것이다. 방심하고 있던 유엔군과 국군은 말 그대로 아닌 밤중 홍두깨식 습격을 당하고 엄청난 피해를 입었다.

가장 큰 피해를 입은 부대는 중국 군과 가장 가까이에 있었던 국군 제2군단으로서, 예하 3개 사단이 거의 모든 진지에서 와해되었다. 미 제2사단도 군우리에서 중국 군 포위망에 걸려들어 막대한 손실을 입었다.

유엔군과 국군은 패배로 인한 충격이 너무 큰 나머지 11월 말부터는 전투를 벌이기보다는 무조건 철수하고 보자는 심리에 빠졌으며, 12월 15일경에는 모두 38선 이남으로 철수했다. 사기가 극도로 떨어진 그들은 과연 38선마저 지킬 수 있을 것인지에 대하여 자신을 잃었다. 1951년 신정 때는 다시 중국 군 공세를 당하여 서울을 포기하고 평택까지 물러섰다. 그 후 한참 지난 다음에야 그들은 충격에서 벗어나기 시작하고 간신히 38선을 회복하기에 이르렀다.

청천강 전투에서 패배는 미국의 명장 맥아더 원수에게 치명적인 오점을 남겼으며, 이로 말미암아 결국 그의 명예스러운 50년 군대생활은 사령관직 해임이라는 불명예로 끝을 보게 되었다. 무려 30만 명이 넘는 적의 침투 사실을 모르고 무리한 작전을 취하다가 기습을 당했고, 또한 전투다운 전투를 제대로 해보지도 못하고 철수만 한 것은 돌이킬 수 없는 과오였다. 더욱이 패배 후에도 자신의 책임을 인정하려 하지 않고 오히려 노골적으로 본국정부 정책을 비판하기만 한 것은 최고위 군인답지 않은 행위로서, 이듬해 4월 트루먼 대통령으로부터 해임을 당하는 모욕을 입게 되었다.

맥아더 이후 다행히도 한국전쟁에서는 새로운 유엔 군 사령관 리지웨이 장군의 훌륭한 지휘 하에 유엔군과 국군은 여러 가지 어려운 점들을 극복하고 전투력을 회복하여 중국 군을 막아내는 데 성공했다.

DIGEST

# 91

WORLD WAR

# 디엔비엔푸 전투:
## 패배 후 프랑스, 인도차이나를 떠나다 (1954년)

태평양전쟁 중 일본 점령 아래 놓였던 베트남은 전쟁이 끝나자, 1946년 초에 다시 돌아온 프랑스인들의 식민통치를 받는 기구한 운명에 처하게 되었다. 이는 간절히 독립을 원하는 베트남인들 소망과는 거리가 먼 것이었다.

베트남 독립운동주의자 가운데 가장 유명한 공산주의자 호찌민은 그가 이미 1941년에 결성한 '베트남독립연맹(베트민)'을 중심으로 하여 1945년 9월에 공화국 정부 수립을 선언하고 모든 외국군 철수를 요구했다. 프랑스 군과 베트민 세력 간에는 충돌사건이 빈번히 발생하더니, 1946년 12월 이후 전국적인 무력충돌로 번져 8년간 제1차 인도차이나 전쟁이 벌어지게 되었다.

프랑스는 베트민과의 전쟁을 국제공산주의 팽창을 막기 위한 반공전쟁이라고 선언하고 베트민의 무장 게릴라들을 철저히 색출 · 소탕하는 작전을 실시했다. 그러나 그들이 수립한 바오다이 정권이 민심을 제대로 수습하지 못함으로써 군사작전상 많은 애로가 따랐다. 반면에 호찌민은 공산주의 선전을 중지하고 민족주의를 강조함으로써 민족적 영웅으로 부상하고 지지기반을 넓혀나갔다.

프랑스 군은 주로 도시를 중심으로 세력을 확보했으나, 호찌민은 지방과 농촌을 장악해 갔다. 베트남 사회는 '낮에는 프랑스, 밤에는 베트민'의 현상으로 특징을 이루게 되었다.

1949년 공산주의자들에 의한 중국통일은 베트민 군들에게 힘을 실어주었다. 베트민 군은 중국 군으로부터 박격포와 곡사포 등 장비와 훈련을 지원받았다.

베트민 군 사령관 보구엔지압은 프랑스 군을 격퇴시키기 위한 방법으로 3단계 작전론을 폈다. 제1단계는 베트민 군이 충분히 보강될 때까지 후퇴하고, 제2단계는 중국 군으로부터 장비 지원을 받아 서서히 공세로 전환하고, 제3단계는 프랑스 군을 결정적으로 공격, 격멸한다는 것이었다.

보구엔지압은 결정적 시기를 위하여 힘을 축적시키는 한편, 메콩 강 삼각주 및 사이공 주위 지역에서 게릴라 활동을 전개하고 인접국인 라오스 공산주의자들과 협력하여 라오스 국경지역 내에 병력을 준비시켰다.

한국전쟁이 종료된 직후 베트민 군은 중국으로부터 차량 · 야포 · 대공포 · 기관총 등을 포함한 최신장비를 대량 지원 받았다. 당시 그들은 잘 무장된 병력 12만 명을 보유했으며, 또 언제나 차출 가능한 그만큼의 예비병력을 시골에 확보하고 있었다.

한편 프랑스 군도 계속 병력을 증강하여 1953년 11월에는 7만 명 선을 넘고 미국으로부터 많은 무기원조를 받았으며, 새로 임명된 사령관 나바르 Henri-Eugene Navarre 지휘 하에 큰 작전을 준비했다.

나바르는 적절한 결전장을 찾아 그곳에 보구엔지압의 군대를 끌어들여 결정적인 타격을 가하겠다는 생각을 했다. 그 장소로서 디엔비엔푸를 선택했다. 이 계곡은 라오스 국경에서 30km, 중국국경에서 120km, 그리고 하노이 서쪽 160km에 위치한 곳이었다.

디엔비엔푸에서 결전 계획은 큰 도박이었다. 적을 유인하여 결정타를 가할 수 있겠으나 잘못되면 첩첩산중의 계곡에서 함정에 빠질 염려가 있었다.

11월 20일 프랑스 군은 공수부대 강습으로 작전을 개시했다. 하늘을 온통 뒤덮다시피 하며 낙하하는 공수부대의 위용에 적은 크게 당황했다. 프랑스 군은 약 1주일 만에 4,500명의 수비대를 집결하고 견고한 방어진지들을 구

디엔비엔푸에 집결한 베트민 군 포병.

축하여 물자 · 장비 · 병력을 증강시키기 시작했다.

나바르 장군은 부하들에게 "승리는 여자와 같아서, 덮치는 방법을 아는 사람에게만 몸을 맡긴다"는 말을 하면서 디엔비엔푸를 전장으로 선택하고 미리 승리감에 도취되어 있었다.

그러나 베트민 군 사령관 보구엔지압은 결코 만만치 않았다. 그는 그대로 승산이 있다고 생각하고 모든 것을 준비했다. 그의 가장 큰 이점은 프랑스 군 병력배치를 훤히 알 수 있는 정보망을 갖고 있다는 것이었다. 그는 디엔비엔푸 계곡을 둘러싼 고지 일대에 대병력을 집결시켰다. 주로 밤에 강행군을 했던 병사들의 장비는 매우 간단했다. 무기 · 탄약 · 삽, 그리고 30파운드의 쌀부대와 약간의 소금을 휴대했다. 더 필요한 보급품에 대하여는 수만 명의 노무자와 수천 필의 말을 이용하여 운반했다.

프랑스 군 수비대는 계속 증강되어 1953년 말에는 11,000명에 달했다. 그러나 그들은 그들보다 훨씬 더 많은 베트민 군 병력에 의하여 포위되고 있다는 사실을 몰랐다. 나바르 장군은 적이 공습을 피하여 밤에 기동하고 있는 것을 알지 못했다. 프랑스 군은 수색정찰을 계속했으나 계곡 내에서만 이루어졌기에 적을 발견할 리 없었다.

나바르는 공군력으로 적 보급 및 통신망을 분쇄하기를 기대했으나 그것은 적을 잘 모르고 또한 공군력에 대한 과신에서 나온 과오였다. 너무나 어리석게도 총 70대 가량의 항공기로 숨어 있는 적을 모두 제압할 수 있다고 생각한 것이다.

꾸준히 병력을 증강시켜온 베트민 군은 프랑스 수비대의 4배가량 되는 48,000명을 계곡 주위에 집결시켰다. 곡사포 · 박격포 · 대공포 · 무반동총 등을 끌어모을 대로 모아 화력에서도 우세를 잡게 되자 그들은 1954년 3월 13일 일제히 공격을 개시했다.

베트민 군은 강력한 수비에 부딪쳐 많은 사상자가 발생했으나 정신무장이 잘된 그들은 첩첩이 쌓인 전우의 시체더미를 밟고 철조망을 넘어 맹렬히 요새로 진격했다.

적 인해전술에 거점을 하나씩하나씩 빼앗긴 프랑스 군은 후방으로부터 증원이 어려운 가운데 점차 고립되어갔다. 증원부대를 공수시켜 수비대를 구출하려는 작전을 시도했으나 근본적으로 항공기가 모자라 효과를 거둘 수 없었다.

프랑스 군은 56일간을 버티다가 결국 항복했다. 베트민 군은 전투원 가운데 약 절반에 이르는 25,000명의 손실을 입고 승리를 거두었다. 이 손실은 프랑스 군보다 훨씬 많은 숫자였으니, 그들은 값비싼 대가를 지불하고 승리한 것이다. 조국을 지키기 위하여 목숨을 많이 바친 결과 얻어낸 승리였다. 이 전투에서 패배 후 프랑스는 베트남에서 철군하고, 이로써 오랜 인도차이나 식민지 시대는 막을 내렸다.

DIGEST

92

WORLD WAR

# 수에즈 전쟁:
## 나세르, 수에즈 운하를 국유화 (1956년)

1948년 이스라엘 탄생 결과 그 주위 국경 지역에는 약 90만 명의 팔레스타인 난민이 발생했다. 이스라엘인들과 아랍인들은 이해가 상충함으로써 끝없는 분쟁을 겪었다. 이스라엘은 생존을 걸고 모든 국경지역 방비를 강화했고, 아랍인들은 고토故土와 민족적 자존심을 회복하기 위하여 군비를 증강시켰다.

1955년 이집트의 나세르 대통령은 최초로 비동맹 개념을 채택한 반둥Bandung 회담에서 아랍 세계를 이끄는 강력한 지도자로 부상했다. 그러나 아스완 댐을 건설하여 농업경제를 발전시키려는 그의 계획은 미 · 소 냉전 대립으로 국제적 금융지원을 받지 못함으로써 처음부터 막대한 차질이 생겼다.

1956년 7월 나세르는 영국 군 최종 부대가 이집트를 철수한 한 달 만에 전격적으로 수에즈 운하를 국유화하고 거기서 생기는 수입으로 댐 공사를 하겠다고 선언했다. 이 선언은 운하 운영을 주도해온 영국과 프랑스에게는 선전포고나 다름없었다.

영국 수상 이든Anthony Eden 경은 주저하지 않고 응징을 결심했다. 한 달 전

수에즈 운하 국유화를 선언한 나세르 대통령이 이집트 국민들로부터 대대적 환호를 받고 있다.

까지만 하여도 그들 군대가 주둔한 과거 식민지였던 나라로부터 그렇게 빨리 도전을 받았다는 사실은 대영제국으로서 실로 상상도 못하고 있던 자존심 상하는 일이었다. 문제를 군사적으로 해결하려는 영국 정부의 단호한 태도는 제국이 기울고 있는 시점에서 영국인들의 미묘한 심리적 과잉반응을 나타낸 것이었다.

프랑스는 영국과 아주 똑같은 입장은 아니었지만 나세르를 응징해야 한다는 점에서는 같았다. 나세르가 프랑스 식민지인 알제리의 민족해방전선 세력에 대하여 지원함으로써 프랑스의 비위를 크게 건드려왔었기 때문이다.

영국과 프랑스는 이집트로부터 늘 위협받고 있는 이스라엘을 끌어들였다. 3국은 비밀 회담을 갖고 이집트를 침공하는 전반적 전쟁계획을 세웠다. 국제적 여론을 의식한 그들은 책략적으로 전쟁을 두 단계로 나누어 수행하기로 약속했다. 제1단계는 이스라엘이 시나이 반도에 대하여 침공하고 제2단계의 적절한 순간에 영국과 프랑스가 전쟁에 끼어든다는 것이었다. 제2단계에서 영국과 프랑스는 이집트와 이스라엘 양국에게 즉각적인 전쟁 중단을 요구한 다음에 나세르가 그러한 요구를 거절할 때 그것을 구실삼아 뛰어드는 시나리오를 준비했다.

10월 29일 이스라엘은 계획대로 시나이 반도를 침공하여 5일 만에 가자 · 라파 · 알 아리쉬 등 주요 도시와 티란 섬을 점령했다. 그리하여 영국과 프랑스의 약속에 관계없이 자기들 목표를 달성했다. 시나이의 이집트 군 기지들을 제거하고 에일라트에서 아카바 만에 이르는 해상통로를 개방시킨 것이다.

10월 30일 영국과 프랑스는 시나리오대로 이집트와 이스라엘 양쪽에 선전포고를 하고 운하 양쪽 20마일 선으로 물러설 것을 요구했다. 이스라엘은 그 조건을 곧 받아들였지만, 이집트는 자국 땅 일부를 포기하라는 그 조건을 결코 수용할 리 없었다. 영국과 프랑스는 이집트 비행장들에 대한 공습을 가한 다음 11월 5일부터는 공수부대와 해상 수송부대가 상륙하고 운하를 향하여 진격했다. 그동안에 이스라엘 군은 전 시나이 반도를 수중에 넣었다.

이렇게 하여 영국 · 프랑스 · 이스라엘은 전쟁에서 성공하는 듯했으나, 곧 그들 계획에 없는 제3단계의 전쟁에서 유엔과 초강대국의 압력에 굴복하지 않으면 안 되었다. 유엔은 침략군의 즉각적인 철수와 정전 및 특별 유엔 군 창설을 결의했다. 11월 6일 영국 수상 이든은 미국대통령 아이젠하워로부터 강력한 압력을 받고 그날 밤 전쟁 중단을 선언했다.

이스라엘은 미국과 소련으로부터 압력을 받고 이듬해 3월까지는 시나이 반도를 다시 이집트에 돌려주었다. 그러나 아카바 만에서 선박통행을 보장받아 냄으로써 이스라엘은 소기의 목적을 달성했다. 또한 시나이와 가자를 통한 아랍인 침투를 막게 되었을 뿐만 아니라, 전후 외교적으로 프랑스를 비롯한 여러 나라와 협력 체제를 이루고 많은 우방국을 얻게 되었다.

이집트는 군사적 패배에도 불구하고 결과적으로 원상을 회복하는 데 성공했다. 세계 여론과 미 · 소의 지원으로 얻어낸 것이기는 하지만, 그러한 결과는 나세르의 위신을 크게 세워주었다. 그는 아랍과 아프리카 여러 나라의 독립운동에 막강한 영향력을 미쳤다. 수에즈 운하는 완전히 이집트가 소유 관리하는 체제로 돌아가고, 다만 1888년 콘스탄티노플 약정에 따라 세계 모든 나라는 그곳 선박통행을 보장받게 되었다.

영국과 프랑스는 1956년 말까지 모든 군대를 철수시켰다. 이 전쟁으로 가장 큰 충격을 받은 나라는 영국이었다. 미국과 소련을 축으로 하는 냉전체제 세계에서 영국은 그들의 19세기적 포함砲艦 외교 정책이 완전히 효력을 상실했다는 것을 절감하지 않을 수 없었다.

전쟁 후 중동지역에서의 주요 변화 가운데 하나는 소련 영향력의 증대였다. 소련은 나세르에게 아스완 댐 건설과 이집트 재무장을 위한 지원을 약속함으로써 이스라엘을 배척하고 아랍을 끌어안는 노선을 뚜렷이 보였다. 그러자 아이젠하워 미국대통령은 "미국은 국제 공산주의로부터 위협받고 있는 중동국가를 반드시 방호하겠다"는 이른바 '아이젠하워 독트린'을 발표했고, 소련의 이집트 지원에 상응하는 지원을 이스라엘에 하기 시작함으로써 중동지역은 다른 곳과 마찬가지로 미 · 소 냉전체제하에 들어가게 되었다.

DIGEST

93

WORLD WAR

# 쿠바 미사일 사태: 핵전쟁 문턱까지 가다 (1962년)

미국과 쿠바는 1959년 카스트로 정권 출발을 기점으로 하여 완전히 적대적인 관계로 바뀌었다. 그전까지만 하여도 미국은 쿠바에 대해 '형님' 노릇을 톡톡히 하며 여러 가지 지원을 아끼지 않았다. 쿠바 경제는 미국자본과 관광수입에 크게 의존했다. 주농산물이었던 설탕은 주로 미국시장에서 팔렸다.

그러나 부패와 비리가 만연한 바티스타 정권이 무너졌을 때 쿠바인들의 반미감정은 심화되기 시작했다. 그들에게 비친 미국의 인상은 그동안 부패정권을 지지했을 뿐, 카스트로의 좌익정권 출현에 대하여 지지를 보내지 않았기 때문이다. 냉전 사고방식이 극도에 달했던 당시 미국으로서는 좌익정권의 어느 나라도 지원하지 않았으며, 따라서 카스트로의 사회주의적 정권을 환영할 리 없었다.

카스트로는 자연히 소련에 손을 내밀고 그들과 밀착관계를 갖기 시작했다. 카스트로는 소수의 공산당을 앞세워 토지개혁 · 국유화 · 외국자산 처분 등 과격한 개혁을 추진했다. 1960년도 말경에는 정치적 · 경제적으로 쿠바를 완전히 장악했다. 이 과정에서 약 70만 명의 쿠바인들은 섬을 탈출하여 플로리다로 건너갔으며, 미국은 그들 가운데 카스트로에 투쟁하는 반혁명 세력을 적극적으로 지원했다.

1961년 4월 반혁명 세력은 카스트로를 제거하기 위해 쿠바 남부의 코치노스 만(피그스 만)에 상륙했다(쿠바 침공사건). 그러나 이 작전은 일반대중의 호응을 전혀 받지 못함으로써 실패로 끝났다. 이후 카스트로 정권의 입지는 한층 강화되었다. 그러나 이 사건으로 말미암아 미국과 쿠바의 관계는 더욱 악화되었다. 1962년 미국은 쿠바에 대한 무역을 전면 금지시켰다.

카스트로로부터 지원요청을 받은 소련 지도자 흐루시초프는 1960년 5월 쿠바 방어를 약속했다. 이 기회를 이용하여 그는 쿠바를 핵무장하고 미국과의 핵 균형을 이루고자 했다. 1962년 여름 미국 정보부서는 소련이 쿠바로 미사일을 보낸 사실과 소련 기술자들이 쿠바에서 미사일 발사장치를 설치하고 있다는 정보를 처음으로 입수했고 가을에는 그러한 사실들을 항공사진 등으로 확인했다.

미국에서 불과 90마일밖에 떨어지지 않은 곳에 소련제 공격용 미사일이 장치된 사실을 케네디 대통령은 도저히 묵과할 수 없는 중대한 도전으로 간주했다. 미국 역사상 그렇게 가까운 거리에서부터 직접적인 위협을 받아본 적은 없었다. 그는 단호했다. 쿠바를 해상 격리시킬 방침을 선언한 데 이어 소련에게 미사일을 14일 이내에 철거하라고 경고했다. 쿠바를 향한 '공격용 군사장비'를 실은 선박은 모두 되돌려보내겠다는 뜻을 확실히 전했다.

10월 22일 케네디 대통령은 대 국민방송을 통하여 극적으로 소련을 향하여 그야말로 심각한 경고를 보냈다.

"미국은 쿠바에서부터 핵미사일이 발사되어 서반구에 속하는 어떠한 나라라도 공격을 당할 때는 그것을 소련의 미국에 대한 공격으로 간주할 것이며, 그런 경우 미국은 소련에 대한 최대의 보복공격을 가할 것이다."

그 후 28일까지 1주일간 미전략군은 실제상황의 핵전쟁을 준비했다. 이때는 세계적 위기였지만 어떠한 나라도 개입하거나 중재할 수 있는 상황이 못되어 온 세계는 다만 긴장과 공포에 질려 있었다. 과연 두 초강대국 간에 핵전이 벌어지고 말 것인가, 그렇다면 지구는 어떻게 달라질 것인가, 실로 온 세계 사람들을 공포에 떨게 한 1주일이었다.

핵무기를 탑재한 소련 선박이 쿠바를 떠나고 있다.

가장 극적인 순간은 10월 24일 핵무기를 적재한 소련 선박이 해상격리 임무를 수행하고 있는 미국 선박 가까이까지 접근했을 때였다. 그러나 그 순간 소련 선박은 진행방향을 돌려 돌아갔다. 그리고 나흘 후인 28일 흐루시초프는 미사일 제거방침을 선언함으로써 쿠바 사태는 위기를 벗어났다. 세계 모든 사람들은 비로소 안도의 숨을 쉬었다.

이 사태는 1964년 흐루시초프의 실각에 주요 역할을 했다. 이 사태 이후 쿠바는 소련에 실망하고 중국 쪽에 보다 가까운 노선을 택했다.

쿠바 사태는 여러 점에서 매우 의미가 있다. 그것은 케네디의 전략이 성공을 거두었다는 데서 의미가 있기보다는 세계가 핵전 위기를 넘겼다는 점에서 중요한 교훈을 남겼다. 처음으로 핵전 문턱까지 가본 경험을 한 지구인들은 반핵운동에 보다 박차를 가하기 시작했다. 또한 사람들은 케네디, 흐루시초프 등과 같은 세계지도자들의 리더십과 책임이 핵시대에 얼마나 막대하고 중요한가에 대하여 절감하게 되었다.

DIGEST

94

WORLD WAR

# 6일전쟁: 이스라엘의 전격전 승리 (1967년)

이스라엘은 독립전쟁(1948~49)과 수에즈 전쟁(1956) 같은 큰 전쟁에서 승리했으나 그렇다고 결코 평화를 보장받은 것은 아니었다. 아랍국들은 자기들 땅에 새로 들어선 유태인 국가의 존재를 인정하려 하지 않고 언젠가는 군사적 패배를 만회하리라고 별렀다.

수에즈 전쟁 후 이스라엘과 아랍 국들은 아슬아슬하고 불안한 평화를 유지하고 있었다. 그러나 1967년 이집트 대통령 나세르가 시나이 반도에 주둔한 유엔군을 내몰아내고 일방적으로 티란 해협을 봉쇄한 다음에 이스라엘 선박의 통과를 금지시켰다. 이로써 두 나라는 다시 전쟁을 맞게 되었다.

이스라엘은 이번에도 '전쟁이 불가피하다면 상대가 공격하기 전에 먼저 공격한다'는 예방전쟁 개념의 작전계획을 세웠다. 이스라엘을 둘러싸고 있는 이집트 · 요르단 · 시리아를 차례로 공격하되, 승리의 관건은 가장 중요한 목표인 이집트 군을 격파하는 데 있다고 보았다.

이스라엘은 이 전쟁에서 1967년 6월 5일부터 단 6일 만에 세 나라 군대를 차례로 격파하고 대승을 거둠으로써 '6일 전쟁'이란 이름의 신화를 남겼다. 그런데 6일 가운데서도 첫날 공격 개시 3시간 동안의 기습에서 승리는 이미

승리 후 베들레헴 거리를 걷고 있는 이스라엘 국방상 다얀.

결정된 거나 다름없었다.

이스라엘 군은 6월 5일 월요일 아침 출근시간에 이집트 비행장들에 대한 공습으로 공격을 개시했다. 이집트 군이 조기경보장치 작동을 잠깐 끄고 조종사들이 전혀 긴장하지 않은 상태에 있던 시간이었다.

나일 강 안개가 막 걷히는 시간에 이스라엘 공군기들은 이집트 상공에 나타나서 이집트 공군기지를 무자비하게 폭격했다. 이집트 공군기들은 숫자가 더 많으면서도 공중전을 전개하기 전에 이미 대부분이 지상에서 파괴되고 말았다.

이집트가 23개 레이더 기지를 갖고 있고 지중해에는 미국과 소련해군들이 있었는데도 이스라엘 공군기들이 전혀 노출되지 않고 카이로 상공에 나타난 사실에 대해 사람들은 레이더 망을 무력화시키는 특수무기를 개발한 것이 아닌가 하고 생각했다.

그러나 기적은 무기가 아닌 인간의 의지와 노력으로 이룬 것이었다. 공군사령관 호드 준장은 기습으로 2시간 내에 적 공군력을 분쇄하려는 도박에 대하여 처음부터 끝까지 자신감을 갖고 작전을 지휘했고, 정예 조종사들은 한 치의 오차도 없이 완벽하게 작전을 수행했던 것이다. 그들은 레이더망을 피하기 위해 지중해로 멀리 우회했으며, 해상 50m 저공비행을 했다.

이스라엘 군은 잘 선정된 11개 비행기지 활주로를 우선적으로 폭파하고,

그 뒤 항공기와 기타 시설물들을 차례로 폭파했다. 각 목표에 대하여 16대의 항공기를 할당하여 지속적인 폭격을 퍼부었는데, 1차 공격을 마치고 복귀하여 다시 출격하는 데는 1시간밖에 걸리지 않았다. 이집트 군이 대항해본 무기로는 SAM-2 미사일이 있었지만, 그것도 이스라엘 군이 미사일 기지들을 찾아내 폭격을 함으로써 큰 효과를 거두지 못했다.

이스라엘 공군은 3시간 만에 이집트 공군을 완전 궤멸시키고 그 후 마찬가지 방법으로 요르단과 시리아 공군기지를 파괴함으로써 하루 만에 제공권을 완벽히 장악했다.

이제 남은 문제는 지상군이 진격하여 승리를 거두는 일인데, 이스라엘 지상군은 공군 못지않게 잘 싸웠다. 그들이 보유한 전차는 이집트가 보유한 소련제 전차보다 성능이 뒤떨어졌으나 훈련으로 그것을 극복했으며 운용 및 정비기술에서는 훨씬 앞서 있었다.

더구나 이집트 군은 장교와 병사들 간에 정치 · 사회 · 교육적 배경이 달라서 서로 융화를 이루지 못했다. 이집트 군대의 상하 간에 깔린 깊은 불신 덕분에 이스라엘은 상대적 이점을 누렸다.

역전의 전차부대 지휘관인 탈Israel Tal · 샤론Ariel Sharon · 요페Avraham Yoffe 등 3총사는 총 600여 대의 전차를 이끌고 시나이 반도를 누볐다. 이스라엘 지상군은 14일간이나 무선 교신을 일절 중단했다가 6월 5일 새벽 공격명령이 하달되면서야 무선을 개방했다. 그들은 그날 밤 공수부대까지 투입하여 과감한 공격을 편 끝에 3일 만에 시나이 반도를 모두 점령하고 수에즈 운하에 이르렀다. 그날 저녁 나세르는 항복했다. 요르단은 그 전날에 이미 항복했고 골란 고원에서 시리아 군도 결국 유엔이 제시한 휴전안에 동의했다.

전쟁 결과 이스라엘은 시나이 반도, 수에즈 운하의 동안, 골란 고원 등을 점령함으로써 본래 땅의 거의 6배에 달하는 새로운 땅을 획득했다. 그 가운데 일부는 나중에 내놓게 되지만, 그러고도 국경지역에 거대한 완충지역을 확보함으로써 안전을 보장받게 되었다.

병력규모와 무기에서 결코 우세하지 않은 이스라엘 군대가 남긴 6일전쟁의 신화에 대하여 프랑스의 유명한 전략 이론가 앙드르 보프르 장군은 "적극적 공세 행동과 기습, 결단과 속도, 항공력, 지휘관들의 우수한 작전 능력, 병참지원 체계, 그리고 타의 추종을 불허하는 정신전력에 의한 승리"라고 평했다.

DIGEST

# 95

WORLD WAR

## 베트콩의 구정 공세:
## 군사적 패배, 정치적 승리 (1968년)

디엔비엔푸 패배로 프랑스인들이 떠나고 난 다음에 새로 베트남 땅에 들어 온 사람들은 미국인들이었다. 미국과 소련의 양진영으로 나뉜 세계에서 만일 베트남이 공산진영에 넘어가면 인접한 나라들도 차례로 무너지고 말 것이라는 도미노 이론을 믿은 미국의 아이젠하워 대통령은 어떤 일이 있어도 베트남의 공산화를 막겠다고 나선 것이다.

제네바 협정 이후 남부의 베트남공화국 대통령으로 취임한 고딘디엠 대통령에 대하여 미국 정부는 강력한 후견인 역할을 했다.

남북총선이 불발로 끝나면서 남부에서 공산주의자(베트콩)들은 민족해방전선을 결성하고 고딘디엠 정권 타도를 목표로 하여 게릴라전을 벌이기 시작했다.

미국은 고딘디엠의 반공정부에 대하여 막대한 양의 군수물자를 지원해오다가 1964년 8월 통킹 만에서 미구축함이 베트민(북베트남) 어뢰정 공격을 받았다는 이른바 통킹 만 격침사건이 발생하자 적극적으로 개입하기 시작했다. 사실 당시 베트남 내전상황은 곳곳에서 베트민과 베트콩에게 유리하게 돌아갔으며, 그대로 두었다가는 남부 베트남이 공산권에 넘어갈 것이 뻔해 보였다.

1965년 말 베트남에 파견한 미군병력은 18만 명에 이르고, 1년 뒤인 1966년 말에는 48만 명에 이르렀다. 대규모 병력에도 불구하고 미국은 지상군 작전지역을 17도선 이남으로 제한했다. 베트민에 대한 공격은 중국이나 소련의 개입을 불러일으킬 우려가 있다는 이유에서였다.

그리하여 미군은 남부 베트남에서 게릴라전을 전개하는 베트콩을 상대로 하여 지루한 소모전을 전개했다. 일정한 전장이나 전선 없이 베트콩이 출현한 곳에서 전투를 벌여야 하는 비정규전 방식에 숙달되지 않은 미군들은 처음부터 악전고투했다. 반면에 베트콩들은 자기들이 원하는 시간과 장소에서 전투를 벌이고 또한 피하고자 할 때는 언제나 피함으로써 주도권을 갖고 싸웠다.

베트민의 국방상 보구엔지압은 미군이 본격적으로 개입한 이후 일단 군사적 승리는 어렵다고 판단하고 1968년도 구정에 민중봉기를 유발시키고자 했다. 베트콩들을 도시지역에 잠입시켰다가 구정 때 행정관서 · 경찰서 · 방송국 등을 점령하고 정부의 권능을 무너뜨려 민중봉기를 일으킨다는 것이다.

베트남은 대대적인 구정축제를 가질 계획을 세웠고, 베트민도 일주일간 구정휴전을 갖는다고 선포해놓았다. 베트남인들은 모두들 오랜만에 평화스러운 구정을 지내겠다고 생각했다.

그러나 그러한 분위기는 베트민 측이 기습적인 구정 공세를 감행하기 위하여 의도적으로 조성한 것이었다. 1967년 12월 30일 베트민은 미국에 제안하기를 북폭을 중지하면 협상할 용의가 있다고 발표했으며, 루마니아 대표가 중재자로서 하노이를 방문하자 미국은 북폭을 자제했다.

구정 전날인 1월 29일 베트남의 교통상황은 고향을 찾는 사람들로 큰 혼잡을 이루었다. 초만원의 버스는 문을 닫을 수 없는 지경이고, 검문소들은 그러한 버스들을 그대로 통과시켰다. 이틈을 노려 베트콩들은 쉽게 도시로 잠입할 수 있었다.

베트남 정규군 복장으로 위장한 베트콩들은 미군 트럭을 세우고 태워달라

베트콩들이 카누를 이용해 메콩 강을 건너고 있다.

고까지 하면서 목표 지역으로 침투했다. 무기와 탄약은 장례식을 가장한 관 속에 넣거나 또는 야채 수송차량에 숨겼으며, 나룻배 밑의 상자 속에 숨겨 운반했다.

베트콩들은 구정 날 새벽에 남동쪽 해안도시 나트랑에서 가장 먼저 공격의 신호탄을 쏘아올렸다. 그러고는 이튿날 새벽부터 사이공과 주요 도시에서 본격적인 공격을 가하기 시작했다. 그들은 미국대사관을 필두로 하여 베트남 관공서와 정부 주요 시설물들을 공격했다. 6개 직할시 가운데 5개와 대부분의 지방수도를 공격했다. 베트남 정규군과 민병대는 많은 곳을 2~3일 이내에 평정시켰으나, 사이공과 후에에서처럼 격렬하게 전투가 전개된 곳에서는 약 1개월 동안 게릴라 소탕작전을 벌였다. 사이공 방어를 전적으로 베트남군에 맡겨왔던 주월 미군사령관 웨스트몰랜드는 종래의 작전방침을 바꾸어 미군부대를 직접 투입함으로써 사이공의 평온을 되찾을 수 있었다.

베트콩은 1월 29일부터 2월 11일까지 전투에서 약 절반에 가까운 35,000명이 사살되고 5,800명이 생포됨으로써 구정 공세에서 엄청난 손실을 입었다. 그들은 도시를 한 순간만 장악했을 뿐 결코 점령하지는 못했다. 또한 보구엔지압이 기대한 베트남인들의 총봉기를 일으키지 못했다. 그들은 많은 병력과 함께 대부분의 간부를 상실함으로써 사실상 그 후 베트콩들은 조직력을 잃고 말았다.

그러나 베트민은 베트콩을 잃었지만 정치·심리적으로 미국인들에 대하여 대승리를 거두었다. 미국인들은 사이공에서 미대사관이 습격을 당한 사실에 경악했으며, 베트콩들의 기습 공격능력을 텔레비전을 통하여 목격하고 베트남전 현실을 깨닫게 되었다. 베트남에서 뚜렷한 승리를 기대하기란 어렵고 미국이 끝없는 전쟁에 휘말리고 있다는 비관적인 전망을 갖게 된 것이다.

구정 공세 이후 미국은 베트남에서 손을 떼야 한다는 비등한 여론에 밀려 결국 철군의 길을 모색하게 되었다. 미국은 결국 정치적으로 너무 취약한 정권을 보호한다는 것이 어려울 뿐만 아니라, 게릴라전을 정규전 수행 방식으로는 성공시킬 수 없다는 교훈을 절감한 나머지 1973년 베트남을 포기하고 완전히 철군했다.

DIGEST

96

WORLD WAR

# 인도·파키스탄 전쟁: 방글라데시 독립 (1971년)

인도 · 파키스탄 전쟁이 시작된 것은 대영제국 식민지였던 양국이 독립을 얻게 된 그 순간부터였다. 두 나라는 1947년에 설정된 경계선에 서로 불만을 품고 국경지역에서 끝없이 분쟁을 벌여왔다. 이 전쟁은 1971년에 클라이맥스에 이르렀다. 이때 인도는 파키스탄 내전에 개입하여 성공을 거두었고, 결과적으로 파키스탄은 동파키스탄을 포기하고 그곳에서 새로운 국가 방글라데시의 탄생을 그대로 지켜보아야만 했다.

본래 1947년 분할은 장차 폭발할 위험성이 있는 여러 가지 문제를 안고 있었다. 영국은 그 지역의 해묵은 종교 갈등을 최대로 이용하면서 '분할 지배divide and rule' 방식으로 식민통치를 했다. 그 결과 종교 갈등은 더욱 악화되고, 결국 인도 땅은 힌두교도 위주의 인도와 이슬람교도 위주의 파키스탄으로 분할 독립을 이루게 되었다. 인위적인 분할은 민족 대이동을 수반하고 그 과정에서 두 종교 신도들 간에는 엄청난 혈전이 벌어졌다.

분쟁은 파키스탄이 인도를 사이에 두고 동파키스탄과 서파키스탄으로 나뉘어 있었던 데서 더 심화되었다. 종교는 같지만 동파키스탄과 서파키스탄은 우선 거리상으로 멀리 떨어져 있고, 인종 · 문화 · 언어 · 경제 등에서도

인도 군들의 모습.

상당히 이질적이었다. 양쪽을 한데 결합시킬 수 있는 강력한 리더십을 가진 지도자도 나타나지 않았다. 정부의 불균형적인 차별정책에 대한 동파키스탄 사람들의 불만은 계속 고조되었다. 서파키스탄인들은 정부와 군대요직을 두루 독점하고 경제를 지배했다. 그리하여 훨씬 잘 살게 된 그들은 동파키스탄을 하나의 식민지처럼 여기는 경향을 보였다.

인구가 훨씬 많은 동파키스탄 사람들은 중앙정부 역할을 축소시키고 그 대신에 지방 자치정부의 권한을 대폭 증대시켜야 한다는 목소리를 내기 시작했다. 1970년 총선거에서 동파키스탄 출신 무지부르 라만Mujibur Rahman의 연합 정당이 승리를 거둠으로써 파키스탄은 정치 개혁의 물결을 맞는 것처럼 보였다. 그러나 집권자였던 야햐Yahya 장군은 의회 개회를 무기한 연기시키고 무지부르를 구속함으로써 민주화 요구를 짓밟아버렸다. 그는 동파키스탄에 계엄령을 선포하고, 티카Tikka 장군에게 반정부운동자들을 무자비하게 처단토록 했다.

파키스탄 군대는 지식인들과 동파키스탄에서 거주하던 힌두교도들을 색출, 피의 대숙청을 감행하는가 하면, 선량한 주민들에 대하여 강간과 학살 등 온갖 만행을 저질렀다. 약 100만 명가량이 학살을 당했다. 더 이상 잃을 것이 없을 정도로 비참한 상황에 처한 동파키스탄인들은 조국 독립을 위하여 결사항전을 벌였다. 정부군의 학살과 만행을 피하여 인도의 서부 벵갈 국경지역으로 몰려든 피난민의 숫자는 1971년 11월경 약 600만 명에 이르렀다.

피난민 문제로 인도와 파키스탄 관계가 악화되고 뿐만 아니라 게릴라를 추격하는 과정에서 양국 군대가 국경지역에서 자주 충돌하면서 자연히 파키스탄 내전은 양국 간의 전쟁으로 치닫게 되었다. 사실상 파키스탄이 약해지기를 바라는 입장이었던 인도인들은 파키스탄 내전을 은근히 좋아했고, 나아가 과거 전쟁의 실패를 만회하기 위한 기회를 호시탐탐 노리고 있었다.

인도는 외교적으로 잘 계산된 행동을 취하는 한편으로 군사적 개입을 은밀히 준비했다. 첫째, 인도는 국제사회를 향하여 피난민 문제 해결을 위한 지원을 열심히 호소했고, 그 과정에서 파키스탄 정부의 비인도주의를 세계만방에 알렸다. 둘째, 후방 안전을 도모하는 방책으로서 사전에 소련으로부터 중립을 보장받는 조약을 맺었다. 셋째, 그 후 인도는 게릴라들을 보호하는 데 끝나는 것이 아니라 훈련 및 장비 지원을 한 뒤 그들을 동파키스탄으로 되돌려보내 파키스탄 군대에 항전을 벌이도록 했다.

인도의 그러한 행동을 묵과할 수 없었던 파키스탄 정부는 전쟁을 결행하기로 했다. 인도와의 전면전에서 파키스탄은 획득할 수 있는 것보다는 잃을 것이 많았지만, 초기에 기습 공중공격으로 적 공군을 제압한다면 큰 승리를 거둘 수 있으리라고 믿었다. 파키스탄 군 수뇌부는 1967년도 이스라엘 공군이 6일전쟁에서 보여준 기습 시범을 생생하게 기억하며, 자기들도 그 방법을 적용하기만 하면 성공할 수 있을 것으로 생각했다.

1971년 12월 3일 파키스탄 공군은 석양 시간을 이용하여 기습을 감행했다. 일부러 적 공군 출동 준비태세가 가장 느슨하리라고 여겨지는 시간대를 노렸다. 그러나 파키스탄 공군은 결코 이스라엘 공군이 아니었다. 또한 너무 늦은 시간 때문에 재차 출격을 못함으로써 그들은 기습을 달성할 수 없었다.

튼튼한 격납고 내의 인도 항공기는 큰 피해를 입지 않았으며, 오히려 인도 공군은 기술적 우위로 공중전에서 크게 승리했다. 인도 군이 45대의 항공기를 잃은 데 반하여 파키스탄은 93대를 상실했다. 인도의 소련제 항공기들은 전쟁사상 최초로 공중 경보 및 통제체제AWACS의 위력을 유감없이 발휘했다. 약 450km 거리에서부터 적기를 탐지하고 적 레이더와 교신에 대하여 전파 방해를 함으로써 자유로운 공중활동을 방해했다.

공중전 실패 이후 동과 서 양쪽에서 이루어진 지상전 상황은 파키스탄이 어느 한쪽을 포기하지 않으면 안 되는 방향으로 흘렀다. 전체적으로 병력이 적었던 파키스탄은 최소한도 파멸을 면하기 위해서는 서파키스탄을 중시하지 않을 수 없었다. 결과적으로 서쪽에 약 12개 사단을 배치하여 인도 군 전진을 막는 데는 성공했으나 동파키스탄에서는 워낙 부족한 병력으로 말미암아 버티지 못하고 결국 2주일 만에 항복하고 말았다.

전쟁 결과 인구 약 7천만이나 되는 동파키스탄인들은 신생국 방글라데시라는 이름으로 독립을 이루었다. 또한 인도는 그들이 바라는 대로 약한 파키스탄을 상대하고 과거처럼 그 지역 맹주 자리를 확실히 확보하게 되었다.

DIGEST

97

WORLD WAR

# 욤 키푸르 전쟁:
## 아랍과 이스라엘 간 전쟁 (1973년)

아랍과 이스라엘은 한 전쟁이 끝나면 곧 다음 전쟁을 준비함으로써 그들의 역사는 전쟁과 전쟁으로 이어졌다. 6일전쟁 후 아랍인들은 그들이 당한 굴욕을 언젠가 되갚겠다는 복수심을 달구며 지냈다.

나세르 사망 후에 이집트 대통령으로 선출된 사다트Anwar Sadat는 온건주의자로서 중동 평화정착을 위하여 나름대로 노력했다. 그러나 뚜렷한 결실을 거두지 못하던 차에 이스라엘이 시나이 반도에서 군을 철수시키지 않자 전쟁의 길을 택하게 되었다.

이집트는 과거 전쟁에서 드러난 약점을 극복하기 위하여 대대적으로 군을 개혁했다. 사회계층에 따라 장교와 사병을 구분한 과거의 방식을 버림으로써 군 내부에 존재하던 위화감을 제거했다. 6일전쟁의 교훈을 살려 수도 카이로 가까이 방공 미사일 체제를 대폭 강화하고 전차전에 대비하여 전차뿐만 아니라 대전차화기를 보강했다.

또한 수에즈 운하를 쉽게 도하할 수 있는 신형 부교와 장비를 갖추고 각종 훈련, 즉 부교 설치, 도하, 요새 파괴 훈련 등을 쉴 새 없이 반복했다. 가장 이색적인 훈련은 이스라엘이 운하 동쪽에 쌓아놓은 모래방벽을 뚫기 위한 것으로서, 80여 개의 공병부대는 훈련장에 유사한 모래방벽을 쌓아놓고 매일 두 차례에 걸쳐 고압력 펌프로 큰 구멍을 뚫는 연습을 반복했다.

6일전쟁 후 이스라엘은 점령지 시나이 반도를 확실히 장악하기 위하여 1968년 참모총장 바레브chaim Bar-Lev가 운하 동쪽에 모래방벽을 설치했는데, 이른바 '바레브 선'의 높은 곳은 24m에 달했다. 이스라엘은 바레브 선과 요새화한 골란 고원을 믿고 아랍 측의 전쟁준비와 위협에 대하여 대체로 크게 걱정하지 않았다. 이는 그동안 세 차례의 큰 승리로 인한 자신들의 능력에 대한 과신과 아랍인들에 대한 멸시에서 비롯된 분위기였다. '약한 아랍 군'이 먼저 공격할 리 없고, 공격해오더라도 별로 문제될 게 없다는 식이었다.

반면에 이집트와 시리아는 이번만큼은 자기들이 선제기습공격을 성공시켜 실지를 회복하겠다고 단단히 별렀다. 양국 정부는 10월 6일 동시에 공격을 개시하기로 합의했다. 이 날은 우연스럽게도 1350년 전인 623년 그 날 마호메트가 메카에 진입하여 승리하고 이슬람교를 펼치기 시작한 날이다. 또한 그 날은 유태인들에게도 욤 키푸르 일(성스러운 속죄일)로서 많은 군인들이 부대를 떠나 있기에 기습을 달성하기 좋은 날로 간주되었다.

공격시간을 정하는 데는 이집트와 시리아의 이해가 엇갈렸다. 시리아는 태양을 등지고 공격할 수 있는 아침 시간을, 같은 이유로 이집트는 석양을 희망했다. 결국 서로 간의 절충점을 찾아 14시 5분으로 정했다.

계획된 시간에 차질 없이 시나이와 골란 고원 양 전선에서 일제히 공격을 개시한 아랍 군은 초기에 눈부신 성과를 거두었다. 그들은 요새화된 바레브 선과 골란 고원의 방어선을 쉽게 돌파했다.

이스라엘은 우선 기습을 당한 사실에 놀랐고, 그 다음은 아랍 군의 진격속도와 전투능력에 당황했다. 아랍 군이 과거와 달리 철저한 준비를 했음을 금방 느낄 수 있었다. 마지노선이라고 자랑하던 바레브 선과 골란 고원이 여지없이 무너진 데 대하여 이스라엘 군은 충격을 받았다. 각각을 수비하고 있던 1개 여단과 2개 여단 병력이 10배 이상의 적 병력으로부터 기습공격을 받았으니 그럴 수밖에 없었다.

이집트 차량들이 부교를 이용하여 수에즈 운하를 건너고 있다.

그러나 이스라엘인들은 저력이 있었다. 그들은 초전의 패배로 인한 위기를 타개하고자 모든 노력을 다했으며, 결국은 전세를 역전시키는 데 성공했다. 다얀 국방상과 엘라자르 참모총장은 이스라엘 심장부에 가까운 골란 전선의 위협을 보다 심각하게 판단하고 그곳에 우선적으로 병력을 집중했다. 전략적으로도 군사력이 약한 시리아 군과 먼저 싸우고 그런 다음에 이집트를 상대하겠다는 생각이었다.

이스라엘 군은 7일부터 11일까지 맹공을 퍼부어 시리아 군에 대한 반격에 성공했다. 시리아 군은 골란 고원에 800여 대 이상의 전차를 버리고 철수했다. 그 뒤 시나이 전선을 보강한 이스라엘 군은 16일 새벽에 운하를 도하하여 수에즈 시까지 진격함으로써 초전의 패배를 모두 만회하는 데 성공했다.

20일간 전투를 벌이고 휴전에 이른 이 전쟁의 결과는 수에즈 운하 동안과 골란 고원에 형성된 휴전선상에 유엔군이 주둔하는 것으로서 평온을 찾았다. 아랍 측은 초전 기습에 성공했지만 실지회복이라는 목표를 달성하는 데는 실패했다. 또한 군사적으로는 많은 병력과 장비를 상실함으로써 엄청난 손해를 보았다.

아랍 측은 전투력이 향상되었지만 이스라엘 군을 능가하지 못했으며, 전투의지와 대담성에 있어서 생존을 걸고 싸우는 이스라엘 군을 따라가지 못했다.

그러나 이 전쟁을 통하여 아랍국들은 그들도 협력하여 최선을 다하여 싸웠으며, 과거처럼 굴욕적인 패배를 당하지 않았다는 데서 오히려 만족하고 민족적인 긍지를 회복하게 되었다.

DIGEST

98

WORLD WAR

# 아프가니스탄 전쟁:
## 소련 군이 무자헤딘들에게 고전하다
## (1979 ~ 1989년)

1979년 소련이 침공해 일어난 아프가니스탄 전쟁은 미 · 소 냉전시대에 소련이 치른 마지막 전쟁이었다. 이 전쟁은 여러 가지로 베트남전에서 미국이 실패한 경우와 유사한 경험을 했다는 점에서 의미가 있다.

지정학적으로 소련에게 아프가니스탄은 중동 및 인도양으로 진출하는 통로에 위치한 중요한 곳이어서 그들은 제정 러시아 시대 이래 아프가니스탄을 지배하려 애써왔다. 한편 아프가니스탄은 때로는 소련에 의존하고 때로는 중립정책을 사용하면서 나라의 독립을 지켜 왔다.

1978년 4월 쿠데타로 집권한 타라키는 친소정권을 수립했다. 그러나 그는 혼란 정국을 안정시키지 못하고 반대세력의 강력한 저항에 부딪혔다. 서방측 지원 중단과 정치 및 경제 혼란은 국민 불안과 반정부 운동을 점증시키고 그에 따라 타라키 정권은 억압정책을 사용함으로써 악순환은 계속되었다.

9월 타라키를 살해하고 집권한 하피줄라 아민은 '아프가니스탄의 티토'를 자처하면서 소련의 내정간섭을 비난했다. 이때 소련은 아민 정권이 타라키 정권보다 더 나은 것이 없는데다가 만일 분위기가 돌변하여 극단적인 반소회교정권이 수립된다고 하면 그동안 그들이 아프가니스탄에다 투자한 노력

아프가니스탄 게릴라 무자헤딘들의 모습.

이 하루아침에 물거품이 될 것을 우려하고 직접 무력행사에 나서게 되었다. 1956년 헝가리, 그리고 1968년 체코슬로바키아를 침공할 때와 거의 같은 동기였다.

12월 24일 저녁 소련 군은 카불 공항에 공수부대를 투하하고 이어서 국경 지역에서 6개 보병사단으로 아프가니스탄을 침공토록 했다.

공수부대 가운데 KGB 요원들로 구성된 코만도 부대는 아프가니스탄 군복을 입고 침투했다. 그들은 아민을 살해하고 충성스런 친소주의자 카르말을 내세워 꼭두각시 정권을 수립토록 했다. 소련 군에 동조하지 않는 아프가니스탄 정부군에 대하여 모두 무장해제 시키고 반군에 대하여는 직접 소탕작전을 벌이기 시작했다. 이후 소련 군은 미군이 베트남에서 게릴라들을 소탕하려다 실패한 것과 비슷한 전철을 밟게 되었다.

만 9년 4개월 동안 게릴라전에 말려든 소련 군 규모는 가장 많은 병력을 투입했을 때는 135,000명에 이르고, 거기에 아프가니스탄 정규군 3만여 명이 가세하여 10만여 명의 반군을 상대로 하여 싸웠다.

소련 군은 T-72 전차와 최신형 무장헬기 등을 사용했으나 원시적 장비를 사용하는 게릴라들을 소탕하는 데 큰 효과를 보지 못했다.

게릴라들은 자신들을 '무자헤딘'이라고 불렀다. 이슬람의 자유전사自由戰士라는 의미였다. 무자헤딘들은 여러 개 세력으로 난립되어 있으나 종교적으로는 대체로 결속되어 있었다.

무자헤딘들은 공공시설을 파괴하고 정부 요인들과 비밀경찰조직인 KHAD의 끄나풀들을 살해했다. 그리고 소련 군에 협력하는 자들에 대하여 테러를 가했다. 그들은 영국제와 중국제 소총을 휴대했으며, 기관총 · 박격포 · 대전차로켓 등을 보유했다. 미국 · 중국 · 파키스탄 등으로부터 받은 원조액수가 연간 6억 달러에 이르렀다. 사실상 그들에 대한 최대의 무기 공급원은 소련 군과 정부군이었다. 그들이 보유한 무기의 약 80%가 적으로부터 탈취한 것이었기 때문이다.

무자헤딘의 가장 큰 강점은 전투의지가 대단히 높고 외세에 대항하여 싸우는 뚜렷한 명분이 있어 국민들로부터 큰 지지를 받았던 점이었다.

한편 소련 군은 게릴라전과 산악전에 대한 경험과 준비부족 때문에 실패할 수밖에 없었다. 주로 유럽에서 정규군끼리 부딪치는 싸움에 맞추어 훈련을 받아온 소련 군은 아프가니스탄과 같은 복잡한 전투 환경에서 요구되는 임기응변 능력과 창의력을 전혀 발휘하지 못했다.

전투 환경이 열악한 곳에서 사기가 떨어진 소련 군 병사들은 시간이 지나면서 끝없는 게릴라전에 대한 불평불만이 만연되고 전투공포증 또는 알코올 중독환자가 늘어만 갔다. 또한 무기와 탄약을 팔아 마약을 구입하는 자들도 있었으며, 마약중독자가 본국에 귀국하여 범죄소굴에 빠지는 등 사회문제까지 일으켰다.

소련은 결국 아프가니스탄에서 전쟁은 끝이 없으며 승리가 불가능하다는 것을 인정하고 1988년에는 철군의 길을 모색했다. 아무리 현대무기로 무장된 군대도 국민 지지를 받지 못하는 편에 서서 대게릴라전을 수행해서는 승리할 수 없었던 것이다.

1988년 4월 15일 제네바 평화협정을 체결하고 소련 군은 그해 5월부터 이듬해 2월 15일까지 단계적으로 철군을 함으로써 9년 동안 국력을 낭비하고 체면만 손상시킨 소모전을 종식시킨 것이다.

DIGEST

99

WORLD WAR

# 이란·이라크 전쟁:
## 승자가 없는 전쟁 (1980 ~ 1988년)

2차대전 이후 약 50년 동안 중동지역은 세계적 분쟁지역이 되어왔다. 정치 · 종교 · 민족적 갈등이 복잡하게 얽혀 있는데다가 세계적 석유산지로서 강대국의 이해가 맞부딪치는 통에 그 지역에서 전쟁은 자주 발생했다. 그 가운데 이란 · 이라크 전쟁은 두 나라가 지역 패권을 놓고 싸운 각축전이었다. 이란은 페르시아 문화권을, 이라크는 아랍 문화권을 대표하는 국가이다.

전쟁의 직접적 발단은 이란이 1979년 혁명으로 혼란상태에 빠지고 급속도로 군사력 쇠퇴현상을 보이자, 이라크의 지도자 사담 후세인이 그것을 호기로 삼고 이란을 침공한 데서 비롯되었다.

1975년 알제이 협정에서 양국 간 현안문제였던 샤트-알-아랍 수로 경계선을 이라크가 이란에게 유리하게 양보한 것은 군사력 열세 때문이었는데, 이번 기회에 그 수로에 대한 영유권을 되찾겠다는 것이었다. 나아가 후세인은 지역패권을 찾겠다는 야심을 실현시키고자 했다.

1980년 두 나라 국력을 비교하면 석유매장량은 비슷하나, 인구 · 영토 · 국민 총생산액 등에서 이란이 훨씬 앞섰다.

그러나 당시 군사력은 이라크 측에 기울어 있었다. 혁명 소용돌이 속에

이란 혁명 지도자 호메이니를 지지하고 있는 이란 군들의 모습.

서 이란이 군대를 홀대한 데 비하여 이라크는 군비확장 정책을 강화시킨 결과였다. 육군 정규군의 경우 이란은 5년 전의 285,000명에서 150,000명으로 감축되어 있었고, 반면에 이라크는 100,000명에서 200,000명으로 배가되었다. 탱크 · 야포 · 항공기 등의 숫자는 양쪽이 엇비슷했으나, 크게 차이가 난 것은 가동률이었다. 이라크가 80%인데 비하여 이란은 50% 이하였다.

1980년 9월 22일 이라크 공군은 이란 내 주요 공군기지에 대한 기습으로 전쟁을 개시했다. 6일전쟁에서 이스라엘 공군의 성공사례를 적용시켜 그들도 이란 공군을 공중 아닌 지상에서 모조리 파괴하겠다는 계획이었다.

그러나 이라크 공군은 이스라엘 군을 흉내낼 만한 수준이 못 되었다. 빤히 노출되어 있는 활주로도 제대로 맞추지 못할 만큼 그들의 폭격실력은 엉망이었다. 더구나 이란 공군기들은 2m 이상 두께의 특별 격납고와 콘크리트 방호벽으로 보호하고 있음으로써 거의 피해를 입지 않았다.

침공 당일 이라크의 지상군 공격은 공군에 비해서는 훨씬 나았다. 1,300km에 이르는 국경선상에서 몇 군데 돌파구를 찾는 것이 그렇게 어려운 일은 아니었다. 북부의 카슬에쉬린과 중앙의 메헤란을 돌파하고 남부의 석유자원지대인 후제스탄 지방을 침공하는 데 성공했다.

침공 일주일이 지난 9월 28일 후세인은 일방적으로 전쟁중단을 선언했다.

이미 영토상 목표를 획득했으므로 협상할 용의가 있다는 것이었다. 혼자서 전쟁을 개시하고 마음대로 전쟁을 끝내겠다고 한 것이다.

초전에 이란 군은 패배했으나 결코 섬멸된 것은 아니었다. 이란은 협상제의를 단호히 거절하고 장기전을 준비했다. 이후 전쟁은 8년을 끌며 여러 단계에 걸쳐 공방을 교환했다.

전쟁이 발발했을 때 세계 강대국들은 적극적 중재를 위하여 나서지 않았다. 미국 · 소련 · 중국 · 영국 · 프랑스 등은 각기 무기판매에 열을 올렸다. 그러나 전화戰火가 페르시아 만으로 번지며 국제전화할 조짐을 보이자 1987년부터 유엔은 정전을 위한 중재에 나섰다. 결국 1988년 8월 유엔이 내놓은 정전안을 수락하고 이란과 이라크는 서로를 겨눈 총부리를 내렸다.

이라크와 이란 어느 쪽도 승리하지 못하고 단지 실패와 엄청난 피해만을 낸 채 끝난 전쟁이었다. 양쪽은 합하여 약 100만 명 이상의 인명피해와 약 1조 달러 이상의 물적 피해를 입었다. 이후 양쪽은 석유 부유국에서 부채 많은 빚쟁이나라로 전락하고 말았다. 이 전쟁은 지도자의 대전략이 적절하지 못하여 국가와 국민을 파국상태로 몰고 간 대표적 전쟁이라 할 수 있다. 특히 후세인은 과대망상증 환자였으며, 그가 제한전쟁과 단기전 개념으로 승리할 수 있다고 생각한 것은 근본적으로 잘못된 가정이었다. 군사력이 약간 우세하다고 하여 그것만으로 승리가 보장되는 것은 결코 아니다. 후세인은 이란 국민들의 혁명정부에 대한 지지와 침략국에 대한 적대감과 전투의지를 너무 과소평가했었다.

이 전쟁은 가시적인 군사력만으로 상대의 전투력을 계산해서는 안 되며, 전쟁이란 시작하기보다 끝내기가 훨씬 어렵다는 진리를 거듭 일깨워준 전쟁이었다.

DIGEST
100
WORLD WAR

# 걸프 전쟁과 헤일 메리 플레이: 고전적 전법을 적용하여 승리하다 (1991년)

1990년 8월 2일 이라크가 쿠웨이트를 침공함으로써 발발한 전쟁은 미군을 주축으로 하여 편성된 다국적군과의 전쟁으로 확대되고 페르시아 만 Persian Gulf 지역에서 발생했다고 하여 걸프 전쟁이라고 불린다.

다국적군 편성을 주도한 미국은 어떤 일이 있어도 제2의 베트남전쟁과 같은 결과를 초래해서는 안 되고 신속한 군사작전으로 결정적 승리를 거두어야 한다는 개념으로 출발했다.

다국적군은 동맹군도 아니고 공식적인 연합사령부도 없었지만, 실질적으로는 미 중부군 사령관 슈워츠코프Norman H. Schwartzkopf 대장의 지휘를 받았다. 슈워츠코프는 이라크 군에 대한 작전을 '사막의 폭풍작전'이라고 명명하고 10월부터 세부계획을 수립하기 시작했다. 기본 작전개념은 미국군의 이점을 최대로 살리고 인명손실을 최소화하는 것으로서, 공군력을 대량 투입하여 전략폭격을 실시한 다음에 고립된 이라크 지상군을 격멸한다는 방식이었다.

한편 이라크의 후세인은 모든 유엔 결의안을 무시하고 그가 선언한 '19번째 주 쿠웨이트'에 40만 명 이상의 병력을 집결시켰다. 이라크 군은 사우디

다국적군 사령관 슈워츠코프 대장이 예하부대를 방문 · 시찰하고 있다.

국경을 따라 벙커와 흙벽 등을 설치하는 한편, 최전방에 50만 개의 지뢰를 매설하고 그 후방에는 기름 호를 파놓아 다국적 군이 접근할 때는 원격조정으로 불바다를 만들 계획이었다.

유엔이 제시한 철수시한을 그대로 넘기자, 다국적군은 드디어 1991년 1월 17일 사막의 폭풍작전을 개시했다. 이때부터 2월 28일까지 6주 동안 작전은 약 1,000여 시간의 제1단계 공중폭격과 100시간의 제2단계 지상전으로 펼쳐졌다.

다국적군은 압도적인 공군력을 투입하여 이라크의 미사일 기지, 지휘통제소, 통신시설, 발전소, 비행장, 활주로, 격납고 무기공장, 교량, 그밖에 주요 군사거점을 매일 수천 번씩 폭격을 가했다. 세계전사상 그 유례를 찾아볼 수 없을 만큼 성공적이었던 이 폭격으로 이라크 전투력은 지상전을 전개하기에 앞서 약 50% 이상 감소되었다.

지상전은 2월 24일 새벽 시작되었다. 목표는 쿠웨이트에서 이라크 군을 몰아내고 주력부대인 '공화국 수비대'를 격멸하는 것이었다. 이를 위하여 슈워츠코프는 이라크 군이 전혀 예상할 수 없는 방향에서 주공을 실시하는 계획을 세웠다. 계획의 골자는 방어가 집중된 사우디-쿠웨이트 국경지역을 견제하고 20만 명 이상의 병력을 서쪽 사막지역으로 우회하여 이라크 영토로 깊숙이 진격한 다음 공화국 수비대를 격멸한다는 것이었다. 슈워츠코프는 이 작전을 미식축구에서 쿼터백이 장거리 볼을 던져 큰 점수를 내는 것과 비슷한 개념이라고 하여 '헤일 메리 플레이Hail Mary Play'라고 불렀다. 이 기동은 고대 알렉산드로스 대왕 이래 명장들이 사용한 전법으로서, 슈워츠코프는 바로 그러한 고전적 전법에 따른 작전 계획을 수립했다.

후세인이 전방방어에 몰두하고 있을 때 슈워츠코프는 지상군 주력부대를 은밀히 서쪽으로 이동시켰다. 이 이동은 공중작전 엄호 하에 철저한 보안을 유지하는 가운데 하루 24시간씩 2주 동안 계속되었다. 300마일의 거리를 제한된 도로를 이용하여 병력과 물자를 수송한 다음에 다국적군은 전투준비를 완료했다.

한편 슈워츠코프는 이라크 군을 기만하기 위하여 쿠웨이트 해상 밖에 많은 해병병력을 주둔시켜 상륙작전을 연습시켰다. 후세인은 미해병대 위치에 대하여 중시하고 다국적군이 쿠웨이트 남쪽에서부터 상륙작전을 시도하리라고 믿었다.

서쪽 사막지역에서부터 기갑부대와 공수부대에 의한 기습공격은 순식간에 이라크 군 보급선과 퇴로를 끊는 데 성공했다. 뒤통수를 얻어맞은 이라크 군은 이내 붕괴되기 시작했다. 사기가 떨어질 대로 떨어진 그들은 별로 저항도 못하고 항복했다. 2월 27일 다국적군은 쿠웨이트를 해방시켰다. 후세인은 유엔 결의안의 모든 사항을 수락함으로써 걸프 전쟁은 종결되었다.

걸프 전쟁에서 다국적군의 승리는 충분한 준비로 이루어낸 것이었다. 졸속하게 싸움에 빠져들지 않고 확실하게 전투력의 우세를 확보하기까지 기다렸다가 공격한 것이 주효했다. 싸우기 전에 이겨놓고 싸워야 한다는 원리가 잘 적용된 대표적 전쟁이었다.

걸프 전쟁은 다국적군 입장에서 살펴볼 때 전쟁사상 인명피해가 가장 적으면서 대승을 거둔 전쟁이었다. 이라크 군 전사자가 10만 명인 데 비하여 다국적군은 225명에 불과했다.

걸프 전쟁이 시사하는 가장 의미 있는 교훈은 첨단병기가 위력을 떨치는 현대전에서도 고전적 전법이 승리를 가져왔다는 중요한 사실이다.

슈워츠코프는 우회기동을 결심한 이유를 다음과 같이 설명했다.

"그것은 적진 깊숙이 들어가 적 전열을 흔들어놓고 적 보급선을 차단할 수 있기 때문이다. 전쟁에서는 이길 수 있는 위치에 있으면 이길 수 있다. 우리가 걸프전에서 적용한 것은 고전적 개념에 충실한 우회기동이었다. 그것은 고대 알렉산드로스 대왕 이래 대부분의 명장들이 적용한 고전적 전법이었다."

# :: 전쟁사 연표

|  |  |
|---|---|
| BC4000경 | 야금술 개발, 청동기시대 시작 |
| BC3000경 | 문자 발명 |
| BC2000경 | 전투용 마차 발명 |
| BC1600 – BC1200 | 그리스 미케네시대 |
| BC910 – BC606 | 아시리아 제국 |
| BC700 – BC221 | 중국, 춘추전국시대 |
| BC650경 | 그리스 3단 노 선박 개발 |
| BC600 – BC330 | 페르시아 제국 |
| BC600경 | 주조 화폐 발명 |
| BC490 | 1차 페르시아 전쟁, 마라톤 전투 |
| BC480 | 2차 페르시아 전쟁, 살라미스 전투 |
| BC431 ~BC404 | 펠로폰네소스 전쟁 |
| BC415 – BC413 | 아테네, 시칠리아 원정 |
| BC404 – BC371 | 스파르타, 그리스 제패 |
| BC401 – BC399 | 크세노폰의 페르시아 원정 |
| BC400경 | 투석기와 투창기 최초 사용 |
| BC371 – BC362 | 레우크트라 전투에서 테베 군 승리 : 테베의 그리스 통일 |
| BC359 – BC338 | 마케도니아 방진 개발 |
| BC338 | 마케도니아 필립 2세, 채로니아 전투에서 그리스군 격파 |
| BC336 | 알렉산드로스 대왕 즉위 |
| BC334 | 알렉산드로스 대왕, 아시아 원정 |
| BC333 – BC330 | 알렉산드로스, 페르시아 제국 점령 |
| BC327 – BC325 | 알렉산드로스 인도 침공 |
| BC323 | 알렉산드로스 사망 |
| BC320경 | 유클리드, 《기하학 원론》 |
| BC300경 – BC200 | 로마 군단 개발 |
| BC264 – BC241 | 1차 포에니 전쟁 |
| BC250경 | 아르키메데스, 물리학과 공성술 향상 |
| BC218 – BC201 | 2차 포에니 전쟁 |
| BC216 | 칸나에 전투에서 한니발 승리 |
| BC190 | 로마, 시리아 정복 |
| BC149 – BC146 | 3차 포에니 전쟁 |
| BC107 – BC105 | 마리우스, 로마 군 개혁 |
| BC58 – BC51 | 카이사르, 갈리아 정복 |
| BC46 – BC44 | 카이사르, 로마 지배 |
| BC31 | 옥타비아누스, 악티움 전투에서 승리 |
| AD43 | 로마, 영국 정복 개시 |
| 110경 | 앨리안, 《전술학》 |
| 122 –136 | 영국에 하드리안 장성 축성, 로마 제국 최대팽창 |
| 220 – 265 | 중국, 삼국 시대(위 · 촉 · 오) |
| 270경 | 중국에서 나침반 사용 |
| 293 | 디오클레티아누스, 로마 제국 4구역으로 분할 |
| 316 – 589 | 중국, 남북대립시대 |
| 324 | 콘스탄티누스, 로마 제국 재통일 |
| 390 | 베게티우스, 《군사론》(개정판 440경 출간) |
| 395 | 로마 제국, 동과 서로 최종분할 |

|  |  |
|---|---|
| 407 | 게르만족, 라인강 넘어 서로마제국 침략 |
| 410 | 서고트족, 로마 약탈 |
| 451 | 훈족 아틸라, 서유럽 침략 |
| 455 | 반달족, 로마 약탈 |
| 476 | 서로마 제국 멸망 |
| 527-65 | 유스티니아누스, 비잔티움 지배 |
| 533-34 | 벨리사리우스, 북아프리카 정복 |
| 535-54 | 벨리사리우스, 이탈리아 정복 |
| 570 | 모하메드 탄생 |
| 612-14 | 고구려 · 수나라 전쟁 |
| 634 | 무슬림의 정복 시작 |
| 645 | 고구려 · 당나라 전쟁 |
| 647 | 당의 2차 고구려 침공 |
| 661-62 | 당의 3차 고구려 침공 |
| 673-77 | 무슬림의 콘스탄티노플 공격 |
| 675경 | 그리스 화염방사기 발명 |
| 700경 | 등자, 서유럽에 도입 |
| 711 | 무슬림, 서고트 족의 스페인 침략 |
| 766-814 | 샤를마뉴의 통치 |
| 773-74 | 샤를마뉴의 이탈리아 정복 |
| 793 | 샤를마뉴, 라인 강 · 다뉴브 강 운하 건설 시도 |
| 800경 | 바이킹 족 침략 |
| 800 | 샤를마뉴, 서유럽 황제 등극 |
| 850경 | 프랑스, 석궁 이용, 중국, 화약 발명 |
| 955 | 오토 1세, 레크펠트 전투에서 마자르족 격퇴 |
| 962 | 오토 1세, 서유럽 황제 등극 |
| 993 | 고려, 거란족 1차 침공 격퇴 |
| 1010-11 | 고려, 거란족 2차 침공 격퇴 |
| 1018 | 고려, 거란족 3차 침공 격퇴 |
| 1060-91 | 노르만 족, 시칠리아 정복 |
| 1066 | 헤이스팅스 전투 : 노르만 족 영국 정복 |
| 1096-99 | 1차 십자군 원정 |
| 1161 | 중국에서 최초 폭약 사용 |
| 1200경 | 나침반 서유럽에 도입 |

|  |  |
|---|---|
| 1204-61 | 라틴족, 콘스탄티노플 점령 |
| 1206 | 칭기즈 칸, 몽골 통일 |
| 1206-38 | 몽골의 중국 정복 |
| 1231-59 | 몽골의 고려 침공 |
| 1237-40 | 몽골의 러시아 정복 |
| 1250경 | 철갑옷 서유럽에 도입 |
| 1302 | 쿨트래 전투에서 플랑드르 보병, 프랑스군에게 승리 |
| 1314 | 스코틀랜드 독립 |
| 1320경 | 유럽에서 최초 화포 사용 |
| 1337-1453 | 백년전쟁 |
| 1346 | 크레시 전투에서 영국 군 승리 |
| 1350경 | 함포 개발, 최초의 휴대용 화약무기(소화기) 개발 |
| 1385 | 알주바로타 전투: 포루투갈 독립 |
| 1415 | 아쟁쿠르 전투 |
| 1430경 | '완전 돛 장치 선박' 개발, 최초의 '소립자 형태 화약' 개발 |
| 1450경 | 화승 활강 소총 개발 |
| 1453 | 콘스탄티노플 함락, 비잔틴 제국 멸망 |
| 1455-85 | 장미전쟁 |
| 1490경 | 강선 총신 개발 |
| 1494 | 샤를 8세, 이탈리아 침략 |
| 1511 | 스코틀랜드에서 최초의 범선 전함 진수 |
| 1515 | 시비타비치아에 최초의 포 요새 구축 |
| 1519-21 | 스페인 코르테스, 멕시코 아스텍 제국 정복 |
| 1519 | 마젤란의 세계일주, 찰스 5세, 스페인 · 네덜란드 · 합스부르크 · 신성로마 제국 통일 |
| 1531-37 | 스페인 피사로, 잉카 제국 정복 |
| 1537 | 니콜로 타르타글리아, 탄도학 개발 |
| 1556-98 | 스페인 필립 2세 통치 |
| 1571 | 레판토 해전 |
| 1572-1648 | 스페인에 대한 네덜란드의 반기 |

1588 스페인 무적함대 패배
1590경 네덜란드군 일제 사격법 개발
1592–98 임진왜란: 이순신, 거북선 이용
1600 영국 동인도회사 설립
1602 네덜란드 동인도회사 설립
1607 자크스 드 게인, 최초의 훈련교범 출간
1616 존 어브 낫소 백작,
서부 독일에 최초 육군사관학교 창립
1618–48 30년전쟁
1620경 수발식 활강총 발명
1635–59 프랑스 · 스페인 전쟁
1642–51 영국제도 내란
1648 먼스터 평화조약: 네덜란드 반란 종식,
웨스트파리아 평화조약
: 30년 전쟁 종식
1649–60 영국 공화정 출범
1659 피레네 평화조약
: 프랑스 · 스페인 전쟁 종식
1672–78 프랑스 · 네덜란드 전쟁
1678–99 오토만 전쟁
1688–97 아우크스부르크 동맹 전쟁
1689–1725 표트르 대제 러시아 통치
1690경 총꽂이 대검의 보편적 이용
1694 최초의 국립은행 설립(영국 은행)
1700–21 대 북부 전쟁
1701–14 스페인 왕위계승전쟁
1704 블렌하임 전투
1740–48 오스트리아 왕위계승전쟁
1740–86 프리드리히 대왕 프로이센통치
1756–63 7년전쟁
1775–83 미 독립전쟁
1789 프랑스 혁명
1792–1802 프랑스 혁명전쟁
1799 나폴레옹 프랑스 지배
1803–15 나폴레옹 전쟁
1807 최초로 증기선 항해 성공
1807–14 반도 전쟁
1810–24 라틴아메리카 독립전쟁
1812 나폴레옹, 러시아 침공
1815 워털루 전투
1825 최초로 철도 운행
1827 총미 장전식 소총 개발
1830–31 프랑스, 알제리 점령
1833 유선 전신 개발
1840–62 아편전쟁
1846–48 멕시코 전쟁
1853 페리 호 사건
1853–56 크림 전쟁
1859 최초의 철갑 전함 건조
1861–65 미 남북전쟁
1862 리차드 개틀링,
최초의 수동식 기관총 개발
1863 게티스버그 전투
: 링컨, 노예해방 선언
1866 프러시아 · 오스트리아 전쟁
1867 일본, 메이지유신
1870–71 프러시아 · 프랑스 전쟁
1876 전화 발명
1879 줄루 전쟁
1881 보어인들, 영국으로부터 독립
1882 영국, 이집트 정복
1884 히람 맥심, 자동식 기관총 발명
1885 최초의 잠수함 건조
1887 최초로 자동차 개발 성공
1894–95 청일전쟁
1895 무선전신 발명
1899 보어 전쟁
1903 최초로 항공기 비행 성공
1904–05 러일 전쟁
1906 영국 전함 '드레드노트' 진수
1914–18 제1차 세계 대전
1916 솜 전투에서 최초로 탱크 사용

| | |
|---|---|
| 1917 | 독일 무제한 잠수함전,<br>러시아 혁명,<br>미국, 1차 세계 대전 참전 |
| 1919 | 베르사유 조약 |
| 1926 | 최초로 액체 연료 로켓 발사 |
| 1929 | 뉴욕 증권 시장 파산 |
| 1933 | 히틀러, 독일 수상 취임 |
| 1935 | 레이더 개발 |
| 1935-36 | 무솔리니, 에티오피아 침략 합병 |
| 1936 | 독일 라인란트 재무장 |
| 1936-39 | 스페인 내전 |
| 1939 | 최초로 헬리콥터 비행,<br>터보 제트 항공기 시험비행,<br>독일 · 소련 불가침 조약,<br>독일, 폴란드 침공<br>: 제2차 세계 대전 발발 |
| 1940 | 독일, 프랑스 침공,<br>독일 · 일본 · 이탈리아 동맹조약 체결 |
| 1941 | 일본 · 소련 불가침조약,<br>독일, 소련 침공,<br>일본, 진주만 기습 |
| 1942 | 미드웨이 전투,<br>알 알라메인 전투,<br>최초로 V-2 미사일 사용 |
| 1943 | 쿠르스크 전투,<br>연합군, 이탈리아 상륙 |
| 1944 | 최초로 전투용 제트 항공기 등장,<br>노르망디 상륙,<br>히틀러 암살 기도 실패,<br>벌지 전투 |
| 1945 | 독일, 무조건 항복,<br>히로시마와 나가사키에 원자탄 투하<br>: 일본, 무조건 항복 |
| 1946 | 최초로 컴퓨터 개발,<br>베트민 · 프랑스 인도차이나 전쟁 |
| 1947 | 인도 독립 |
| 1948 | 1차 아랍 · 이스라엘 전쟁 |
| 1949 | 소련, 원자탄 개발,<br>북대서양 조약 기구 발족,<br>모택동의 공산당, 중국 통일 |
| 1950-53 | 한국전쟁 |
| 1953 | 스탈린 사망 |
| 1954 | 최초로 원자력 추진 잠수함 개발,<br>디엔비엔푸 전투 |
| 1956 | 2차 아랍 · 이스라엘 전쟁 |
| 1957 | 소련 인공위성 발사 |
| 1960 | 대륙간 탄도 미사일 개발 |
| 1965-75 | 베트남전쟁 |
| 1967 | 3차 아랍 · 이스라엘 전쟁 |
| 1968 | 베트민 구정 공세 |
| 1972 | 최초로 레이저 유도탄 사용(스마트 탄) |
| 1973 | 4차 아랍 · 이스라엘 전쟁 |
| 1980 | 크루즈 미사일 개발,<br>이란 · 이라크 전쟁 |
| 1982 | 포클랜드 전쟁 |
| 1990-91 | 걸프 전쟁 |

## ::참고문헌과 자료

《전쟁과 인간》, 도날드 케이건, 김지원 옮김, 세종연구원, 1998
《과학기술과 전쟁》, 마틴 반 클레벨트, 이동욱 옮김, 황금알, 2006
《독선과 아집의 역사 1, 2》, 바바라 터크먼, 조민 · 조석현 옮김, 자작나무, 1997
《전쟁의 역사 I, II》, 버나드 몽고메리, 송영조 옮김, 책세상, 1995
《살육과 문명》, 빅터 데이비스 핸슨, 남경태 옮김, 푸른숲, 2002
《중국의 전쟁》, 신태영 편, 도남서사, 1985
《전쟁의 기원》, 아더 훼릴, 이춘근 옮김, 인간사랑, 1990
《세계전쟁사》, 육군사관학교 전사학과, 황금알, 2004
《20세기 결전 30장면》, 정토웅, 가람기획, 1997
《배틀, 전쟁의 문화사》, 존린, 이내주 · 박일송 옮김, 청어람미디어, 2006
《서양 고대전쟁사 박물관》, 존 워리, 임웅 옮김, 르네상스, 2001
《세계전쟁사》, 존 키건, 유병진 옮김, 까치, 1996
《전문직업군》, 죤 하키트, 이재호 · 서석봉 옮김, 한원, 1989
《강대국의 흥망》, 폴 케네디, 이일주 · 김남석 · 황건 옮김, 한국경제신문사, 1989
《알렉산더 대왕사》, W. W. 탄, 지동식 옮김, 삼성미술문화재단, 1986

《Americans at War》, Ambrose, Stephen E, Jackson:University Press of Mississippi, 1997
《Command Decisions》, Baldwin, Hanson W, ed, New York:Harcourt, Brace &Company, 1959
《From Crossbow to H-bomb》, Brodie, Bernard&Fawn M, Bloomington:Indiana Univ. Press, 1973
《The Art of Warfare on Land》, Chandler, David, London:Hamlyn, 1974
《The Rise of the Boffins》, Clark, Ronald W, London:Phoenix Ltd., 1962
《Armies and Societies in Europe 1494-1789》, Corvisier, Andre, Bloomington:Indiana University Press, 1979
《A Dictionary of Military History》, Corvisier, Andre&John Childs, ed, Oxford, UK: Blackwell Publishers, 1988
《The Reader's Companion to Military History》, Cowley, Robert&Geoffrey Parker, ed, New York:Houghton Mifflin Company, 1996
《Experience of War》, Cowley, Robert, ed, New York:W. W. Norton&Company, 1992
《Decisive Battles from Ancient Times to the Present》, Davis, Paul K. 100, New York:Oxford University Press, 1999
《The Encyclopedia of Military History from 3500 B. C. to the Present》, Dupuy, R. E&T. N. Dupuy, New York:Harper&Row, 1986
《A Short History of Warfare》, Higham, Robin, New York:Twayne Publishers, 1966

《Acts of War: The Behavior of Men in Battle》, Holmes, Richard, New York:The Free Press, 1985
《The Oxford Companion to Military History》, Holmes, Richard, ed, New York:Oxford University Press, 2001
《The Soldiers' Tale》, Hynes, Samuel, New York:Viking Penguin, 1997
《The Art of War in the Western World》, Jones, Archer, Urbana&Chicago:University of Illinois Press, 1987
《The Face of Battle》, Keegan, John, New York:The Viking Press, 1976
《The Mask of Command》, Keegan, John, New York:Viking, 1987
《The Second Oldest Profession》, Knightley, Phillip, New York:W. W. Norton&Company, 1986
《Great Battlefields of the World》, MacDonald, John, New York:Macmillan, 1984
《The Boer War》, Pakenham, Thomas, New York:Random House, 1979
《Makers of Modern Strategy from Machiavelli to the Nuclear Age》, Paret, Peter, ed, Princeton, New Jersey:Princeton University Press, 1986
《Cambridge Illustrated History of Warfare》, Parker, Geoffrey, ed, New York:Cambridge University Press, 1995
《War and the Rise of the State》, Porter, Bruce D, New York:The Free Press, 1994
《Men in Arms》, Preston, Richard A., S. F. Wise&O. H. Werner, New York:Praeger, 1955
《Genghis Khan》, Ratchnevsky, Paul, trans&ed by Thomas Nivison Haining, UK:Oxford, Blackwell, 1991
《War in the Modern World》, Ropp, Theodore, New York:Collier Books, 1962
《Science and Government》, Snow, C. P, New York:Mentor Book, 1962
《The Oxford Illustrated History of Modern War》, Townshend, Charles, ed, New York:Oxford University Press, 1997
《Ancient and Medieval Warfare》, US Military Academy History Dept, Wayne, New Jersey:Avery Publishing Group, Inc., 1984
《Command in War》, Van Creveld, Martin, Cambridge, Massachusetts:Harvard University Press, 1985
《A Study of War》, Wright, Quincy, Chicago:University of Chicago Press, 1942

# 5

# 세계전쟁사
# 다이제스트100